ALTERNATIV HEILEN

Herausgegeben von Gerhard Riemann

Ellen Grasse, 1939 im Rheinland geboren, wuchs in einer Familie mit jahrhundertealter Musik-, Pharmakologie- und Medizin-Tradition auf. Nach Ausbildungen und Tätigkeiten im sozialpädagogischen Bereich, als Dolmetscherin und Yoga-Lehrerin wurde sie 1967 als Heilpraktikerin tätig. Ihre angeborene, bewußt einsetzbare Hellsichtigkeit erweiterte sie durch jahrelange praktische Heiltätigkeit. Diese setzt sie zum Wohle des Kranken, zur Erforschung von Krankheitsursachen, zur Überprüfung energiewirksamer Heilsubstanzen und zu metaphysischen Forschungen ein.

Dieses Buch wurde auf chlor- und säurefreiem Papier gedruckt.

Originalausgabe Juni 1993
© 1993 Droemersche Verlagsanstalt Th. Knaur Nachf., München
Das Werk einschließlich aller seiner Teile ist urheberrechtlich geschützt.
Jede Verwertung außerhalb der engen Grenzen des Urheberrechtsgesetzes ist ohne
Zustimmung des Verlages unzulässig und strafbar. Das gilt insbesondere für
Vervielfältigungen, Übersetzungen, Mikroverfilmungen und die Einspeicherung und
Verarbeitung in elektronischen Systemen.
Umschlagillustration Susannah zu Knyphausen, München
Umbruch und Herstellung: Buchherstellung Bad Cannstatt
Repros der Farbtafeln: Meyle und Müller, Pforzheim
Druck und Bindung Ebner Ulm
Printed in Germany
ISBN 3-426-76007-X

Ellen Grasse

Chakren- und Auradiagnose

Krankheiten erkennen
und heilen durch Energiearbeit

Die in diesem Buch beschriebenen umfassenden Heilmethoden sollten mit Vorsicht und niemals unter Zeitnot stehend ausgeführt werden. Autorin und Verlag sind für keinerlei Folgen verantwortlich, die durch unrichtige, unzulängliche oder übertriebene Anwendung der beschriebenen Methoden entstehen. Bei unklarer Diagnose und gesundheitlichen Störungen muß ein Arzt oder Heilpraktiker konsultiert werden.

Inhaltsübersicht

1 Unsichtbare Energien – ihre Farben und Klänge . . . 9

Wie Sie Ihre Vitalität verbessern 9
Was ist Chi-Energie? 12
Der Begriff des Chi im Osten und Westen 18
Das Wirken des bipolaren Chi 20
Wie gelangen die feinstofflichen, vitalen Energien in den
menschlichen Körper? 25
Das Wirken des Chi in den Jahreszeiten 28

2 Die feinstofflichen menschlichen Körper 33

Der unsichtbare Mensch – ein Lichtwesen 33
Die Auren der menschlichen Persönlichkeit 35
Der Vitalitätskörper mit seinen ätherischen Chakren . . . 38
Der Emotionskörper mit seinen astralen Chakren . . . 39
Der Denkkörper mit seinen mentalen Chakren 41
Beschreibung des Vitalitäts- oder Ätherkörpers 44
Neue Krankheitsdiagnose durch supraphysisches Sehen . 51
Die häufigsten heutigen Krankheiten des Vitalitätskörpers 52

3 Die Chakren mit Bilderklärungen und Tabellen . . 59

Das Wurzel-Chakra 59
Das Milz-Chakra 75
Das Nabel- oder Solarplexus-Chakra 86
Das Herz-Chakra 96
Das Kehlkopf- oder Hals-Chakra 105

Das Stirn-Chakra oder das dritte Auge 115
Das Scheitel-Chakra oder der tausendblättrige Lotus . . 116
Zusammenfassung: Die Energiezirkulation des Chi durch
die Chakren 118
Der Entgiftungsprozeß der Chakren 124
Veränderungen des Körpers und der Seele durch Chi-
Blockaden 126

4 Chakratests für Körper und Psyche 135

Anleitung 135
Die Chakra-Gesundheitstests:
  Wurzel-Chakra 138
  Milz-Chakra 140
  Nabel- oder Solarplexus-Chakra 143
  Herz-Chakra 145
  Kehlkopf- oder Hals-Chakra 147
Chakra-Tageszeittest 149
Chakra-Zahntest 151
Chakra-Zungentest 153
Chakra-Schnelltests 156
Der 33-Farb-Test und die Farben der feinstofflichen Körper 157
Die psychologischen Tests:
  Wurzel-Chakra 173
  Milz-Chakra 176
  Nabel- oder Solarplexus-Chakra 178
  Herz-Chakra 181
  Kehlkopf- oder Hals-Chakra 184
Zusammenfassung: Chakren, Chi-Farben und Charakter-
eigenschaften 186

5 Selbstbehandlungsprogramme allgemein 190

Chakra-Behandlung mit Chi-Heilfarben 190
Die Wirkung der Heilfarben 192
Alphabetisches Krankheitsverzeichnis mit wichtigstem
Heil-Chi und zugehörigen Chakren 194
Chakren und Ernährung 208
Chakren und Heilkräuter 210
Homöopathische Heilmittel und Metalle, die zu den
Chakren passen 211
Chakren – Vitamine – Spurenelemente – Aminosäuren . . 212
Chakren und Edelsteine 213
Chakren und Musik 214
Chakra-Brust- und -Bauchmassage 215
Chakren und Ohr-Reflexzonenmassage 216
Chakra-Massage der Hände und Füße 219
Chakren und Schönheit – die kosmetische Chakra-
Gesichtsmassage 221
Chakren und Rückensegmente 223
Farbmeditation für alle Chakren 225

6 Harmonisierungsprogramme für die einzelnen Chakren 229

Einführung 229
Wurzel-Chakra 232
Milz-Chakra 245
Nabel- oder Solarplexus-Chakra 253
Herz-Chakra 262
Kehlkopf- oder Hals-Chakra 269

7 Aktuelle Ratschläge für die Gesundheit – hellsichtig ermittelt 277

Biologische und geistige Heilweisen 277
Gesundes Nahrungs-Chi als Hilfe gegen Umweltgifte
und Krankheiten 290
Antipilzkur – Frühjahrskur zur Chakrenregeneration . . 309
Chakren und Allergie 314
Allergien und Amalgam 318
Chakra-Allergietest 326
Erfolgreiche Allergiediagnose 330
Negatives geopathisches und technisches Chi –
Auswirkungen und Selbstschutz 335

Nachwort 347
Bibliographie 349
Bezugsquellen 352

> Die Menschen erbitten sich ihre
> Gesundheit von den Göttern,
> daß sie aber selbst Einfluß haben,
> wissen sie nicht.
>
> *Demokrit, 460 v. Chr.*

1 Unsichtbare Energien – ihre Farben und Klänge

Wie Sie Ihre Vitalität verbessern

Dieses Buch übermittelt Ihnen neue Erkenntnisse und praktische Gesundheitshilfen, die auf ungewöhnliche Art – durch jahrzehntelange hellsichtige Beobachtungen – zustande kamen. Wir alle sind umgeben von feinstofflichen, verschiedenfarbenen Energien, auch Äther, Od und elektromagnetische Schwingungen genannt, und wir existieren durch sie. Die Chinesen bezeichnen sie als Chi, die Inder als Prana. Unsere Gesundheit und unser Wohlbefinden beginnen im Unsichtbaren, da die feinstoffliche Energie, die »Lebenskraft«, die eigentliche Ursache unserer Vitalität ist.

In den nachfolgenden Kapiteln werden ihr Ursprung und ihr Weg in und durch unsere feinstofflichen Körper aufgezeigt. Mit »feinstofflichen Körpern« bezeichnet man die durch die Ausstrahlung unserer Vitalität, unserer Gefühle und unseres Denkens entstandenen elektromagnetischen oder bioplasmatischen Felder oder die »Auren« unserer Persönlichkeit.

Auch über unsere Energiezentren, die Chakren, werden hier bisher unbekannte Beobachtungen übermittelt. Die beschriebenen Schnelltests und die genaueren, in die Tiefe dringenden Chakra-Gesundheitstests ermöglichen dem Leser, den Zustand seiner körperlichen Energiezentren, der Chakren, selbst festzustellen. Auch läßt sich durch die zugeordneten psychologischen Testfragen ihr individueller Energiemangel bzw. -überschuß sowie ihre Harmonie rasch ermitteln.

Durch vielfältige, erprobte und leicht durchführbare Eigentherapien werden dem Leser praktische Hilfestellungen zum körperlichen und seelischen Ausgleich gegeben. Er findet Vorschläge zur Ernährung, zur Anwendung von Heilkräutern und Edelsteinen sowie zu Reflexzonen-Massagen, Sport- und Yogaübungen und Farbmeditationen. Die erzielten Testergebnisse können so in Heilungspraktiken umgesetzt werden. Sie verbessern unsere Überlebenschancen im Zeitalter der hochbelasteten Gesamtlage. Dem eiligen Leser, der schnelle Hilfe möchte, ist zu raten, die Fragen der Gesundheitstests (siehe Kap. 4) zu beantworten und sich dann über die Eigentherapien im Kapitel 6 (»Harmonisierungsprogramme für die einzelnen Chakren«) zu informieren.

Auch die Wirkung von Elektrosmog und geopathischen Störzonen, wie Wasseradern und Gitternetzen, sowie mögliche Schutzmaßnahmen werden aus der Sicht des Hellsehers dargestellt. Das rasche Auffinden der wahren Krankheitsursachen und die übersichtlichen, klaren Behandlungswege wurden von der Verfasserin in 25jähriger Naturheilpraxis ermittelt. Täglich boten sich zahlreiche Gelegenheiten, die Hellsichtigkeit in der praktischen Heiltätigkeit zu verfeinern und kritisch zu überprüfen. Von ärztlicher Seite wurde die Richtigkeit der supraphysischen Diagnosen immer wieder bestätigt.

Wie fundiert sind die dargestellten Erkenntnisse? Zur Frage der Methode und der Entwicklung meines hellsichtigen Schauens läßt sich folgendes sagen: Ich erinnere mich schon aus frühester Kindheit an das Beobachten des Sternenhimmels durch Zimmerdecke und Hausdach hindurch. Kälteklirrende Winternächte waren angefüllt mit den zauberhaften fluktuierenden Lichtströmen des kosmischen Spiels. Das Dasein wurde als Ausflug aus dem All auf diese Erde und gleichzeitig als »Eingebettetsein« in die kosmische Ordnung empfunden.

Wenige Jahre später begann sich die unsichtbare Astralwelt aufzutun; ihre Bilder und Wesen, wie Engel, Dämonen, Verstorbene und der geistige Führer, wurden zu ständigen unsichtbaren Begleitern. Die feinstofflichen Welten, in denen die Ereignisse der Vergangenheit, Gegenwart und Zukunft unverlierbar und bildhaft wie Foto- oder Filmaufnahmen eingespeichert sind, zeigten dem Schulkind astrale Zukunftsbilder von Rauch, Dreck und Müllhalden. Menschliche Stimmen sagten dazu: »Wir wissen nicht mehr, was wir essen sollen, alles ist schon vergiftet.« Hier tat sich die Lebensaufgabe auf. Im Alter von zwölf Jahren lösten die Dogmen des Religionsunterrichtes Zweifel und Unglauben aus, da bildhafte Szenen aus fünf abenteuerlichen vergangenen Leben auftauchten. Auch hinter Mitmenschen erschienen diese astralen Szenen. Später folgten verschiedene Berufsausbildungen, eine sozialpädagogische, eine Dolmetscher-, Yogalehrer- und Heilpraktikerschulung.

Meine Fähigkeit des Hellsehens wird nicht für persönliche oder politische Voraussagen eingesetzt, sondern nur für praktische Heilungszwecke, zur Aufklärung der menschlichen Konstitution und der Ursachen disharmonischer Entwicklung sowie Überprüfung von traditionellen Heilsubstanzen und -möglichkeiten. Die Erlangung der Hellsichtigkeit ist nie mein geistiges Ziel gewesen, sondern das Ergebnis des Dienstes aus früheren Leben. Sie wurde wesentlich durch die Tätigkeit in einer Naturheilpraxis und bestimmte transzendente Erlebnisse in diesem Leben gefördert. Höher als supraphysisches Sehen bewerte ich die bewußte Verbindung zum spirituellen, individuellen Teil des Menschen, zu dem persönlichen Meister und den geistigen Fortschritt aller.

Hellsehen, wie es hier praktiziert wird, ist nicht das Hellsehen in Trance oder unter Drogen, wobei der wache Verstand ausgeschaltet ist, sondern das bewußte Beobachten metaphysischer Seinszustände, »unsichtbarer« Welten und Wesenheiten und vor allem das durch den *Willen* einsetzbare Betrachten menschlicher, feinstofflicher Körper.

Um die neugefundenen Erkenntnisse und praktischen Gesundheitshilfen der Allgemeinheit verfügbar zu machen, wurde ein dem Laien leicht zugängliches Programm zur Erforschung seiner genauen Energielage entwickelt. Jeder, der dieses Buch liest und anwendet, kann Nutzen aus den vielfältigen Beobachtungen und Erfahrungen ziehen. Im folgenden wird viel die Rede von *Chi-Energie,* den bipolaren Kräften *Yin* und *Yang* und den *feinstofflichen Körpern* sein. Daher werden wir uns zunächst mit diesen Begriffen beschäftigen.

Was ist Chi-Energie?

Der Begriff des »Chi« ist vergleichbar dem »Prana« der Inder oder dem »Äther« und »Od« der westlichen Kulturen. Heute benennen Wissenschaftler und Techniker dieses Phänomen als elektromagnetische Energie oder bioplasmatische Vorgänge, die in einigen Bereichen inzwischen gemessen werden können. Einstein erklärte: »Gemäß der Relativitätstheorie hat der Raum physikalische Eigenschaften. In diesem Sinne gibt es einen Äther. Aufgrund der Relativitätstheorie ist der Raum ohne Äther undenkbar.«

Die Veden, die heiligen Schriften der altindischen Religion, beschreiben »Prana« (die Chi-Energie) als einen kosmischen Raum, der transzendent und zugleich der Ausgangspunkt der gesamten Evolution ist. Diese Ausdrucksweise aus der ältesten Überlieferung der Menschheit stimmt überein mit Theorien der Quantenphysik, in denen über ein vereinheitlichtes Feld aller Naturgesetze gesprochen wird. Der englische Physiker David Bohm zum Beispiel erklärt die Ordnung der sichtbaren Welt aus einer inneren Einheit fließender Bewegungen.

Auch die Theorie der modernen Physik, daß Materie sowohl als feste Substanz wie auch als Energieschwingung von verschiedener Frequenz gesehen werden muß, bestätigt die gleichen Tatsachen und kann zugleich als gute Beschreibung der Chi-Energie aufgefaßt werden.

Wenn man sich seinen Körper unter diesen beiden Gesichtspunkten, einerseits materiell, andererseits als schwingende Energie (Chi), vorstellt, wird unmittelbar verständlich, wie Chi in den menschlichen Körper gelangen, ihn in seiner Substanz aufbauen und regenerieren kann; in späteren Kapiteln wird davon noch ausführlich die Rede sein. Übrigens erklärt sich daraus auch die Wirkungsweise von effektiven Heilenergien (Homöopathie), die durch Dynamisierung eines Stoffes entstehen.

Man kann sich nun Chi als sichtbare und unsichtbare *Lichtwellen* und *Lichtteilchen* vorstellen, die beide in ihren Schwingungen vielfältige *Klänge* erzeugen (physikalisch als elektromagnetische Schwingungen bezeichnet). Hellseher vermögen diese Schwingungen des Chi in der Form von Licht und Klang wahrzunehmen, weil ihr Aufnahmevermögen für diese elektromagnetischen Strahlungen über die normale Sinneswahrnehmung hinaus erweitert ist, vergleichbar etwa der Fähigkeit mancher Tierarten, wie zum Beispiel der Bienen, die im ultravioletten Bereich sehen. Seit der Erforschung und teilweisen Meßbarkeit der genannten Erscheinungen sind damit einzelne Phänomene der Hellsichtigkeit beweisbar geworden. Aus der Sicht des Hellsehens stellt sich das Energiefeld des Chi nun folgendermaßen dar:

In unverfälschtem Zustand (das heißt ungestört durch Umweltgifte, Radioaktivität, Elektrosmog und Lärm) zeigt sich die uns umgebende kosmische Energie als ein herrliches Meer sprühender, ineinanderflutender, verschiedenfarbener und harmonisch musizierender Lichtwellen. Sie können in Form von leuchtenden Farbströmen in einer einzigen bestimmten Ätherfarbe existieren. Aber auch alle möglichen Kombinationen und Zusammenballungen einzelner Farbpartikel, die sich zu Atomen und Molekülen vereinigen, sind vorhanden. Eine weitere Form der bioelektronischen Energie stellen die Vitalitätsatome dar. Sie sind aus den siebenfarbenen Ätherteilchen des ursprünglich weißen Sonnenstrahles komponiert, wobei goldenes Chi hinzukommt, und verteilen erst im menschlichen Milz-Chakra ihre einzelnen Chi-Arten in den Organismus (siehe »Das Milz-Chakra« in Kap. 3).

Den Beginn der Schöpfung kann man sich als Urton oder Urklang vorstellen, der das Urlicht, den weißen Lichtstrahl, bestehend aus sieben unsichtbaren, regenbogenfarbenen Ätherarten, in den Kosmos sendet. Die kosmischen Laute vibrieren durch das Weltall, und ihre Lichtpartikel bauen alle Formen, Atome, Moleküle, Lebewesen und deren Nahrung auf. Diese göttlichen, reinen, bunten Energien werden durch sieben von den neun im Kosmos herrschenden Engelgruppen auf unsere Erde dirigiert. Jedes der Heere ist hierbei in der entsprechenden Chi-Farbe gekleidet, beispielsweise verströmen hellblaue Engel einen ebensolchen Äther.

Jede Manifestation von Licht und Klang ist ein Hervorbrechen der Vitalkraft aus ihrer Einheit in eine Vielheit, von den großen Sphären des Lichtes und den Zentren der Energie her. Sie ist der Quell der vollkommenen Ordnung, des Gleichgewichtes, der Harmonie und der Gesundheit. Sie strebt ständig nach Heilung und Wiedererneuerung von Strukturen in der Natur und bei den Lebewesen. Auf der nördlichen Erdhalbkugel bewegen sich die kosmischen Energiemassen im Uhrzeigersinn gegen die Erdenergie. Auf der südlichen Erdhalbkugel ist es umgekehrt.

Die elektromagnetischen Wellen des farbig sprühenden, harmonischen Lichtstromes unterliegen gewissen Ordnungsprinzipien der Farbe, des Tones, des Duftes, der Zahl und der Geometrie. Wir finden dafür in der Bibel Hinweise. In der Weisheit Salomos 11.21 heißt es: »Du hast alles geordnet mit Maß, Zahl und Gewicht. Dein großes Vermögen ist allezeit bei Dir.« Und in Hiob 38.4,5: »Wo warst du, als ich die Erde gründete? Weißt du, wer ihr das Maß gesetzt hat oder wer über sie die Richtschnur gezogen hat?«

Es gibt nicht nur die sieben Chi-Arten, die den sieben Tönen der Tonleiter und gleichzeitig den sieben Regenbogenfarben entsprechen, sondern auch die sieben Planeten des Altertums (Mond, Venus, Merkur, Sonne, Mars, Jupiter, Saturn), die sieben Hormondrüsen (Epiphyse, Hypophyse, Schilddrüse, Thymusdrüse,

Bauchspeicheldrüse, Nebennieren, Sexualdrüsen) und die sieben Chakren oder Energiewirbel, die in diesem Buch erklärt werden. Der siebenfarbene Lebensäther, dessen Klangwelle alles Existierende erschafft, läßt in folgender Reihenfolge sein farbiges Chi entstehen, wobei Yang- und Yin-Energien (siehe die nächsten beiden Abschnitte) abwechselnd in Erscheinung treten: Rot, Blau, Gelb, Violett, Orange, Grün, Indigo und Purpur. Farbtöne aus Rot und Blau gehen die verschiedensten Verbindungen ein und ergeben vielfältige Farbschattierungen, so daß eine Festlegung auf eine bestimmte Farbe (Violett oder Purpur) oft nicht möglich ist.

Folgende sieben Töne erzeugen die sieben Farben der Tonleiter:

C^1	D	E	F	G	A	B	C^2
Rot	Orange	Gelb	Grün	Blau	Indigo	Violett	Rot

Der Ton H verströmt die Farbe Purpur. Die Obertöne oder das Echo des tiefen Urtones ergeben die Klangwellen.

Nach meiner Beobachtung erstrahlt jeder Planet in einem typischen Chi-Licht, das er von der Sonne erhält, und tönt in den entsprechenden Klängen und Düften. So gibt der Mars überwiegend rote elektromagnetische Wellen, die Venus gelbe, der Jupiter grüne und weiße, die Erde hellblaue, der Saturn dunkelblaue und grüne, der Mond indigo-violettfarbene und der Merkur eine Vielzahl verschiedenfarbiger Schwingungen ab. Die gesamte Materie und alle Lebewesen, wie Steine, Blumen, Tiere, Menschen und Landschaften, verbreiten besondere Ätherfarben sowie die entsprechenden Töne und Düfte. Ich bemerke außer der sichtbaren Sonne noch eine weitaus größere, koexistente, wesentlich schneller rotierende, goldene, die aus den unsichtbaren

Bereichen um die Osterzeit auf ihrer Laufbahn der Erde am nächsten kommt. Aus ihr beobachte ich eine echte Schöpfungsinitiation, d. h. einen Wachstumsimpuls. Goldene Erzengel lösen Funken und dirigieren sie auf die Erde, um die grundlegenden physischen Entstehungsprozesse in der Natur und beim Menschen zu entfachen.

Zur gleichen Zeit im Frühjahr, wenn sich die sonst unsichtbare goldene Sonne zeigt, entsteht am Himmel ein feinstofflicher Regenbogen, über den Engel auf die Erde kommen. Der gesamte Schöpfungsvorgang scheint mir als Wechselbeziehung beider Sonnen und der Planeten in Form von Geben, Nehmen, Wiedergeben usw. zu funktionieren, wie ein Perpetuum mobile, das ewig läuft und tönt. Der klingende Äther, die reinen kosmischen Energien sind immer: 1. gebend, 2. nehmend, 3. austauschend, 4. befruchtend, 5. aufbauend, 6. abbauend und 7. neutralisierend. Der Taoismus bezeichnet die Energie dieser goldenen Sonne als Shen oder Geist. Die Qualität und Größe des goldenen Funkens im Herzen des Menschen bestimmen sein Shen, seinen Geist oder die Höhe seines spirituellen Bewußtseins.

Die Frage nach dem Entstehen der zahlreichen irdischen Formen und Lebewesen stellt sich hellsichtig wie folgt dar: Der kosmische Raum, der astral-mentale Ozean, ist unter anderem mit Gefühls- und Gedankenbildern, vergangenen und zukünftigen Ereignissen sowie den Urbildern der Schöpfung angefüllt. Diese Urphänomene lassen feinstoffliche, ständig veränderliche, neu entstehende und zerfließende Formen aus der uns umgebenden materiellen Welt erkennen, ähnlich einem Farbfilm in Zeitlupe. Jeder Pflanzen- und Tiertyp ist darin enthalten. Mutationen und neue Arten im Materiellen setzen stets verwandelte, unsichtbare Matrizen voraus. Das Chi der Yin- und Yangkräfte und zusätzlich

Naturgeister und Engel erschaffen und vollenden aus dem spirituellen Bereich die materiellen Formen.
Auch der menschliche Körper wird mit Hilfe der verschiedenen Engelarten gebildet. Seine »Fehler« und »Unzulänglichkeiten«, die er durch eigenes und auch zwangsläufiges Verschulden auf verschiedenen Daseinsstufen (Wiederverkörperung) erworben hat, werden von den unsichtbaren Helfern mit eingebaut. Sie geben dem Menschen und seiner Umgebung die Möglichkeit zur Entwicklung. Auf dem Weg über eigene Anstrengungen und vielfältige Erfahrungen gelangt er zur Verwirklichung seines unsterblichen Ichs, bleibender geistiger Selbständigkeit und unverlierbarer Unabhängigkeit im Laufe der Evolution.

Der Begriff des Chi im Osten und Westen

Das Wort Chi entstammt der altchinesischen Philosophie und ist Ausdruck für die geheimnisvolle, ewige, das Universum und alles Sein durchdringende Schöpfungs- und Lebenskraft. Der Taoismus führte den Begriff Chi in alle Lebensbereiche ein, in Politik, Wissenschaft, Naturheilkunde, Philosophie, Religion, Mystik, Geopathie (Lehre von den Erdstrahlen), Kunst und Sport. Das Konzept dieser Energieform beinhaltet alle Facetten einer einheitlichen, sich gesetzmäßig wandelnden kosmischen Kraft, die das Universum aufbaut und erhält. Sie ist eine bewegliche, feinstoffliche Substanz und verdichtet sich zu materiellen Erscheinungsformen.
Auch der Mensch ist abhängig vom harmonischen Zusammenspiel des omnipräsenten, unergründlichen, himmlischen und irdischen Chi. Das chinesische Konzept repräsentiert weiterhin den

zyklischen Wandel im Weltall, immer wiederkehrende Gesetzmäßigkeiten, wie den Kreislauf der Jahreszeiten, die Wiederholungen von Leben und Tod usw. Auch das Zusammenwirken des bipolaren Chi, also der Yin- und Yangkräfte, die zwar Gegenspieler sind, aber durch ihre Synthese die Harmonie herstellen, ist ein fester Bestandteil des chinesischen Begriffes. Die unsichtbare Lebensenergie verändert sich im Sinne der fünf Wandlungsphasen der chinesischen Naturphilosophie von feiner Materie zur festen und dann wieder zur feinen, also vom Yin zum Yang und wieder zurück zum Yin.

Taoistische Weise bemühten sich, reines Chi in ihrem Körper zu konzentrieren, was ein verlangsamtes Altern bewirkte. Sie trachteten danach, in Harmonie mit den kosmischen Gesetzen zu leben und sich höher zu entwickeln.

In der westlichen Kultur gibt es in der Bibel Aussagen über die Urenergie, die Materie und Leben erzeugt und erhält. Die Bibel bezeichnet deren Wirkungsweisen als »Licht« und »Klang«.

Das 1. Buch Mose beginnt mit den Worten: »1. Im Anfang schuf Gott die Himmel und die Erde. 2. Und die Erde war wüst und leer, und die Finsternis war über der Tiefe; und der Geist Gottes schwebte über den Wassern. 3. Und Gott sprach: Es werde Licht! 4. Und es ward Licht ...« Weiterhin lesen wir im Johannes-Evangelium 1.1–5: »1. Im Anfang war das Wort, und das Wort war bei Gott, und Gott war das Wort. 2. Dasselbe war im Anfang bei Gott. 3. Alle Dinge sind durch dasselbe gemacht, und ohne dasselbe ist nichts, was gemacht ist. 4. In ihm war das Leben, und das Leben war das Licht der Menschen. 5. Und das Licht scheint in der Finsternis, und die Finsternis hat es nicht begriffen.«

Diese beiden Bibeltexte erwähnen das Licht und das Wort als dynamische Schöpfungs- und Lebenskraft. Wenn der Begriff

»Wort« durch »Klang« oder »Ton« ersetzt würde, käme noch deutlicher zum Ausdruck, daß die erste Schöpfungsmaterie tönendes Licht war, deren endlose Sphärenmusik aus farbigen Lichtströmen unaufhörlich in Kosmos, Erde und Mensch eindringt.

Die Reinheit der kosmischen Töne und die Klarheit der Farben garantieren die Vitalität der uns aufbauenden biologischen Energien. Leider gibt es eine ganze Reihe von negativen Einflüssen in unserer Umgebung. So wird durch den sauren Regen das gesunde, hellblaue Erd-Chi bis ca. 10 Meter Tiefe in deutlich gegeneinander abgegrenzten Schichten durch avitales, graues bis schwarzes Chi zersetzt, selbst in den industriefernen Hochgebirgen. Die Erde sieht wie mit schwarzen Tüchern bedeckt aus. Der Grad der Bodenverseuchung scheint mit der Menge der Niederschläge zuzunehmen und ist zudem von der Bodenbeschaffenheit abhängig. Zusätzlich stören gewisse Witterungseinflüsse, die verschiedenen Erdstrahlen (geopathische Reizzonen wie Wasseradern und Verwerfungen), Elektrosmog, Lärm und unharmonische Musik, negative Emotionen u.a.m. – sie alle erzeugen ein disharmonisch tönendes, krankheitsförderndes Chi, das unsere Körper und unsere »Seelen« vergiftet. Hier erhalten Sie Aufklärung und Hilfe durch dieses Buch.

Das Wirken des bipolaren Chi

Gemäß meinen Beobachtungen fallen alle Chi-Arten, die aus dem Urton, dem tönenden weißen Urstrahl, dem schattenlosen weißen Schöpfungslicht, hervorgehen, in zwei Gruppen. Die überwiegend warmen elektromagnetischen Wellen wie Purpur/Rot,

Orange und Gelb werden als dynamische, pulsierende Yangkräfte bezeichnet. Sie erschaffen, sammeln, formen und erwärmen Energiepartikel und ziehen sie von der Peripherie in einen Mittelpunkt zusammen. Damit stehen sie im Gegensatz zum Yinpol, der sich in Form von blauen, violetten, grünen und indigofarbenen elektromagnetischen Frequenzen zeigt und ausdehnend, erkaltend, auflösend und zerstreuend auf alle Substanzen dieser Welt einwirkt. Diese beiden gegensätzlichen Energieabläufe erinnern an einen zur gleichen Zeit stattfindenden Prozeß der Einatmung (Yang) und Ausatmung (Yin).

Jede der sieben Chi-Arten verhält sich entsprechend dem typischen atomaren, »luftigen« Charakter ihrer Farbgebung. Die Taoisten unterscheiden einzelne Ätherarten, denen bestimmte Aufgaben besonders bei der Erhaltung der Gesundheit und inneren Harmonie zukommen. Erwähnt wurden bereits Chi als Sammelbegriff für alle Ätherarten und das Shen oder der Geist, der als rein goldene Sonnenenergie erscheint. Ein weiterer nennenswerter Begriff ist das taoistische Ching, die Lebensessenz oder genetische Energie. Letztere sehe ich als rot-, purpur- und orangefarbene Lichtpartikel und Klangäther. Diese Essenz ist extrem yang.

Jeder der jeweils vierfarbigen Gegenspieler ist in immerwährender Bewegung und Veränderung und versucht das Gleichgewicht des Ganzen zu erhalten. Sie gehen rhythmisch von feineren in dichtere Zustände über oder umgekehrt und wirken in ständigem Wechsel aufeinander ein. Sie erzeugen außer Licht auch Wärme, Kälte, Elektrizität und jegliche Energieform. Sie bilden zusammen mit dem geistigen, goldenen Shen im Universum gewisse Urformen, für die zum Beispiel das Einrollprinzip charakteristisch ist (siehe Abb. S. 24).

Auffallend sind ihre schleifen-, wellen-, wolken- und ellipsenartigen Bewegungsabläufe und materiellen Formen. Hier sei an Planetenumläufe und Bildung von Eiern der Vogelwelt und unseren Augapfel erinnert. Besonders auffallend sind die von Yin und Yang erzeugten Kreis-, Spiral- und Wirbelformationen und alle geometrischen Grundmuster, von denen das All und seine Lebewesen zeugen. So sind zum Beispiel bei jedem Wirbelsturm immer zwei Bewegungsabläufe typisch. Zum Zentrum eines Tornados hin windet sich die Yang-Strömungsbewegung in immer enger werdenden Wirbeln, wobei Energie verbraucht wird und Yin-Abkühlung bzw. Sturmabschwächung eintritt und zur Regenbildung führt. Dabei wird Verdampfungswärme frei, die nach außen strömt. Ein Teil der Energie entlädt sich elektrisch als Blitzbildung. Dem Yin-Vorgang der Erkaltung folgt wiederum ein entgegengesetzter Yang-Prozeß.

Das Eingreifen der Yang- und Yin-Kräfte, ihr gleichzeitiger rhythmischer Ein- und Ausatmungsprozeß, verursacht u. a. die gigantischen Spiralnebel, Galaxien, brausenden Meeresströmungen, Windbahnen, Baumstammbildungen, Samenformen, Röhrenbildung von Stengeln, Zweigen, Blutgefäßen, Pflanzenwindungen und die harmonische Anordnung der Blütenblätter an Blumen. Ihre wasserstrudel-, korkenzieher-, trichter- und schraubenartige Energiedynamik wirkt auf alles mineralische, pflanzliche, tierische und menschliche Leben ein. Alle Organismen im Weltall und auf Erden werden in irgendeiner Weise durch die allgegenwärtigen, ordnenden, gesetzmäßig verlaufenden bipolaren Yin- und Yang-Kräfte bewegt und verwandelt.

Beim Menschen könnte man als ein Beispiel unter vielen die roten Blutzellen anführen. Wenn diese mit einer 12 000fachen Vergrößerung untersucht werden, so sehen sie wie Trichter aus. Auch die spiralförmige Anordnung der DNS-Moleküle, der Träger der genetischen Informationen, steht in diesem Zusammenhang. Alle materiell sichtbaren Formen beim Menschen werden ursächlich durch seine trichterförmigen, radartigen Energiewirbel oder Chakren auf der Körpermitte erzeugt, die die unsichtbaren Energien aufnehmen und verwandeln (siehe Abb. S. 24). Entsprechend unserer Konstitution und seelisch-geistigen Einstellung resorbieren wir verstärkt die Yang- oder Yin-Lichtatome aus dem Weltall. Aus der »wüsten und leeren« Erde, wie sie in der Bibel beschrieben ist, aus den chaotischen, ungeordneten Kräften stellt der tönende Urstrahl die harmonische, gesetzmäßig verlaufende Ordnung her. Er macht die Entwicklung alles Lebenden zu höheren Formen und Bewußtseinszuständen überhaupt erst möglich.

Zusammenfassend lassen sich folgende Charakteristika und Verhaltensweisen des kosmischen Chi feststellen:

1. Es wird gleichermaßen im Christentum und im Taoismus als die wahre Schöpfungs- und Lebenskraft bezeichnet, nur mit verschiedener Namensgebung.
2. Der Urstrahl des weißen Chi teilt sich in die beiden bipolaren Kräfte Yin und Yang, die dem Gesetz der Ordnung und des Rhythmus unterliegen.
3. Seine sieben klingenden, farbigen Ätherarten erzeugen jeweils einen mit einer bestimmten Farbe korrespondierenden Ton.
4. Die typischen Entstehungsmuster aller Formen, wie beispielsweise das Einrollprinzip, sind Auswirkungen der Yin- und Yang-Energien.
5. Das goldene Chi der unsichtbaren goldenen Sonne ist der eigentliche Initiator für das physische und geistige menschliche Leben.

6. Das Wirken der elektromagnetischen Chi-Frequenzen ist allgegenwärtig, sichtbar und hörbar im Universum.
7. Beim Menschen ermöglichen sie die Funktion der Chakren und die Höherentwicklung.

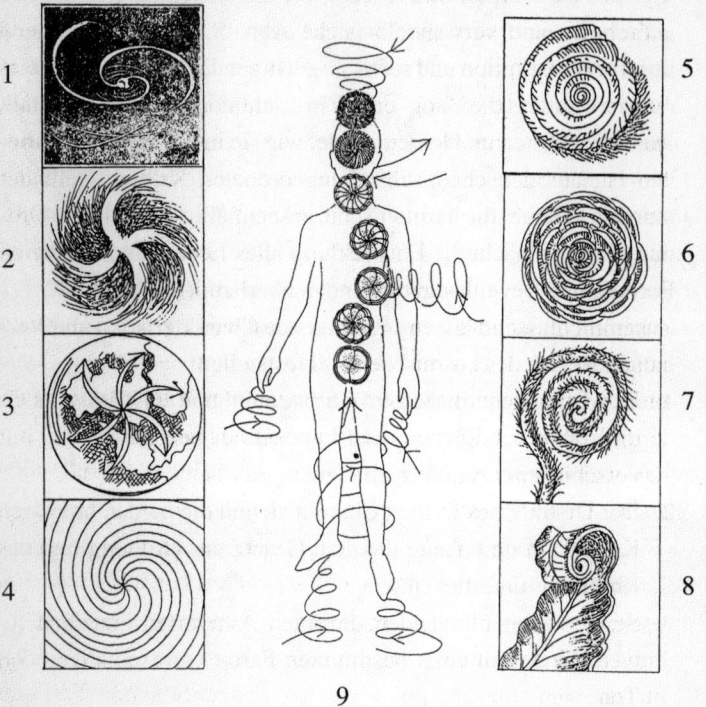

Die Wirkungen des bipolaren Chi: 1. Magnetfeld der Sonne. 2. Rotierender Spiralnebel. 3. Windströmungen (nach G. Coriolis). 4. Kraftlinien eines Neutronensternes, aus größerer Distanz betrachtet (nach J. P. Ostriker). 5. Meeresmuscheln/Schneckenhaus. 6. Fichtenzapfen, von oben gesehen. 7. Junges Farnkraut. 8. Hirschzunge. 9. Die Chakren (die den spiralförmigen Formationen und dem Einrollprinzip der anderen Abb. ähneln).

Wie gelangen die feinstofflichen, vitalen Energien in den menschlichen Körper?

Betrachten Sie zu dem Text dieses Abschnitts die Abbildungen auf Seite 24. Die Partikel des vorwiegend kosmischen Yang-Äthers fließen durch den Scheitel spiralförmig in die Gehirn-Rückenmarks-Flüssigkeit ein. Die Yin-Energie steigt in schraubender Bewegung vom Erdboden in Fußsohlen, Damm und Atemwege. Yang- und Yin-Kräfte treffen sich im Körper und bewegen die Chakra-Wirbel. Zusätzlich werden diese wesentlich durch die Resorption rötlich-golden erscheinender Vitalitätsatome (siehe Farbtafel I a in der Buchmitte) der Sonne und an gewissen Stellen der Erde durch ein freischwebendes, kosmisches, hellblaues Chi in Rotation gehalten. Diese Kraftströme gehen vor allem zuerst in das Milz- und dann auch in das Solarplexus-Chakra ein. Eine geringe Anzahl der Vitalitätsatome gelangt auch in die Körperhaut. Von dort aus bewegen sie sich in das weitverzweigte Netz der Energieleitbahnen (Nadis, siehe auch »Das Milz-Chakra« in Kap. 3). Sie versorgen auf diese Weise jedes Organ und alle Körperfunktionen mit Chi.

Ich sah, daß bei längerer Bewußtlosigkeit und nach Selbstmordversuchen (durch Tabletten) nach erfolgreichen Wiederbelebungsmaßnahmen plötzlich aus dem Kosmos Wolken von Vitalitätsatomen, die aus gold- bis regenbogenfarbenen Partikeln bestanden, in die beiden Bauch-Chakren einflossen. Das farbige Chi sammelte sich dann im Milz-Chakra, und dieses verteilte die Farbteilchen. Sie liefen mit hoher Geschwindigkeit in ihren klaren Farben durch den Vitalitätskörper, der bisher nur aus dunklem, unvitalem, dumpffarbenem Äther bestanden hatte, und erfüllten den Patienten mit Leben und Bewußtsein.

Aus unsichtbaren Bereichen verteilen auch bestimmte höhere Geistwesen (Engel) sowie unsere individuelle spirituelle Persönlichkeit heilende Energien. Sie helfen uns, wenn die Heilung verdient ist.

Das hellblaue Erd-Chi, das auf sonnenbestrahlten, feuchten Wiesen bis 1 Meter Höhe aufsteigt, wird über die Fußsohlen aufgesogen, vor allem, wenn wir barfuß laufen. Es zirkuliert von dort durch die Energiebahnen. Unsere Handflächen resorbieren kosmisches und irdisches Chi. Die Atmungsorgane nehmen die Vitalitätsatome aus gesunder Atmosphäre sowie das an einigen Stellen der Erde weit über den Erdboden aufsteigende überwiegend blaue Chi auf. Das Kehlkopf-Chakra gibt beim Atmungsvorgang die energieangereicherte Luft an das Lymphsystem ab. Der hellblaue Äther bewegt das Lymphsystem langsam. Beim Phlegmatiker erzeugt dieses Chi, von dem er mehr resorbiert, einen trägen Lymphfluß, oft vermehrten Fettansatz und verlangsamte psychische Reaktionen.

Unser Blut hingegen wird mit dem sich schnell bewegenden, roten, purpurnen, gelben, orangefarbenen und violetten Chi, das das Milz-Chakra aus den Vitalitätskörperchen abspaltet, gespeist. Es sendet dem Wurzel-Chakra rot-orangefarbenes und violett-purpurnes und dem Herzen gelbes Chi zu und hält hierdurch den Blutumlauf in Schwung. Besonders der rote Äther aus dem Wurzel-Chakra ist für die Blutwärme verantwortlich. Der Choleriker resorbiert mehr rotes, purpurnes und orangefarbenes Chi, welches sein Blut erhitzt und sein heftiges Temperament auslöst (siehe auch Chakra-Kapitel).

Nur auf einer einzigen Stelle dieser Erde konnte ich bisher verstärkte atmosphärische Chi-Einstrahlung bemerken. Ich war erstaunt, eine überwältigende Menge von frei fließendem kosmischem Chi täglich in den frühen Morgenstunden in der Gegend um Halle, Leipzig und Weimar zu beobachten. Das hatte ich weder im Himalaya noch irgendwo sonst in Asien gesehen! Dieses reine Chi sammelt sich verstärkt im Kopf der Menschen und befähigt zu klarerem Denken und schöpferischem Tun. Sachsen (bzw. Thüringen) ist die Heimat eines J. S. Bach, des genialen Urhebers der Homöopathie Dr. med. S. Hahnemann und Wirkungskreis eines J. W. v. Goethe. Das rhythmisch wogende Herabsteigen und Sichverströmen des himmlischen, sächsischen Chi-Flusses drückt J. S. Bach u. a. in der Begleitmusik zur Tenorarie in seiner Pfingstkantate (BWV 172) aus. Der Text erwähnt den »Geist Gottes, der bei der Schöpfung blies und der nie vergehet«.

Interessant ist, daß die ägyptischen Pyramiden auf Fotos so wie in der Natur, ebenso wie ihre maßstabgetreuen kleineren Nachbildungen, Akkumulatoren für hellblaues Chi sind, welches sie völlig ausfüllt. Sie präsentieren eine ganz bestimmte Energieart, die dem Yin untersteht. Daher wirkt die Energie der Pyramiden auf Menschen, die genügend Yang-Chi aufweisen, weitgehend harmonisierend. Hingegen verspüren solche mit überwiegend blauem Yin-Chi keine große Wirkung.

Die Erde selbst läßt nicht nur nährende hellblaue Energie in unsere Vitalitätskörper aufsteigen, die je nach Landschaft aus weiteren Chi-Arten bestehen kann. Es gibt hier auch wirbel- und quellenförmige Gebilde mit Rechts- und Linksrotation, deren Radius verschieden großen Umfang zeigt. Sie üben meist krankmachende Wirkungen aus. Hierüber und über die Erdstörzonen erfahren Sie mehr im letzten Kapitel. Glücklicherweise existiert ein technisches Gerät, das reine, strahlende Chi-Energie künstlich erzeugt. Es ahmt den Urton und den Urstrahl der Schöpfung nach und führt seiner Umgebung die notwendigen regenerierenden Heilenergien zu (siehe letztes Kapitel).

Ein Großteil unseres Wohlbefindens wird durch die unsichtbare Qualität unseres Wassers, der Nahrung, der mitmenschlichen Atmosphäre und des »Geistes«, der sie erfüllt, beeinflußt oder beeinträchtigt. Im Abschnitt »Gesundes Nahrungs-Chi als Hilfe gegen Umweltgifte und Krankheiten« im 7. Kapitel erfahren Sie, welche Nahrungsmittel in der heutigen Zeit noch regenerierend wirken.

Nicht nur die physische Energielage, sondern auch unser seelischer Zustand und die geistige Konzentration werden von der Aufnahme eines klaren, unverfälschten Chi bestimmt. Sein Aussehen und Wirken in den einzelnen Jahreszeiten wird im folgenden Abschnitt beschrieben.

Das Wirken des Chi in den Jahreszeiten

In der altchinesischen Medizin sind fünf Farben den sogenannten Funktionskreisen (d. h. bestimmten Chakren und zugehörigen Organen und besonderen Energiebahnen oder Meridianen) zugeordnet. Die einzelne Farbe soll jeweils zu einer bestimmten Jahreszeit besonders wirksam sein. Nach meiner Beobachtung sind mit diesen Farben die feinstofflichen, aufbauenden Chi-Arten beschrieben, die besonders in der durch die nachfolgende Tabelle angegebenen Saison im Kosmos und auf Erden aktiv sind. Sie sind auf ganz bestimmte Aufgaben bei der Gestaltung des pflanzlichen und menschlichen Lebens gerichtet. Die in der Tabelle erwähnte »Zwischensaison« liegt zwischen den vier bekannten Jahreszeiten. Sie entspricht dem Spätsommer.

Jahreszeit und entsprechendes Chi		Chakra und zugeordnete Organe
Frühjahr	grün	Solarplexus-Chakra (Leber und Galle)
Sommer	rot	Herz-Chakra (Herz und Funktionskreise)
Zwischensaison	gelb	Milz-Chakra (Milz, Bauchspeicheldrüse, Magen)
Herbst	weiß	Kehlkopf-Chakra (Lungen und Dickdarm)
Winter	blau	Wurzel-Chakra (Niere und Blase)

Hellblaues, an Nässe und Feuchtigkeit gebundenes winterliches Erd-Chi bereitet das frühlingshafte Wachstum vor. Der dieser Farbe zugeordnete Yin-Charakter verursacht das Ausbreiten und Aufsteigen der Säfte und den Beginn der Knospenbildung.

Schon als Kind sah ich, daß nach Bewässern des Gartens der angefeuchtete Boden einen feinen, hellblauen Nebel von etwa zwei Meter Höhe verbreitete. Auch aus halbverdorrten Blumen in Vasen strömt, sobald man ihnen frisches Wasser gibt, wieder für kurze Zeit das hellblaue Chi.

Jedes Frühjahr bemerke ich, wie dieser hellblaue Äther aus der Erde an die Oberfläche steigt, gefolgt von grünem. Weitere feinstoffliche Energien in warmen Farben greifen von Sonne und Kosmos spiralförmig in das Wachstumsgeschehen ein. Sie helfen die Erd-Chi-Arten vom Boden spulenförmig um und in Pflanzen und Bäumen nach oben zu ziehen. Dasselbe geschieht vor der Knospenbildung (siehe Farbtafel I b). Die Art und Farbe des Chi ist den jahreszeitlichen Schwankungen unterworfen. Durch diesen Vorgang werden Wasser und darin gelöste Mineralien rhythmisch, im Pulsschlag des Chi, aus dem Erdreich bis in höchste Baumwipfel aufwärts getrieben. Das Wachstum der grünen Blät-

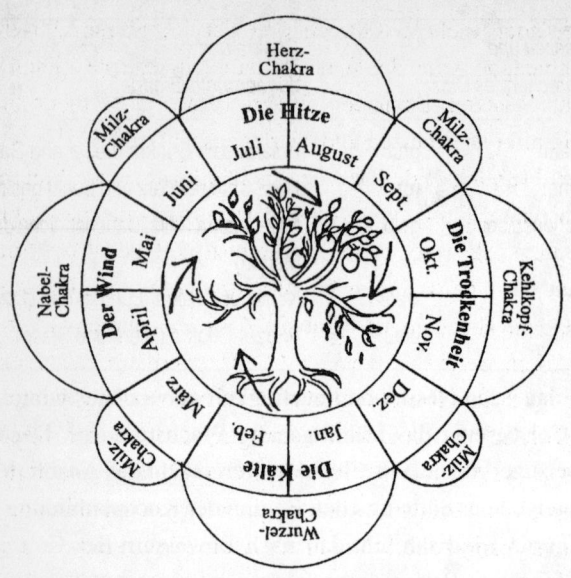

Das Wirken des Chi in den Jahreszeiten

ter selbst wird überwiegend durch hellblauen und roten Äther bestimmt. In mancher Pflanzenrosette und inmitten von Blütenkelchen sammelt sich rotes Chi und strahlt wie ein Rubin.
Auch das Heer der Erdgeister, der Gnome, kommt mit der Frühlingssonne und deren Chi-Kräften an die Erdoberfläche und beteiligt sich aktiv am Pflanzenwuchs. Sie tragen oft hellblaue Kleidung aus verdichtetem Erd-Chi. Diese Meister der feinstofflichen Materie leiten Ätherkräfte durch ihre Hände in die Pflanzen und schaffen sich aus diesen Energien ihre Kleidungsstücke nach Wunsch und Vorstellung. Die männlichen und weiblichen Zwerge der Gärten verfertigen überwiegend Mützchen, Jäckchen, Höschen und Röckchen aus dem blauen, grünen und dem

bisher noch nicht erwähnten erdeigenen braunen Misch-Chi. Verschiedene Arten der Waldgeister benützen rotes Sonnen-Chi für ihre Mützen. Besonders im Frühjahr und Sommer sind sie fleißig mit den Pflanzen und Tieren beschäftigt.

Gegen Frühlingsende überwiegt gelber kosmischer Äther in der Atmosphäre, gefolgt vom rot- und orangefarbenen des Sommers. Besonders die roten Yang-Energiepartikel des Mars und die gelben der Venus sorgen für die Ausreifung von Gräsern und Getreiden, Früchten und Samen. Das Zusammenwirken aller Chi-Arten, welches das weiße Od des Herbstes entstehen läßt, führt zur vollen Reife, dem das Vergehen der Vegetation folgt. Der Duft der verwelkenden Blüten und Gräser setzt weißes Chi frei. Das winterliche hellblaue Yin-Chi läßt viele alte Menschen in Europa im Februar sterben, da zu wenige vitalisierende, sommerliche Yang-Ätherkräfte in der Atmosphäre sind.

Die eingangs erwähnten fünf reinen Energien können in der Natur und bei Mensch und Tier durch Gifte, Schwäche und Krankheit unrein, trüb, schmutzig und stumpffarben werden. So entstehen aus dem gesunden Chi folgende Abweichungen:

Gesundes Chi	Krankes Chi	Chakra oder Funktionskreis der chinesischen Medizin
grün	giftgrün	Solarplexus-Chakra (Leber und Galle)
rot	grau-schwarz-rot	Herz-Chakra (Herz und Funktionskreise)
gelb	beige, braun	Milz-Chakra (Milz, Pankreas, Magen)
weiß	grau, schwarz	Kehlkopf-Chakra (Lungen, Dickdarm)
blau	schmutzigblau, grau, schwarz	Wurzel-Chakra (Nieren, Blase)

Praktisch anwendbar ist dieses Wissen mit Hilfe der Abbildung auf Seite 30. Zu welcher Jahreszeit fühlen Sie sich müde und abgeschlagen oder haben regelmäßig wiederkehrende Beschwerden? Wenn Sie zum Beispiel im Winter weniger Energie haben als in den anderen Jahreszeiten oder mehr Schlaf brauchen, dann ist Ihr Wurzel-Chakra am anfälligsten. Sie können Ihre genaue Energielage durch die Gesundheitstests, die psychologischen Tests und die Allergietests im 4. und 7. Kapitel ermitteln. Die hier folgenden Kapitel gehen auf die menschlichen Chi-Körper und deren Chakren ein.

2 Die feinstofflichen menschlichen Körper

Der unsichtbare Mensch – ein Lichtwesen

Man stelle sich ein wohlgeordnetes, eher ovales, umgrenztes, wolkenartiges Gebilde in und um den Menschen vor mit rhythmisch wirbelnden, sternenartig aufblitzenden Lichtern. Die Lichtpartikel bewegen sich in einfarbigen, pulsierenden Strömen oder in vielfarbigen Verbänden. Dieses Lichtfeld ist in seiner elektromagnetischen Wirkung zum Teil meßbar; die feststellbaren Frequenzen betragen 10–12 Hz.

Bei näherer Betrachtung grenzen sich drei in- und übereinandergelagerte ovale Energiefelder ab, aus unterschiedlich dichter, feinstofflicher Materie bestehend. Diese drei separaten Kraftfelder oder Auren mit ihrer Chakra-Steuerung durchdringen und überragen unseren sichtbaren physischen Körper. Der Vitalitätskörper, um den es in diesem Buch hauptsächlich geht, da er die größte Rolle bei der Regeneration der Gesundheit spielt, wird von den Auren des Emotions- oder Astralkörpers überstrahlt. Darüber hinaus erstreckt sich der Denk- oder Mentalkörper, der aus abermals feinerer Materie besteht. Alle diese Gebilde werden durch einen entfernten, jedoch mit ihnen verbundenen spirituellen Körper, den des höheren Selbst, gelenkt (siehe Übersicht S. 37).

Vitalitäts-, Emotions- und Denkkörper sind durch die sieben Chakren miteinander in Kontakt. Das sich zum Vitalitätskörper verdichtende Chi ernährt und erwärmt diesen. Sensitive Menschen fühlen diese Wärme, wenn sie die Hand wenige Zentimeter über der Körperoberfläche entlangführen. Diese Vitalwärme ist meßbar und im Infrarotbereich deutlich erkennbar.

Der Vitalitätskörper, auch des heutigen Zivilisationsmenschen, kann sich immer wieder, selbst in fortgeschrittenem Alter, aufbauen und regenerieren. Aber ungezügelte und unbeherrschte Emotionen des Astralkörpers und übermäßige intellektuelle Anstrengung des Mentalkörpers wirken verlangsamend, energiedämpfend, abbauend und teils lähmend auf die lichtsprühenden, regenbogenfarbenen Partikel des Ätherkörpers ein.

Das höhere Selbst (siehe Übersicht S. 37) lenkt den Vitalitätskörper hauptsächlich durch die Macht des goldenen Chi über das Milz- und Herz-Chakra und die Kopfzentren. Diese Kraft des Geistes oder Shen wird durch starke Emotionen, wie Streß, Frustration, Wut usw., im Gefühlskörper wie auch durch Fehlernährung und Übersäuerung des physischen Körpers beeinträchtigt. Hingegen fördern Gedankenkontrolle und innere Gelassenheit harmonisch klarfarbene und wohltönende Chakren. Sie ermöglichen es dem geistigen, goldenen Äther, sich im physischen Körper einzulagern und auszubreiten.

Daraus ergibt sich, daß die menschliche Lebensenergie (Vitalitätskörper), die Gefühlswelt (Emotionskörper), das Denken, Wollen und die Lebensanschauung (Denkkörper) sowie Geisteshaltung und Bewußtsein (höheres Selbst) von der Funktion unserer Chakren und der Reinheit ihres Chi bestimmt werden.

Vor Jahrtausenden schon hatten Hellseher unsere unsichtbaren, aus feinstofflichem Äther bestehenden Körper entdeckt; sie haben vor allem den Vitalitäts- oder Ätherkörper im alten chinesischen Meridian- und im indischen Chakrasystem dargestellt. Beide kommen aus verschiedenen Kulturkreisen und benützen nur verschiedene Ausdrucksweisen für die gleichen Tatsachen.*

---

* Mehr über das sterbliche und unsterbliche Ich in dem Buch der Autorin »Traum, Tod und Transzendenz«, Knaur TB 86043, 1994.

Die Auren der menschlichen Persönlichkeit

Die folgende Übersicht zeigt Funktion und Aufgaben unserer feinstofflichen Körper (siehe auch Farbtafel II):

a) **Die menschliche Persönlichkeit (das sterbliche Ich)**
1. Physischer Körper
2. Vitalitäts- oder Ätherkörper (Abb. S. 46)
   – körperliche Vitalitätsversorgung
   – Übermittlung von Impulsen aus allen höheren Körpern
3. Emotions- oder Astralkörper (Abb. S. 36)
   – alle Gefühle (z. B. Sympathie, Antipathie, Schuldgefühle)
   – Instinkte, Verlangen, Wünsche, Triebe
   – instinktive Vorahnungen, Empfindungen
   – Grund- und Erwartungseinstellung dem Leben gegenüber,
   – Vorstellungskräfte
   – spontanes Tun, gefühlsmäßige Antriebe des Wollens und oft gefühlsmäßiger Mut
   – gefühlsmäßige Glaubensüberzeugung und Gottesbilder
   – Summe anerzogener oder erworbener seelischer Muster
4. Niederer Denk- oder Mentalkörper (Abb. S. 36)
   – gegenständliches Denken
   – Bewertungen, Urteilsvermögen und -bildung
   – »Nichtwissen« im höheren Sinn
   – gesteuerte Willenskräfte (wie Disziplin, Aufmerksamkeit, Konzentration, Kontemplation)
   – bewußt eingesetzte Vernunft
   – Bewußtsein der eigenen Individualität

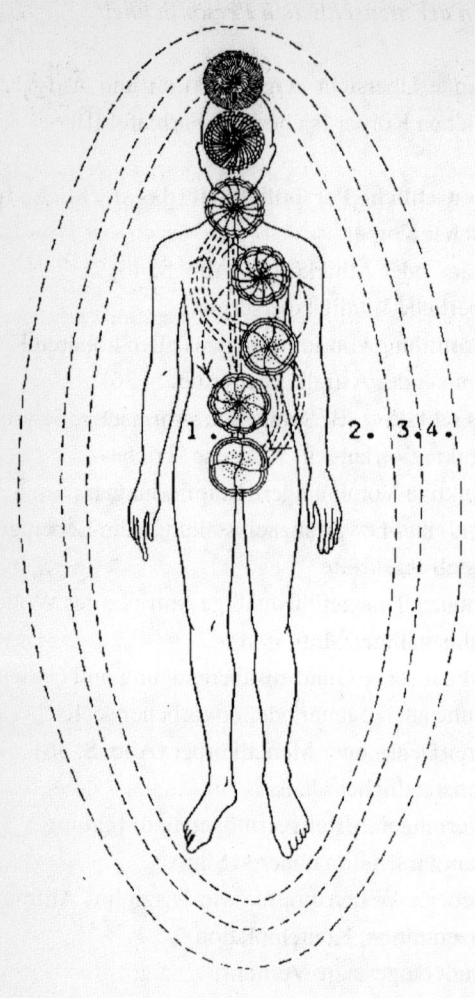

Die Auren der menschlichen Persönlichkeit (siehe auch Farbtafel II):
1. Physischer Körper, 2. Vitalitätskörper (Ätherkörper), 3. Emotionskörper (Astralkörper), 4. Niederer Denkkörper (niederer Mentalkörper).

A	B	C

Chakra-Beispiele (A–C): Jedes der sieben Chakren setzt sich aus drei einzelnen Chakren zusammen, die wie Blütenkelche ineinanderhängen. Das ätherische Chakra des Vitalitätskörpers befindet sich innen, darüber das astrale des Emotionskörpers und außen das mentale des Denkkörpers (siehe Abb. S. 37). A = Milz-Chakra des Vitalitätskörpers; schwarz = der ätherische Anteil. B = Wurzel-Chakra des Emotionskörpers; schwarz = der astrale Teil. C = Solarplexus-Chakra des Denkkörpers; schwarz = der mentale Abschnitt.

b) Die göttliche Persönlichkeit des Menschen (das unsterbliche Ich)

oder das höhere Selbst, Ego oder Überselbst, im höheren Denk- oder Mentalkörper (= Kausalkörper), auch bezeichnet als:

- abstraktes Denken
- höhere Vernunft, Intuition
- neuer Lichtmensch, Seelengrund
- lebendiges Licht, innere Sonne
- göttliches Feuer, Funke, Lichtleib
- verborgener Licht- und Lebensquell
- erleuchtete höhere Einsicht
- unvergänglicher, ewiger Mensch
- Gotteskindschaft
- unverlierbarer, innerer Schatz
- innere Glückseligkeit, ewiges Glück
- Gewißheit der Unsterblichkeit
- die Stimme der Stille
- persönlicher Geist

- transzendentales Selbst
- überweltliche Persönlichkeit
- innere Gewißheit
- erwachtes Gewissen, Wissen
- Stimme Gottes in unserem Herzen
- Ich-bin-Gegenwart
- der in uns zu entwickelnde Christus (oder »Christus in uns«)
- Buddha-Natur

Sie führt zu:
- erleuchtetem, bewußtem Sein
- der Herrlichkeit Gottes
- der Gewißheit des Herrn
- Freude und Glückseligkeit
- unvergänglichem Frieden
- wahrer Liebe, seligem Bewußtsein
- Gotterkenntnis und göttlichem Bewußtsein
- Durchbruch zum kosmischen Bewußtsein
- Einheitsgefühl alles Lebendigen

Der Vitalitätskörper mit seinen ätherischen Chakren

Der Vitalitätskörper mit seiner siebenschichtigen, dichten, wolkenförmigen Struktur ist hauptsächlich für unser physisches Wohlbefinden verantwortlich. Ihn durchziehen, wie ein zartes Gewebe, eine ungeheuer große Anzahl von feinstofflichen, fadenartigen Kanälchen (Nadis). Bei starker Vitalität kann sich das Gebilde des Ätherkörpers von 2 cm bis ca. 70 cm über dem physischen Körper ausbreiten. In seinem bunt sprühenden Vitalfeld bewegen sich rhythmisch die sieben regenbogenfarbenen

Energiepartikel. Ihre Farbreinheit ist weitgehend vom Milz-Chakra abhängig, das sich im linken Oberbauch befindet. Es benutzt teilweise unzählige Nadis sowie die bekannten Bahnen der Akupunkturwege (Meridiane) zum Weitertransport der Energie. So regeneriert das Chi zum Beispiel abgetrennte Pflanzenblätter und Eidechsenschwänze völlig originalgetreu nach der unsichtbaren Struktur dieser feinstofflichen, fadenartigen Kanälchen.

Nach Amputation eines Beines oder Armes ist in dem weißgrauen Feld des Vitalitätskörpers immer noch ein genaues Abbild des fehlenden Körperteiles zu beobachten, das sich selbst nach vielen Jahren der Amputation weiterhin stark bewegen kann. Seine Schmerzen heißen in der Medizin »Phantomschmerzen«. Die Tabelle auf Seite 40 zeigt die Bedeutung der ätherischen Chakren. Mehr über den Vitalitätskörper finden Sie im nachfolgenden Abschnitt »Beschreibung des Vitalitäts- oder Ätherkörpers« (S. 44).

Der Emotionskörper mit seinen astralen Chakren

Auch der Gefühlskörper zeigt sieben Chi-Arten von unterschiedlicher Dichte und überragt meistens den Vitalitätskörper. Auf seinem für jeden Menschen charakteristischen Grundmuster lösen sich aus den astralen Chakren verschiedene Formen feinstofflicher Materie, die sich zum Beispiel als Wolken, als Farbblitze oder sprühregenähnlich in das Feld des Emotionskörpers verteilen können. Wenn der Astralkörper eines Menschen überwiegend dunkles, unharmonisches Chi aufweist, wird er oft von Tieren und Mitmenschen mit Ermüdung, Unlust, Abwehrreaktionen und eventuell mit Fluchtversuchen beantwortet. Ein verfeinerter, heller und leuchtender Astralkörper mit ruhig, harmonisch fließen-

Der Einfluß der ätherischen Chakren auf unsere Gesundheit

Kopf-Chakren	Hals-Chakra (Kehlkopf)	Herz-Chakra
Scheitel-Chakra: Zirbeldrüsenfunktion *Stirn-Chakra:* Hypophysenfunktion Die beiden oberen Chakren sind wesentlich von den fünf unteren abhängig.	Erkrankungen von Nase, Hals, Kehlkopf, Lunge, Dickdarm, Haut, Schleimhäuten, Schilddrüse; Schweißausbrüche; Depressionen usw.	Herz-, Arterien-, Venenleiden; Blutzirkulation; das Gedächtnis; Unruhe, Nervosität; Mittagsmüdigkeit; nächtliches Wasserlassen; Unverträglichkeit von Hitze usw.

Milz-Chakra	Nabel-Chakra (Solarplexus)	Wurzel-Chakra
Resorption und Verteilung von Vitalstoffen aus der Nahrung; Vitalität; Gedächtnis; Muskelfunktion; Allergien; Senkungen, Brüche; Ansammlung von Fett und Wasser usw.	Sehnen- und Bandapparat; alle Leber-, Gallenblasen-, Nebennieren-, Augenerkrankungen; nervöse Zuckungen, Krämpfe; Durchschlafstörungen; Schwindel usw.	Kondition und angeborene Konstitution oder Vitalität; alle Nieren-, Blasen-, Knochen-, Zahn-, Gelenk-, Gehirn-, Ohren- und Haarleiden; Frieren, Körperwärme usw.

den Strukturen hingegen wirkt allgemein anziehend und sympathisch. Die zarte Schicht aus Schutz-Chi zwischen den Chakren des Vitalitäts-, Emotions- und Denkkörpers schützt alle anderen Körper bis zu einem gewissen Maße vor den Wirkungen des Astralkörpers, wie starken Gefühlsausbrüchen, Wünschen und Trieben.

Menschen untereinander können sich feinstoffliche Energie abziehen. Der wirkungsvollste Schutz gegen »Aura-Vampirismus« besteht darin, nicht die gleichen negativen Empfindungen und Gedanken wie das Gegenüber zu hegen. Durch harmonische menschliche Gemeinschaft, aufbauende positive Emotionen und idealistisches Denken gewinnt ganz besonders der Astralkörper an stärkendem Chi (siehe Tabelle auf Seite 42).

Der Denkkörper mit seinen mentalen Chakren

Hier wird der sogenannte »niedere« Denkkörper beschrieben. Der höhere Mentalkörper ist Bestandteil der göttlichen Persönlichkeit des Menschen und beinhaltet deren spirituelles Bewußtsein. Der feinstoffliche »niedere« Denkkörper verfügt oft über einen wesentlich größeren Umfang als der Vitalitäts- und Emotionskörper. In ihm sind wiederum sieben Abstufungen verschiedener Chi-Konzentrationen sichtbar. Je idealistischer das menschliche Denken ist, desto klarer und reiner zeigt sich die Aura-Farbgebung. Menschen mit einem schwachen Vitalitätskörper können einen hochentwickelten Denkkörper haben, der aus glänzenden und zarten Nuancen besteht. Leider fällt jedoch hier häufig auf, daß die Chakren des Vitalitätskörpers die Gifte (z. B. aus quecksilberhaltigen Zahnfüllungen, hochbelasteter Nahrung,

Einige Aufgaben und Wirkungen der Emotionskörper-Chakren

Scheitel- und Stirn-Chakra	Hals-Chakra (Kehlkopf)	Herz-Chakra
Instinktives Verlangen nach geistiger Erfahrung, gefühlsmäßige Glaubensüberzeugung, Gottesbilder usw.	Freiheitsstreben, Verständigung, Vergessen, Realitätsbezug, Zukunftsglauben, Künstlertum usw.	Sympathie, Antipathie; Empfinden für Harmonie, Gerechtigkeit, Geduld usw.

Milz-Chakra	Nabel-Chakra (Solarplexus)	Wurzel-Chakra
Nervenkraft, Gedächtnis, Flexibilität, Grundeinstellung dem Leben gegenüber; Phantasie, Kreativität, Vorstellungskräfte wie beim Nabel-Chakra	Instinktsicherheit, praktische Intelligenz, gefühlsmäßige Antriebe des Mutes, spontanes Tun, Beharrungsvermögen usw.	Triebnatur (Eß-, Sexual-, Herdentrieb), Wunsch- und gefühlsmäßige Willensnatur usw.

Einige Aufgaben und Wirkungen der Denkkörper-Chakren

Scheitel- und Stirn-Chakren	Hals-Chakra (Kehlkopf)	Herz-Chakra
Geistige Ziele wie Streben nach Erkenntnis und Bewußtsein; Disziplin, Aufmerksamkeit, Kontemplation, Meditation usw.	Nüchternheit, Unabhängigkeitsbestreben, positive Denkkräfte, Glücksgefühl, Begabungen, vor allem in der Kunst, Musik, Malerei usw.	Wachheit und Aufmerksamkeit, Einsicht, bewußt eingesetztes Denken, Gewissenserforschung, Urteilsvermögen usw.

Milz-Chakra	Nabel-Chakra (Solarplexus)	Wurzel-Chakra
Toleranz, Großzügigkeit, Humor, Hoffnung, Glaube; klares, analytisches Denken, Einsichtigkeit, Ideenreichtum, Flexibilität usw.	Realitätsbezogene Urteilskraft, Zielstrebigkeit, bewußte Planung und Organisation, Selbstkontrolle usw.	Sublimierung der Triebnatur; Bewußtsein der eigenen individuellen Persönlichkeit; bewußt eingesetztes Denken; gesteuerte Willenskräfte usw.

Elektrosmog u. a.) nicht mehr genügend filtern können, so daß der Denkkörper grau und trüb wird. Dieser kann wiederum umgekehrt über die Chakren oder Chi-Bahnen auf den Vitalitätskörper im Positiven oder Negativen einwirken.

Während des Schlafes trennen sich Astral- und Denkkörper vorübergehend vom physischen und Vitalkörper, während des Sterbens vollzieht sich die Abspaltung endgültig.

Beschreibung des Vitalitäts- oder Ätherkörpers

Auf Seite 45 sehen Sie eine Abbildung des autonomen Nervensystems. Die Zeichnung auf Seite 46 zeigt eine vereinfachte Darstellung des Vitalitätskörpers, der aus sieben Schichten feiner Materie zusammengesetzt ist. Jede Schicht dieses elektromagnetischen Feldes untersteht einem der Chakren (siehe ein Beispiel bei Nr. 5, S. 48). Die sieben Chakren sind in der Körpermitte angeordnet. Von unten nach oben sehen Sie die Energiezentren, die auf folgende Funktionskreise der chinesischen Heilkunde wirken:

Wurzel-Chakra	Nieren-Blase (die innerste feine Auraschicht)
Solarplexus-Chakra	Leber-Gallenblase (die zweite Schicht, von innen gezählt)
Milz-Chakra	Milz-Bauchspeicheldrüse-Magen (die dritte Schicht, von innen gezählt) usw.
Herz-Chakra	Herz und seine Leitbahnen
Kehlkopf-Chakra	Lunge-Dickdarm
Stirn-Chakra und Scheitel-Chakra	von den oben erwähnten Chakren beeinflußt

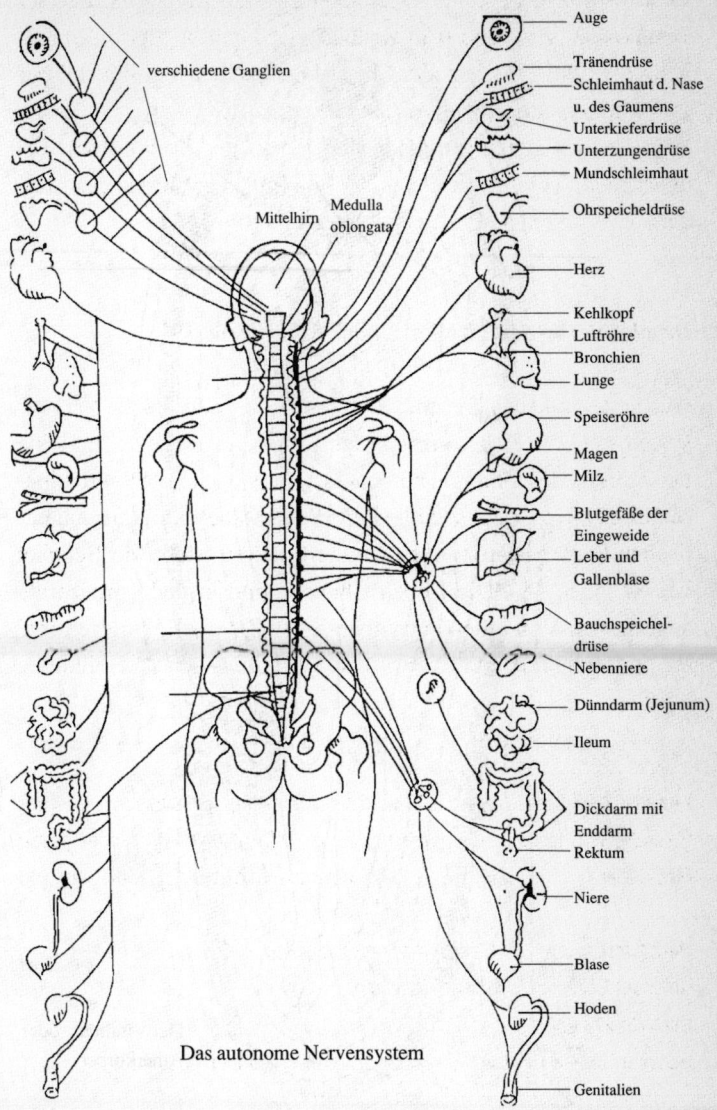

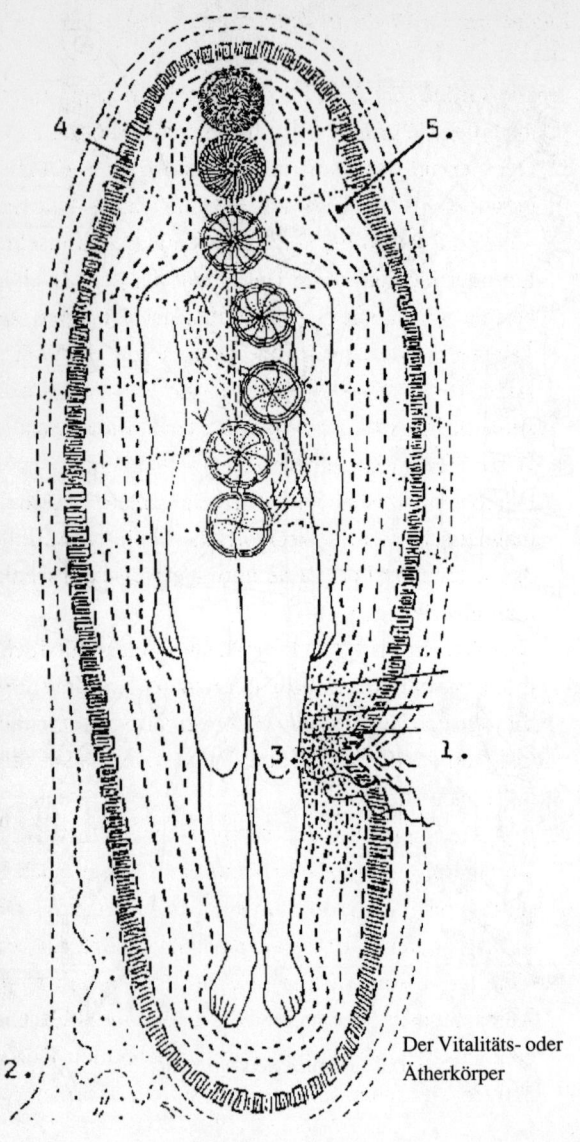

Der Vitalitäts- oder Ätherkörper

Zu den Punkten 1–5 der Abbildung (S. 46)

1. Die Größe des Vitalitätskörpers kann sehr unterschiedlich ausfallen. Je größer er ist, desto mehr Vitalität ist vorhanden. Der Verlauf der Nadis oder feinstofflichen Kanälchen sollte gerade sein. Bei Gesundheit stehen diese fast rechtwinklig vom Vitalitätskörper ab. Wenn Nadis sich kräuseln, schrumpfen oder hängen – wie Herbstlaub an den Zweigen –, dann besteht Krankheit. Ungesunde Energiebahnen zeigen eine Ätherleere oder zusätzliche Depots von avitalem Äther. Ein erkranktes Nadi oder ein Meridian des Akupunktursystems kann giftiges Chi in eine bis zu 5 cm breite und ca. 10 cm hohe Bahn über der Hautoberfläche ausströmen.

   Durch geopathische Störzonen und andere schädliche elektromagnetische Wellen erschlafft das Nadinetz auffallend rasch, das sich an der Peripherie normalerweise ein wenig gewebemäßig verfestigt.

   Nadidichte, -stärke und -länge sind unterschiedlich und nicht immer symmetrisch. Bei zahlreichen Menschen durchbrechen kräftige und längere Nadis über beiden Schultern die normalen Grenzen des Vitalitätskörpers und dehnen sich flügelähnlich nach oben aus.

2. Was die Symmetrie des Vitalitätskörpers betrifft, so ist eine Verlagerung möglich. Er kann nach vorne, nach hinten und seitlich nach oben oder unten verschoben sein. Die Körperstellen, an denen er weniger anhaftet, sind mit verminderter Vitalität versorgt. Das Chi kann sich in den verschiedenen Auraschichten oder auch Nadis unterschiedlich schnell bewegen. Zusätzlich zirkuliert es auf der rechten Körperseite bei aktiven Menschen schneller als auf deren linker.

Bei Überbeanspruchung durch intellektuelle Tätigkeit oder bei Schockzuständen zieht sich der Ätherkörper gerne nach oben, in Richtung des Kopfes, hinaus. Extrem starke geopathische Belastungen, wie Kreuzungen von Störzonen mit zusätzlichem Elektrosmog oder Radonbelastung, können einen Zusammenbruch verursachen, so daß der Vitalitätskörper wie ein Sack hinter dem Betroffenen nachgezogen wird.

3. Bei Brüchen, Verletzungen und sonstigen Überanstrengungen kann sich der Ätherkörper (wie auf der Abbildung) beim linken Knie einziehen. Bei jüngeren Menschen ist seine Dehnfähigkeit, seine Vitalität, naturgemäß besser.
4. Die gesunde Färbung von klarem, reinem Chi ist hier durch die mehr oder weniger starken Einlagerungen von verbrauchtem, verschiedenfarbigem Äther gestört. Auf der Zeichnung sieht man schwarze Ablagerungen (gestrichelt eingezeichnet) im Abwehr- oder Immunsystem, das dem Kehlkopf-Chakra bzw. der entsprechenden Lungen-Dickdarm-Entgiftung zugehört.
5. Die mittlere Schicht des Vitalitätskörpers (die vierte Schicht von außen oder innen gezählt), die dem Herz-Chakra zugeordnet ist, sowie dieses selbst dienen als Verbindungsweg vom physischen Bewußtsein zum supraphysischen, wenn sich in diesem genügend goldenes Chi angesammelt hat. Die über und durch das Herz-Chakra wirkenden Meditationen und aufbauenden Gedanken bahnen sich einen Weg zum Scheitel-Chakra und zum höheren Selbst.

Die Chakren beeinflussen die ihnen zugeordneten Ätherschichten oder werden durch dieselben beeinflußt. Die Chi-Schichten sind kreis- oder röhrenförmig um den physischen Körper angeordnet.

Die einzelnen Energiezentren beherrschen also sieben vertikale Zonen und sieben horizontale Schichten um den physischen Körper, die sich vermischen, und zusätzlich die ihnen zugeordneten Leitungsbahnen, die häufig senkrecht verlaufen. Letztere sind in der Akupunktur bekannt.

Chakren sind schon bei Babys als zarte, weißblaue, anemonenähnliche Blüten zu erkennen. Jedes Chakra kann bei Kindern oder Erwachsenen mit schwerem, avitalem Äther teils oder komplett zugesetzt sein, starr oder beweglich hängen, und seine Spiralen können gleichmäßig, langsam, schnell oder schwankend und unrhythmisch rotieren. Die Rotationsrichtung ist individuell von der Konstitution des Menschen und von der Bewegung des kosmischen Chi abhängig.

Die bunten Ätherarten zirkulieren in unterschiedlicher Schnelligkeit durch die feinstofflichen Körper, was nicht nur von einer individuellen, angeborenen Veranlagung, sondern auch von kranken, beschwerenden Chi-Einlagerungen bestimmt wird.

Die Kraft des Chi bzw. die Schnelligkeit des Ätherstromes ist u. a. an wandernden Metallsplittern, die durch Kriegsverletzungen oder Unfälle in den Körper gelangten, erkennbar. Bekannt ist, daß solche Fremdkörper vom Rücken oder Bauch über kurz oder lang an anderen Körperstellen auftauchen können.

Ich denke an eine Patientin, die diesen Vorgang am eigenen Körper erlebte. Dem Zahnarzt brach bei einer Wurzelbehandlung in ihrem *linken* Oberkiefer die Nadelspitze ab. Als er sie nicht herausholen konnte, zertrümmerte er sie mit dem Bohrer in mehrere Metallstückchen. Nach drei Wochen mußten aus dem *rechten Daumen* der Patientin vier tiefliegende Metallsplitter operativ entfernt werden.

Nebenbei sei bemerkt, daß sich bei der aktiven und sportlichen

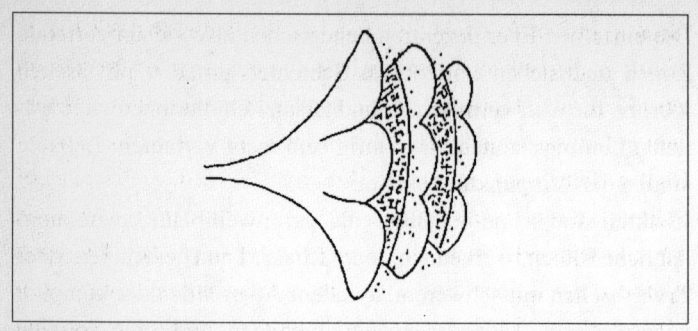

Die Abbildung zeigt ein gesundes Chakra, bestehend aus den drei Chakra-Anteilen des Vitalitäts-, Gefühls- und Denkkörpers. Eine Schutzschicht aus verdichtetem Chi, welches als Giftfilter wirkt, trennt die einzelnen Chakren.

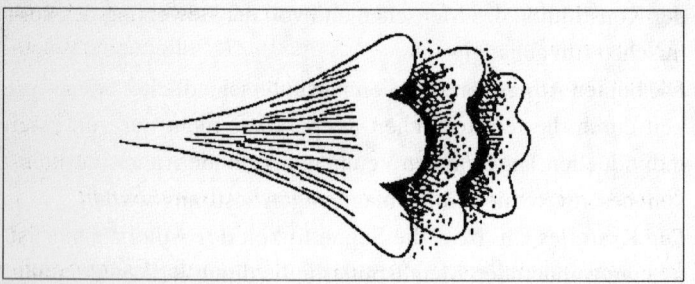

Hier sehen Sie ein krankes, geschrumpftes Chakra (z. B. bei Allergien), das mit verbrauchter, toxischer Energie angefüllt ist. Bei Fortschreiten der Krankheit hängt es wie ein verwelkter, schwarzer Blütenkelch.

Patientin der rechtsseitige Körperäther schneller bewegte und daß dieser daher die Metalle durch die über den Oberkiefer verlaufende Dickdarmleitbahn in die Lungenenergiebahn schob, welche im Daumen endet.

Den Zustand des Chi in Auren und Chakren, die bei Krankheit fast völlig »energieleer«, kaltstrahlend oder mit dichter, schwerer, dunkler, giftiger »Masse« gefüllt sind, kann der geübte Leser bald selbst herausfinden. Hierzu sucht er anhand der »Chakratests

für Körper und Psyche« in Kapitel 4 sein schwächstes Chakra. Damit er die sieben Ätherschichten um den eigenen Körper an gesunden oder kranken, schmerzenden Stellen erfühlen kann, geht er langsam mit der Handinnenfläche auf den Körper zu.
Häufig kann man auch eine Art von Eigenmagnetismus bei Schmerzzuständen ausführen. Man benutzt immer die Hand, die der erkrankten Körperstelle entgegengesetzt ist, zur Therapie. Während der Behandlung sollte sie zur Entfernung des kranken Chi ca. alle zwei Minuten ausgeschüttelt oder unter einen kalten Wasserstrahl gehalten werden. Die Handinnenfläche saugt schnell den erkrankten Äther auf. Die zwei äußersten Auraschichten, die dem Stirn- und Scheitel-Chakra zugeordnet sind, lassen sich kaum tasten; daher ist es ratsam, mit der fühlbaren Außenschicht des Kehlkopf-Chakras zu beginnen.

Neue Krankheitsdiagnose durch supraphysisches Sehen

Beim gesunden, vitalen Menschen zeigt sich die Energiestrahlung des Vitalitätskörpers überwiegend weißlich, bläulich und rosa. Dort, wo sehr viel Energie vorhanden ist, entstehen Ansammlungen von hellblauem Chi.
Genies, wie große Denker und begnadete Künstler, fallen in der direkten Aurabeobachtung (oder auch auf dem Foto) durch eine starke Ansammlung von hellblauem Chi in einer Kopfhälfte oder einem Teil ihres Gehirns auf.
Beim Kranken sieht man erschlaffte feinstoffliche Kanälchen und Einlagerungen von totem, verbrauchtem Chi. Dieses zeigt meist alle verschiedenen Grau- bis Schwarztöne, gelbliche, beige, braune und giftig blaugrüne Ätherzusammenballungen. Entzündun-

gen färben sich entweder giftgrün oder rot. Die verschieden großen Depots von krankem, dunklem Chi bilden sich sowohl in den Energieleitbahnen als auch außerhalb derselben und lagern sich ringförmig in und um den Vitalitätskörper an. Am häufigsten sind das Milz- und Wurzel-Chakra gestört. Die Energiewirbel erscheinen im Krankheitsfall als dunkle, grauschwarze, runde Gebilde auf der Vorderseite des Vitalitätskörpers.

Außerdem beobachte ich häufig bestimmte, individuelle, außerkörperliche Wesen, die durch typische Charaktereigenschaften angezogen werden. Sie können durch ihre Aktionen die Vitalität stark beeinträchtigen und vor allem bei Süchten hartnäckig bei ihrem Wirt verharren.

Aber wir erhalten bei Krankheiten auch häufig unsichtbare Hilfe von Engeln und höheren Wesenheiten. Auffallend ist immer wieder, daß Kinder ihren Schutzengeln wesentlich näher stehen als die Erwachsenen, was oft zu erstaunlichen Heilungen führt.

Die häufigsten heutigen Krankheiten des Vitalitätskörpers

Hier und im weiteren Text wurde bei typischen heutigen Erkrankungen der Chakren der Vitalitätskörper dargestellt, ohne Astral- und Mentalhülle. Der folgende Text erklärt die Bilder 1–6 auf Farbtafel III.

Bild 1: Hier zeigt sich die Erschlaffung der feinen Kanälchen, des sogenannten Nadinetzes. Im gesunden Zustand verlaufen sie gerade. Der Erkrankte leidet häufig nur unter Müdigkeit und Energiemangel. Es muß noch keine Krankheit vorliegen.

Bild 2: Die grauschwarzen Ätherdepots im Unterbauch (Hara-Bereich), in Nieren und Knien deuten eine mangelnde Entgiftung des Wurzel-Chakras an. Am Kopf fällt eine Gehirnerschütterung auf, quer über dem Zahngebiet Ablagerungen von Amalgam, außerdem ist die Halswirbelsäule krankhaft verändert.

Bild 3: Verdrängte Gefühle führen zu Blockaden der astralen Energie, wodurch es zu mangelnder Lebenskraft im Vitalitätskörper kommt. Da der Emotionskörper dem Vitalitätskörper energetisch entgegengesetzt ist, führen zu starke oder verdrängte Emotionen, seelische Konflikte und durch Streß verursachte starke Spannungszustände zu einem tiefgreifenden Abbau des Vitalitätskörpers. Es kommt zu Behinderungen der fließenden Energie, was sich in zahlreichen körperlichen und seelischen Beschwerden äußert. Die unverarbeiteten negativen Gefühle werden in die Außenschichten des Vitalitätskörpers abgeschoben und bestehen aus Ablagerungen von abgestorbenem, verunreinigtem Äther. Wenn sie durch Streß aktiviert werden, entsteht das schillernde Bild der psychosomatischen Störungen.

Auf dieser Abbildung ist das Milz-Chakra im linken Oberbauch geschädigt, was zu gelben, beigen und bräunlichen Ablagerungen führt. Dies kann unter anderem durch Grübeln und Sorgen, mangelndes Vertrauen in die unsichtbare Führung, Süchte, durch ätherisch verunreinigte Nahrungsmittel, Zucker, Süßstoffe und anderes mehr geschehen.

Der Schrägbalken, der von links unten nach rechts oben verläuft (vom Leser aus gesehen), deutet auf eine geopathische Störzone hin – hier bei dieser starken Ausprägung auf eine Wasserader. Das Liegen während nächtlicher Stunden auf der Störzone läßt das avitale Chi aus der Erde in Chakren und Vitalitätskörper einströmen, wodurch chronische Beschwerden entstehen können. Es ist einleuchtend, daß beste, gesündeste Ernährung und Medizin nicht helfen können, wenn der Betroffene nicht einen gesunden Schlafplatz aufsucht. Auch nach dem Verlassen der Störzone dauert es Wochen bis Monate, bis endlich der Querbalken aus totem schwarzem Chi verschwindet und gesundheitliche Erleichterung eintritt. Siehe hierzu auch den letzten Abschnitt, »Negatives geopathisches und technisches Chi – Auswirkungen und Selbstschutz« (S. 335).

Bild 4: Hier ist das Nabelzentrum bzw. der Leberstoffwechsel gestört. Ringförmige Ansammlungen von verbrauchtem, totem Chi verursachen Energielosigkeit, Lustlosigkeit, Schwermut, Nervosität, Beklemmungsgefühl, Angst und Verlust an Lebensfreude. Die Ursachen für diese reifenartigen Erscheinungen sind unterdrückte Gefühle, mangelnde Bewegung, Überernährung, feinstofflich vergiftete Nahrung, fehlerhafte Atmung und Hygiene, krankheitserzeugende elektromagnetische Felder, Röntgen- und Radarbestrahlung, Mikrowellenstrahlen u.a.m. Auffallend häufig sind die ringförmigen Blockaden aus krankem Chi im Bauchraum bei Überernährung, unterdrückten Emotionen, pathogenen Reizzonen, Überarbeitung und Streß zu sehen. Die Schädigung des Solarplexus-Chakras verursacht überwiegend giftgrüne Ätherablagerungen.

Bild 5: Auf dieser Abbildung ist eine heute charakteristische Störung des Herz-Chakras dargestellt. Die eigentliche Krankheitsursache ist im Vitalitätskörper an der Stelle der dunkelsten Ätherverfärbung zu erkennen. Gerade über dem Zahnbereich können pfenniggroße, kraterförmige Verdunklungen im feinstofflichen Körper entstehen. Schon Jahre bevor sich im Physischen Zahnstörungen zeigen, bestehen Ansammlungen von dunkler, feinstofflicher Materie in diesem Gebiet. Auch wenn dann eines Tages die Zähne gezogen werden, bleibt die schwarze, kranke Chi-Materie als Störfeld bestehen und dies häufig jahrzehntelang. Typisch für den Krankheitsverlauf ist die Schmerzfreiheit. Ablagerungen von Stoffwechselgiften in Zahnwurzeln machen nicht nur müde, sondern durchsetzen häufig den Herzmuskel mit dunklen Energieteilchen, was sich oft schon in mittleren Jahren zeigt. Vom Herzen aus werden Denken und Gedächtnis beeinflußt, da ein feinstofflicher Verbindungsweg vom Herzen zum Gehirn führt. Weiterhin untersteht die mittlere Schicht des Vitalitätskörpers dem Herzen und die innerste dem Wurzelzentrum.

Bild 6: Das Bild ist durch Erkrankungen des Hals-Chakras (bzw. Schilddrüsenveränderung) und Verunreinigung der Lungen durch Luftverschmutzung oder wesentlich häufiger Nikotinvergiftung geprägt. Durch starken Streß ist die linke Kopfhälfte verspannt oder minderdurchblutet. Die Knie zeigen eine Sportverletzung. Auf der Abbildung sind energieleere Aurabezirke durch weiße Stellen dargestellt.

Die supraphysische Schau kann schon vor irgendwelchen krankhaften Veränderungen wie ein »Frühwarnsystem« eingesetzt werden; die Diagnose läßt sich sowohl direkt am menschlichen Körper als auch von einem Foto stellen. Durch biologische Maßnahmen kann auf diese Weise leicht dem Ausbruch einer Krankheit, ja bereits Störungen des Wohlbefindens vorgebeugt werden. In der orthodoxen Medizin ist Früherkennung von Krankheiten erst sehr viel später, nämlich erst nach aufgetretenen Gewebs- oder Funktionsveränderungen, möglich.

Von allen mir bekannten Diagnosemöglichkeiten kommt die Augendiagnose (auch Irisdiagnose genannt) der Heilpraktiker der Auradiagnose am nächsten. Strukturen und Veränderungen in den feinstofflichen Körpern ähneln dem Stroma der Iris in auffallender Weise. Meine »vitalenergetische Augendiagnose« zeigt die wahren Ursachen der Erkrankungen besser und zutreffender als die konventionellen Systeme. (Prospekt für Diplomkurs in dieser Augendiagnose siehe Bezugsquellen am Buchende.)

Manche Leser mögen sich wundern, daß frühere Aurabeobachtungen (z. B. von C. W. Leadbeater) zu positiveren Ergebnissen als hier aufgeführt gekommen sind. Der englische Bischof C. W. Leadbeater, dessen Betrachtungen der menschlichen feinstofflichen Körper vom Ende des 19. Jahrhunderts stammen, war meist von körperlich und seelisch-geistig weitaus gesünderen Menschen umgeben, als sie heute, etwa 100 Jahre später, zu finden sind. Meine supraphysische Schau dagegen resultiert aus unserer Zeit von Menschen mit allen ihren inneren und äußeren Belastungen.

Auch die bisherigen Ergebnisse der Kirlianfotografie sind nicht mit meinen Beobachtungen identisch. Die eigentliche Farbe wird in der Fotografie noch nicht getroffen und die wirkliche feinstoffliche Struktur nicht dargestellt. Auch liegen noch keine Ganzkörperfotos oder solche der anderen, zahlreichen unsichtbaren Phänomene vor.

Der Vitalitätskörper der Haus- und Stalltiere zeigt ebenfalls helles, klares, buntfarbenes Chi; bei Hunden und Kühen vorwiegend bläulich, bei Katzen vorwiegend rötlich. Bei Pferden bildet der Vitalitätskörper ein größeres elektromagnetisches Feld von zarten Farben. Generell sind bei den meisten Haus- und Stalltieren eine oder beide Nieren durch graues, unvitales Chi geschädigt (vergleiche Abb. S. 57).

Bei Mensch und Tier lassen sich die dunklen Chi-Ansammlungen der rechten Niere oft schnell durch biologische Maßnahmen beheben. Bei Chi-Stagnation der linken Niere entstehen häufiger

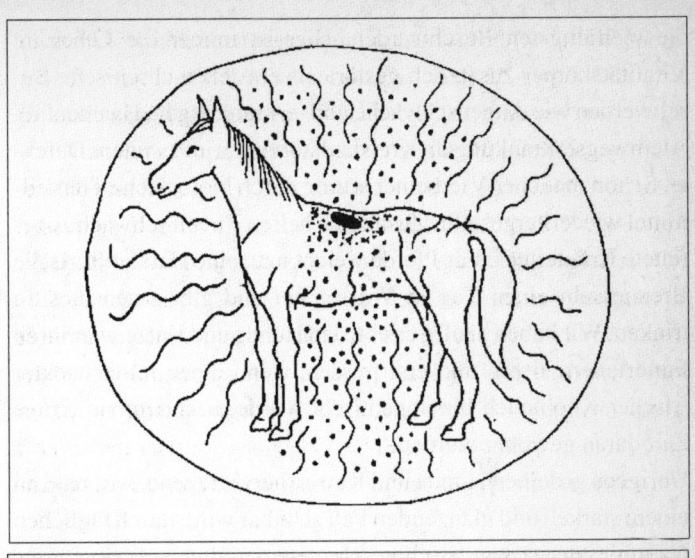
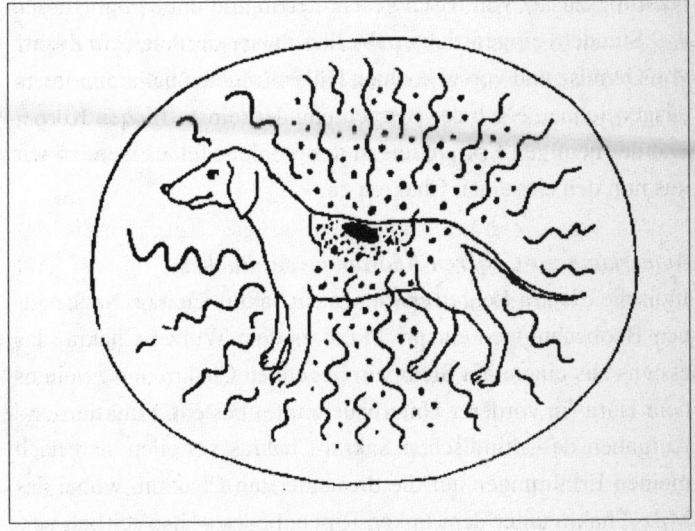

Der übliche heutige Schaden des Nieren-Chi bei Haustieren

die vielfältigsten Beschwerden. Hier ist immer die Leber im Vitalitätskörper zusätzlich gestört. Es entstehen chronische Beschwerden wie Augenschwäche und -erkrankungen, Haarausfall, Atemwegserkrankungen, Kreislaufstörungen und weitere Defekte. Schon mancher Vierbeiner wurde durch biologische Tierheilmittel wiederhergestellt. Zusätzlich helfen Tieren schwach zubereitete Kräutertees. Für Pferde weicht man eine Handvoll frische Brennesseln einen Tag in Wasser ein und gibt ihnen dies zu trinken. Wir haben häufig erlebt, daß Hunde und Katzen vor ihren Futtertellern sitzen und erst fressen, wenn ihnen feingehackter frischer Knoblauch hineingemischt wurde, nachdem sie einige Zeit daran gewöhnt wurden.

Übrigens gedeihen Hunde und Katzen hervorragend, was bald an einem starken und glänzenden Fell sichtbar wird, durch täglichen Nahrungszusatz von frisch geschrotetem und unbedingt (für ca. 4–9 Stunden) eingeweichtem Vollkorngetreide. Auch ein Zusatz von Gemüse und von gekochten Hülsenfrüchten bekommt ihnen ausgezeichnet. Nach der Betrachtung der feinstofflichen Körper und der heutigen Erkrankungen des Vitalitätsfeldes wenden wir uns nun den einzelnen Chakren zu.

Anmerkung zur Chakren-Anordnung des Buches
Indische Chakra-Lehren erwähnen ein Sakral-Chakra. Nach meinen Beobachtungen entspricht dieses dem Wurzel-Chakra, das erstens aus einem am Steißbein liegenden Chakra und zweitens dem Hara (in vorderer Unterbauchmitte) besteht. Funktion und Aufgaben des altindischen Sakral-Chakras verteilen sich nach meinen Erfahrungen auf die drei untersten Chakren, wobei das Milz-Chakra unter dem linken Rippenbogen – also seitlich verschoben – liegt.

3 Die Chakren mit Bilderklärungen und Tabellen

Das Wurzel-Chakra (Funktionskreis Niere-Blase)

Harmonische Chakra-Funktionen – harmonische körperliche Zeichen:
- gesundes, kräftiges, reichliches Kopfhaar
- scharfes Gehör ohne Ohrgeräusche
- starke, nicht plombierte Zähne
- kräftiger Knochenbau
- Freisein von Knie- und Rückenschmerzen
- kräftige gesunde Füße
- gute Konzentration und Gehirntätigkeit
- normales Wachstum
- gesunde Entwicklung und Sexualität
- Fruchtbarkeit
- Freisein von Hitzegefühl an Füßen, Händen und Körper
- kein Kältegefühl der Gliedmaßen und des unteren Rückens
- keine Wasseransammlungen
- kräftige Atemfunktion und Fehlen von Schleimhautkatarrhen
- Freisein von Blasen- und Nierenerkrankungen u. a. m.

Harmonische Charaktereigenschaften und Persönlichkeitsmerkmale:
- Mut und Kampfgeist
- gesunder Ehrgeiz und Selbstwertgefühl
- Selbstdisziplin
- Standhaftigkeit

- starke Energien für Arbeit und Sexualität
- gute Streßbelastbarkeit und -verarbeitung
- Ausdauer u. a. m.

Der Leser kann sich an Hand der psychologischen Tests (S. 172) informieren, daß sich harmonische Charaktereigenschaften in schöner, klarer Chi-Färbung, disharmonische dagegen in trübem, grau überlagertem Chi ausdrücken. So zeigt sich ein gesundes Selbstwertgefühl in klarem Orange, während Mangel an Chi sowie unreines Chi auf Minderwertigkeitsgefühle hinweisen; Überschuß an Chi sowie krankes Chi sind dagegen Zeichen für Überheblichkeit. Dem verminderten und vermehrten Chi ist meist trüber Äther beigemischt.

Das Wurzel-Chakra liegt am Steißbein und öffnet sich durch den Hara (einige Zentimeter unterhalb des Bauchnabels) zur Körpervorderseite hin. Dieser ist nach japanischer Auffassung das wichtigste Zentrum der Lebensenergie. Vom Steißbein aus steigen die verschiedenen Energien – das purpurne, rote, orangefarbene und violette Chi – aufwärts, den Rücken hinauf zum Kopf. Das Wurzel-Chakra erhält dieses Chi vom Milz-Chakra; es verfügt aber auch über eigenes, angeborenes weißes und goldenes Chi. Mit all diesen Energien versorgt es hauptsächlich die Nieren und Sexualorgane. Es speichert die Lebensessenz. Der Yang-Anteil dieser Essenz – der überwiegend aus warmfarbenem Äther besteht – wärmt, aktiviert, verwandelt und bewegt das Chi im Vitalitätskörper. Dieser Yang-Anteil ist beteiligt an der Bildung von körperlichen Kräften, Blutenergie, der Herstellung von Säften und dadurch an Wachstum, Entwicklung und Fortpflanzung. Es heißt in der Bibel (Lev. 17.11): »Das Leben des Fleisches ist im Blut.«

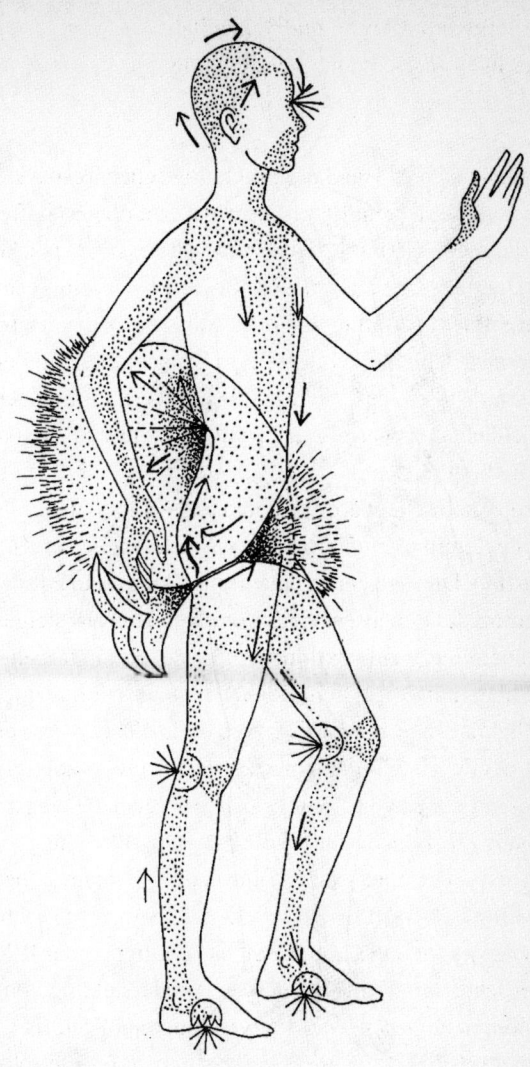

Das Wurzel-Chakra (seitlich)

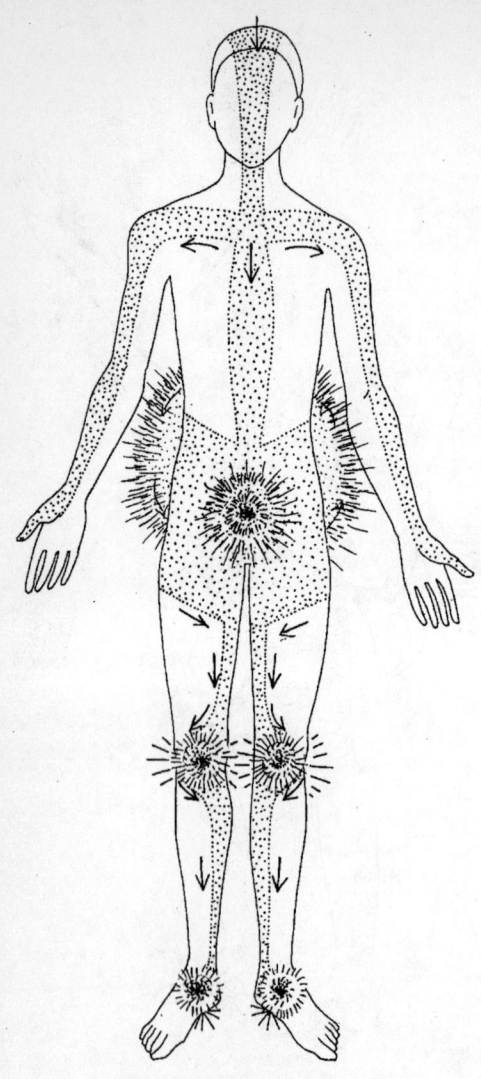

Das Wurzel-Chakra (von vorne)

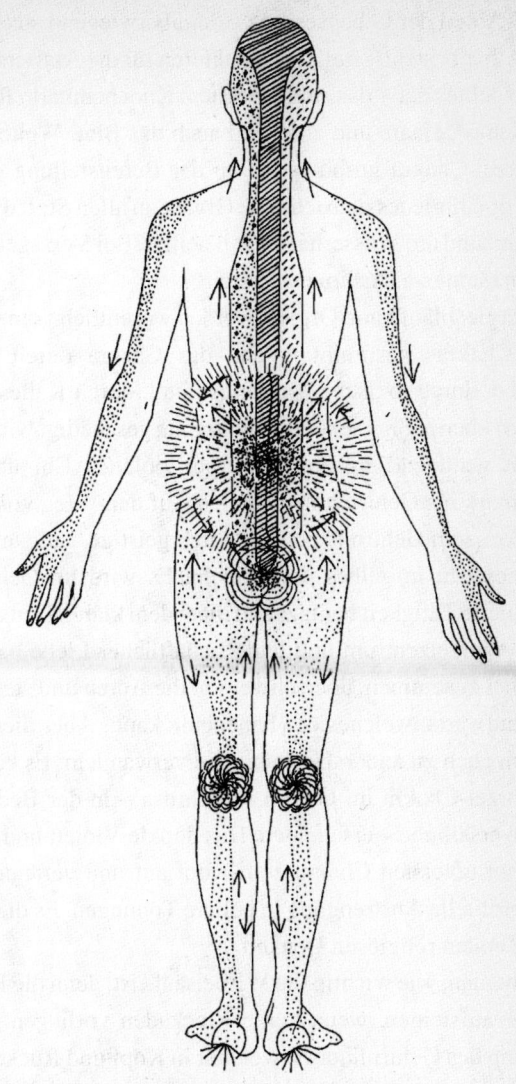

Das Wurzel-Chakra (von hinten)

Der Yin-Anteil der Lebensessenz – der überwiegend aus kaltfarbenem Äther besteht – stellt die Strukturen für die Aktivitäten des Yang-Aspektes dar – das sind Knochen, Knochenmark, Rückenmark, Gehirn, Haare und zum Teil auch das Blut. Weiterhin ist das Wurzel-Chakra grundlegend an der Bereitstellung der Lebensenergie für jedes menschliche Organ, an allen Stoffwechselvorgängen und am Wasserhaushalt beteiligt. Bei Versagen dieser Funktion kann u. a. Asthma auftreten.

Alle Energieabläufe und Organe werden wesentlich vom Chi des Wurzel-Chakras bestimmt. Wenn das Chakra durch ererbte Schwäche, durch toxische Nahrungsmittel, durch Kälteschäden und durch übermäßige sexuelle Betätigung geschädigt wird, kann es kaum genügend rot-orange-purpur-violettes Chi über das Rückenmark ins Gehirn hinaufsenden. Auf dem Weg vom Wurzel-Chakra zum Gehirn kann sich durch geistige Tätigkeit orangefarbenes Chi in gelbes umwandeln. Es wird im Gehirn für intellektuelle Tätigkeit benutzt und dient dem klaren Denken. Bei starkem Wurzelzentrum und leidenschaftlicher Liebe ballt sich roter Äther zusammen, überschwemmt die Auren und steigt zum Gehirn aufwärts, welches es »benebeln« kann. Aber dieses Rot kann sich auch zu andersfarbigem Chi verwandeln. Es kann aus dem Wurzel-Chakra im Gehirn rötlichrosa – in der Bedeutung von Universalliebe – erscheinen. Das dunkle Violett und Purpur steigt vom untersten Chakra zum Kopf auf und verändert sich durch spirituelle Anstrengung in hellere Tönungen. Es dient dem andachtsvollen religiösen Denken.

Hier sieht man, wie wichtig die Wirbelsäule ist, denn die Energie kann nur aufsteigen, wenn keine Blockaden vorliegen. Ist die Bewegung des Gehirnliquors, welcher in Kopf und Rückenmark zirkuliert, behindert und verläuft seine rhythmische Bewegung nicht störungsfrei, kann nicht genügend Chi den Kopf erreichen. Bei Schmerzen des Nackens und des Hinterkopfes sehe ich häufig eine Veränderung in der unteren Wirbelsäule oder im Becken, oder die Nieren sind von unvitalem grauem Chi durchdrungen, so daß vom Wurzel-Chakra aufsteigendes gesundes Chi nicht voll zum Kopf zirkulieren kann.

Der dem Wurzel-Chakra zugehörige Hara-Bezirk in der Mitte des Unterbauches ist als Zentrum vieler Entgiftungsprozesse von grundlegender Bedeutung. Hier liegt ein Teil der konstitutionellen Kraft verborgen, die dem Wurzelzentrum zuzuordnen ist.

Ein jugendlicher, optimal funktionierender Hara kann sein krankes Chi bei einem normalen Entgiftungsvorgang springbrunnenähnlich bis gut 100 Meter weit versprühen, was jedoch heutzutage selten zu beobachten ist. Meist erfolgt die Entlastung über den Hara langsam und schleppend, wobei das giftige Chi über Leistengegend und Blase ausgeschieden wird.

Immer wieder beobachte ich, daß zusammengeballtes, schweres, dunkles Chi in der Größe einer Walnuß vom Magen (also dem Milz-Chakra) in den Hara-Bezirk absinkt. Von hier aus besteht eine Vielfalt an Möglichkeiten, den giftigen Äther loszuwerden. Es bieten sich als Notventile die Urinausscheidung durch die Harnblase, Schleimhautkatarrhe (Ausfluß) über die Gebärmutter und Durchfälle über den Dickdarm an. Wenn jedoch diese Organe selbst schon mit giftigem Umwelt-Chi gesättigt sind und zusätzliche Toxine nicht mehr abnehmen können, dann versprüht der Dickdarm diesen zusammengeballten Äther schließlich in die Lunge, weil sie sein Entlastungsorgan ist (siehe auch unter Kehlkopf- oder Hals-Chakra). Die Lunge hat dann die Möglichkeiten, den giftigen Äther zum Beispiel als Asthmaanfall oder über die Körperhaut oder die Schleimhäute loszuwerden. Wenn kein Ausschlag erfolgt, entsteht ein Schleimhautkatarrh über die Nase, also ein kräftiger Schnupfen, der ursprünglich aus dem Hara stammt und auf diesen Umwegen eine Entgiftung des Wurzel-Chakras darstellt. Sie wird häufig als »Allergie« angesehen.

In den letzten Jahren fallen die vielen jungen Paare auf, deren Kinderwunsch nicht in Erfüllung geht. Die Ursache ist nicht immer bei der Frau zu suchen. Nach meiner Beobachtung ist bei den Männern überwiegend das Wurzel-Chakra (d. h. der Nierensektor) mit grauem Äther zugesetzt (u. a. durch Metalle aus Amalgamplomben, Streß, Elektrosmog, vitalstoffarme Ernährung). Dadurch wird der Chi-Fluß gehemmt; er vermag den Spermien nicht mehr genügend Fortbewegungskraft zu geben. Klinische Diagnosen stellen fest, daß die Spermien sich zu langsam bewegen oder im Kreis wandern. Sie schaffen den relativ weiten Weg in die Eileiter zur Befruchtung des weiblichen Eis nicht mehr. Man hilft sich durch künstliche Befruchtung. Die Schulmedizin versucht auch hier, die echte Ursache scheinbar erfolgreich zu umgehen. Nachkommen, erzeugt durch diese Techniken, erben aber ein geschwächtes Wurzel-Chakra, das heißt, seine Energiezirkulation ist reduziert und daher die Erbsubstanz minderwertig.

Auch Befinden und Beschwerden einer Frau im Klimakterium hängen überwiegend von der Stärke ihres Wurzel-Chakras ab. Das Milzzentrum spielt erst in zweiter Linie eine Rolle. Eine Patientin erzählte mir einmal: »Ich hatte als junges Mädchen eine leichte Nierenbeckenentzündung (also eine Wurzel-Chakra-Schädigung), sonst kann ich mich an keine schwerwiegenden Krankheiten erinnern. Als ich jedoch ins Klimakterium kam, stellten sich über viele Jahre Hitzezustände mit fast ständigem Schwitzen ein. Biologischen Rat suchte ich damals noch nicht.

Die allopathische Behandlung beendete nach langen Versuchen die Hitzewellen und das Schwitzen. Als diese Beschwerden vorüber waren, wurde mir fast ständig übel. Und dann hatte ich eines Tages Unterleibskrebs.« In diesem Fall versuchte das Wurzel-Chakra über Jahre, künstliches Fieber zu erzeugen, um den Stoffwechsel zu regulieren und kranken Äther vermehrt auszuscheiden.

Viele Umweltgifte schädigen mehr oder weniger stark dieses Zentrum. Eines der auffallendsten sind chemische Haarfärbemittel. Ihr schwarzes Chi zieht wenige Stunden nach der Anwendung Zentimeter um Zentimeter von der Kopfhaut abwärts in den Körper. Wenn das Solarplexus-Chakra bereits vorgeschädigt ist, dann setzt sich der toxische Äther dort hinein. Häufiger strömt er in die Nieren selbst, in den Hara-Bereich oder das Wurzel-Chakra am Ende des Steißbeines, um dort tiefgreifende Veränderungen hervorzurufen. Wenn man im Bekanntenkreis den Energieabfall und das unerwartet schnelle Ableben von Krebspatienten nach chemischer Haarfärbung miterlebte, würde man damit zurückhaltender werden. Unschädlich sind nur Naturfarben (z. B. kann man zerkleinerte Nußschalen, 30 Minuten in wenig Wasser gekocht und mit einigen Tropfen Zitrone versetzt, zum Braunfärben der Haare verwenden).

In der esoterischen Literatur wird von den »*permanenten Atomen*« gesprochen, die die gesamte karmische Gesundheits- beziehungsweise Krankheitslast beinhalten. Ich kann sie hellsichtig im Wurzel-Chakra, im Steißbein, als schwarze, apfelkernähnliche Samenkörner erkennen. Leider geht manchmal für uns unvorhersehbar – aus karmischen Gründen, wenn es für unsere Entwicklung gebraucht wird – eines dieser Körner auf und überschwemmt den ganzen Körper – vom Wurzel-Chakra ausgehend – mit

Das Wurzel-Chakra

Haupt-Chakra und weitere Energiezentren, Funktionskreis	Lage	Zugehörige Akupunkturpunkte	Gesunde Farben	Verfärbung bei Krankheit	Genereller Krankheitsbezug, Funktion, Störungen
1. *Wurzel-Chakra*, 4 Speichen, Niere-Blase	Steißbein, S 4	Lg 1, Tchrang-Tsiang, Wachsen der Kraft	weiß, gold, rot, orange, violett, purpur	grau, auch schwarz	Lebensessenz, Fortpflanzung, Wachstum, Entwicklung, Zähne, Gehirn, Haare, Ohren, Wasserhaushalt, Atmungsorgane
Dem Wurzel-Chakra unterstehen nachfolgende sechs Energiezentren:					
2. Hara, Chi Hai	ca. 3 Querfinger unter Nabel	Kg 6, Meer der Energie	rötlich, weiß	grau, schwarz	Entgiftung, Lebensenergie, Konstitution, Fortpflanzungsorgane, siehe auch Wurzel-Chakra

Haupt-Chakra und weitere Energiezentren, Funktionskreis	Lage	Zugehörige Akupunkturpunkte	Gesunde Farben	Verfärbung bei Krankheit	Genereller Krankheitsbezug, Funktion, Störungen
3. Ming-Meng	Nierengegend	Lg 4, Lebenstor, zwischen dem 2. und 3. Lendenwirbel	rötlich, hellblau	grau, schwarz	Erbenergie, Konstitution, siehe auch Wurzel-Chakra
4. und 5. Fußsohlen-Chakren	genaue Mitte der Fußsohle	Reflexzonenpunkt	hellblau, rötlich, weiß	grau, schwarz	Störungen der Körperlymphe, Nervensystem, Streß- und Allergiepunkt, nimmt die Energie der Erde auf
6. und 7. Kniekehlen-Chakren	in den Kniekehlen	B 40, Wei Yang, Yang-Speicherung	wie oben	wie oben	Muskel-Durchhaltekraft, auch der Beine, Kreuzschmerzen

Im psychologischen Test für das Wurzel-Chakra (Kap. 4) finden Sie die Auswirkungen von harmonischem, fehlendem und vermehrtem Chi auf Emotions- und Denkkörper.

schwarzem, krankem Chi. Diese »permanenten Atome« speichern die in vorherigen Reinkarnationen erworbenen Charakterzüge, die durch entsprechende aktuelle Ereignisse aus dem latenten Zustand aktiviert werden können.

So fordert jede Krankheit zur Gewissensbefragung auf. Wenn eine Krankheit oder ein Unfall auftritt, ist es nötig, seinen Charakter zu erforschen, sich seelisch zu prüfen und nach unerledigten Problemen zu suchen. Die Krankheit – als Aufgabe, als nötige Entwicklungshilfe betrachtet – macht dankbar. Sie nötigt uns zu Veränderungen, besonders der Lebensführung und des eigenen Verhaltens. Neue Einsichten und Erkenntnisse entstehen.

Sie können Stärke oder Schwäche Ihres Wurzel-Chakras durch den Gesundheitstest für das Wurzel-Chakra (S. 138) selbst beurteilen. Die beiden oberen Chakren, das Stirn- und das Scheitelzentrum, sind in großem Maße von der Energie, vom Chi des Wurzel-Chakras abhängig, der Scheitelwirbel auch stark vom Zustand des Herzzentrums.

Jedes Chakra des Vitalitäts- oder Ätherkörpers erfährt im Krankheitsfall hauptsächlich durch toxische Nahrung und klimatische Einflüsse eine Schwächung und füllt sich dann mit avitalem grauschwarzem Chi. Das Chakra des Astral- oder Emotionskörpers wird durch starke Emotionen geschädigt, das des niederen Mentalkörpers verändert sich durch negative Gedanken.

Im Wurzel-Chakra wird der vitale Teil durch Kälte und vor allem heutzutage durch übermäßigen Genuß von Milchprodukten und Salz reduziert. Das astrale Wurzel-Chakra erfährt negative Veränderungen durch Angst, Unsicherheit und den dadurch ausgelösten Streß. Egoistisches Denken schädigt den mentalen Anteil.

Auf den Abbildungen 1–4 (S. 72) sind die typischen heutigen Erkrankungen des Wurzel-Chakras dargestellt:

Bild 1: Die Ablagerungen von feinstofflichem krankem Chi im Wurzel-Chakra rühren von chronischen Stoffwechselgiften und Unfällen her. Beides führt zu Schmerzen im unteren Rücken oder auch zu Kopfweh. Bei einer Unfallursache zeigt sich zusätzlich graues Chi im oberen Teil der Halswirbelsäule.

Bild 2: Der gesamte Vitalitätskörper ist grau, hervorgerufen durch Angst. Die Angstzustände bewirken eine Verkrampfung und Fehlfunktion des Wurzel-Chakras, das den gesamten Vitalitätskörper mit grauem Chi überschwemmt. Der Betroffene klagt meist über Müdigkeit, Lustlosigkeit und Depression. Nach meiner Beobachtung wird jede menschliche Gemeinschaft stets von denjenigen am meisten gestört, welche die dunkelste Aura zeigen.

Bild 3: Die häufig auftretende graue oder schwarze Verfärbung der linken Niere bedeutet, wie hier schon bei Kindern, eine stark geschwächte Konstitution. Hier liegen viele Beschwerden vor, die zusätzlich durch eine geringfügigere graue Chi-Ansammlung in den betreffenden Organen angedeutet sind. Die aufwärtssteigende Kraft der Niere ist blockiert, was zu chronischen Nebenhöhlen-Erkrankungen, Asthma, Wirbelsäulen-, Knochen-, Gelenkleiden, Allergien, Nervenschwäche und vielen anderen Erkrankungen führt. Auch auf Fotos erkenne ich durch die Vorderansicht hindurch die kranken Nieren.

Bild 4: Das Bild des Kleinkindes zeigt die für diese Kinder heute übliche Amalgamvergiftung mit ihren tiefgreifenden Auswirkungen, die von der Stärke des Wurzel-Chakras (d. h. von der individuellen, erbbedingten Mineralstofflage) abhängig sind. Das Kind wird wegen üblicher Störungen in die Praxis gebracht (wie z. B. Unruhe, Durchfälle, Asthma, Neurodermitis, Schlaflosig-

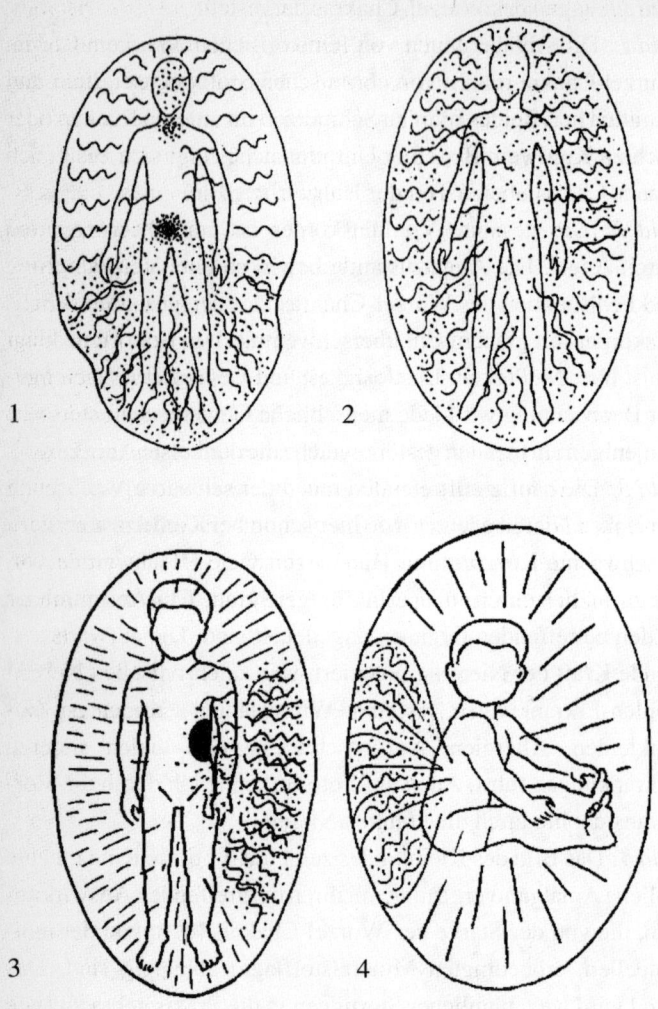

Typische Erkrankungen des Wurzel-Chakras

keit). Es hat selbst keine einzige Plombe im Mund. Die Gifte aus dem Quecksilber und sonstigen, diesem beigefügten Metallen erhält es von seiner Mutter während der Schwangerschaft. Anfangs wird das embryonale Nabel-Chakra infiltriert, dann das Milz- und vor allem das Wurzel-Chakra. Letzteres sorgt – mittels seiner zum Kopf aufsteigenden dynamischen Chi-Zirkulation – dafür, daß das Stirn-Chakra (entspricht der Hypophyse und z. B. dem Hellsehen) und das Scheitelzentrum (hier Zirbeldrüse und kosmisches Bewußtsein) vergiftet werden. Daraus geht hervor, daß die heute übliche Zahnsanierung neben den gesundheitlichen Schädigungen auch die geistige Entwicklung des einzelnen schwerwiegend behindern kann. Neuere wissenschaftliche Forschungen bewiesen 1989, daß Amalgam sogar schon Leber, Nieren und Hypophyse ungeborener Lämmer verseucht. Betreffs der Behandlung kann bei 90 % aller Kinder und erwachsenen Amalgamplombenträgern die Konstitution erst erfolgreich angegangen werden, wenn zuvor das Amalgam ausgeleitet wurde, wie Aurabeobachtung und praktische Erfahrung es immer wieder zeigen.

Im Abschnitt »Biologische und geistige Heilweisen« (S. 277) erfahren Sie mehr über die Wirkung feinstofflicher Heilmethoden.

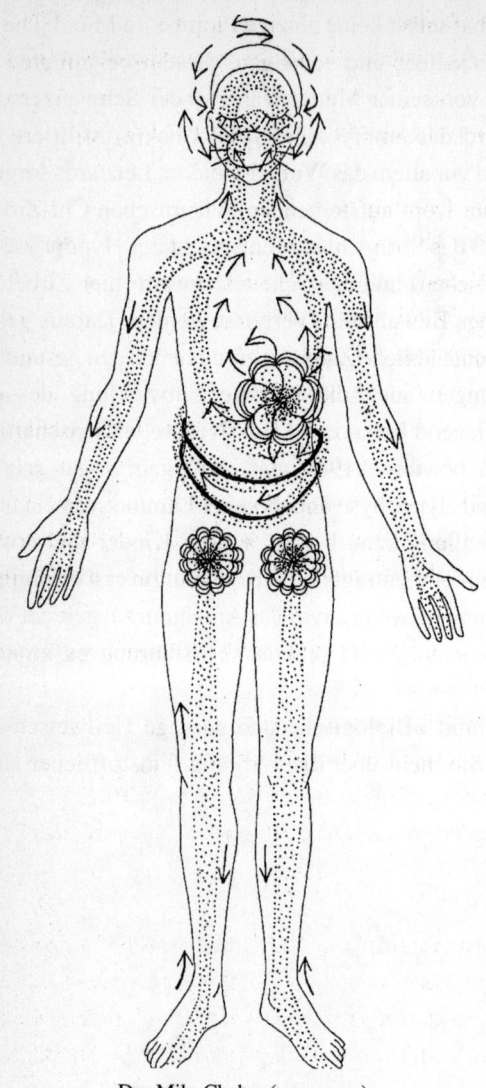

Das Milz-Chakra (von vorne)

Das Milz-Chakra
(Funktionskreis Milz-Bauchspeicheldrüse-Magen)

Harmonische Chakrafunktion – harmonische körperliche Zeichen:
– kräftige Gliedmaßen
– muskulöser Körperbau
– nicht aufgeschwemmt oder aufgedunsen
– glatte, nicht aufgesprungene Lippen
– guter Appetit und Stuhlgang
– Freisein von Pilzerkrankungen
– Freisein von Senkungen und Zahnfleischerkrankungen
– belastbarer Band- und Sehnenapparat
– stabiler Blutzuckerspiegel (bei niedrigem Spiegel können Vergeßlichkeit, Benommenheit, Zittrigkeit, Herzklopfen, Schwindel, Kopfschmerzen, Hungeranfälle usw. auftreten)

Harmonische Charaktereigenschaften und Persönlichkeitsmerkmale:
– gute Energielage und Nervenkraft
– sichere Urteils- und Entscheidungskraft
– Ideenreichtum, Inspiration, Phantasie
– klares, gegenständliches, schöpferisches, flexibles Denken
u. a. m.

Alle diese harmonischen Charaktereigenschaften zeigen sich im Chakra durch klaren, reinen Äther, also gesundes Chi. Disharmonische Charaktereigenschaften kann der Hellseher durch trübes, verdunkeltes oder verfärbtes Chi erkennen. So drückt sich die gute Denkfunktion oder Urteilskraft durch ein klares Gelb, schwa-

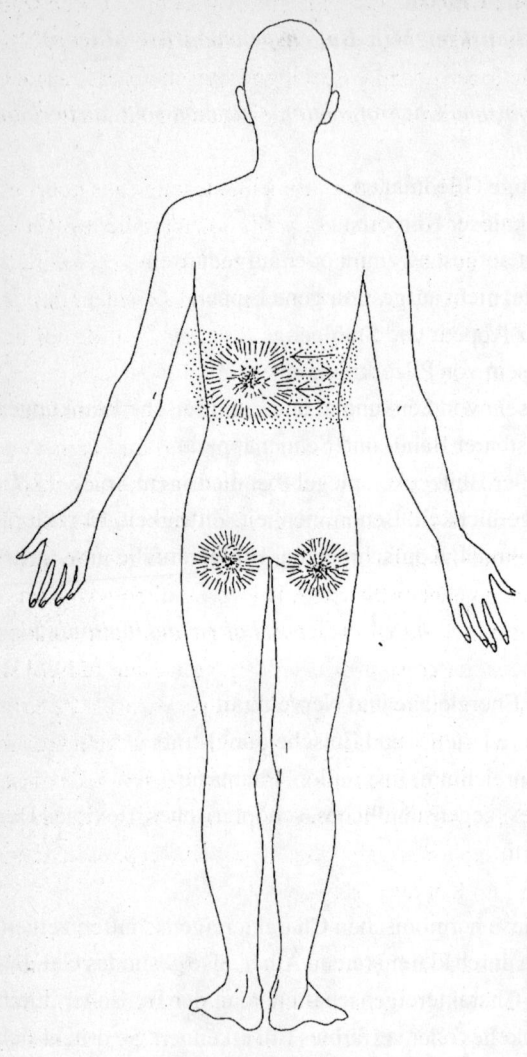

Das Milz-Chakra (von hinten)

che Denkfunktion und schlechtes Gedächtnis durch trübes Gelb aus. (Sie finden beim psychologischen Test in Kapitel 4 genaue Informationen über die Beziehung zwischen der Energiefarbe des Chi und den dazugehörigen individuellen Charaktereigenschaften.)

Beim Milzzentrum fallen »Bauchhalteseile« aus konzentriertem, vielfarbenem Äther und ein breites bandähnliches Rückengewebe auf (siehe Abb. S. 76), das quer zur Körperachse verläuft. Auch ist ein mehrere Zentimeter breites Band zu sehen, das ca. 0,5 cm unterhalb der Wirbelsäule liegt. (Letzteres wurde auf der Abbildung nicht berücksichtigt.)

Das Milz-Chakra nimmt das vitale farbige Chi aus den von der Sonne ausgesandten Vitalitätskörperchen und zum Teil aus gesunder Nahrung auf, wie im weiteren Text beschrieben wird.

Im Zentrum des Vitalitätsatoms (siehe Farbtafel I a) ist der goldene Urimpuls sichtbar, um den die sieben regenbogenfarbenen Frequenzen angeordnet sind. Diese enthalten jeweils das hellere Licht, das sich durch Quantensprünge aus dem dunklen bildet, beispielsweise entsteht aus dem violetten Blau (Indigo) Hellblau.

Im Milz-Chakra werden die Vitalitätsatome ins Zentrum gezogen, in ihre sieben farbigen Einzelteile zerlegt und kreisförmig in die Speichen geschleudert (siehe Farbtafel I c). Jede dieser sieben Chi- oder Ätherarten hat ihre besondere Aufgabe. Sie werden in spiralförmiger Bewegung aus dem Milz-Chakra zu den anderen Chakren im Körper gesandt.

Erklärung zu den Ziffern 1–7 in der Abbildung (Farbtafel I c):
1. und 2. Violett-purpurnes und rot-orangefarbenes Chi vereinigen sich aus zwei Milzbahnen und strömen gemeinsam zum Wurzel-Chakra.

3. Ein etwas weißer, jedoch vor allem gelber Chi-Strahl führt zum Herzzentrum.
4. Das grüne Chi bewegt sich zum Energiewirbel des Nabels.
5. und 6. Hellblaue, indigofarbene und violette Töne vereinigen sich aus zwei Speichen und nehmen einen gemeinsamen Weg zum Kehlkopf-Chakra.
7. Aus dem Milzzentrum verteilt sich rötlicher Äther (rosa, violett, purpurfarben oder rot) in Bandapparat und Nervenbahnen. Goldene Ätherpartikel versprühen sich mit einzelnen Ätherarten in jedes Chakra, besonders in die Herz-, Kopf- und Wurzelzentren.

Beim Beleben Bewußtloser beobachte ich, wie von oben herab rötlich-golden schimmernde Vitalitätsatome in den Bauch einströmen. Das Milz-Chakra zieht sie aus dem Solarplexus in sich hinein. Dann fächern die sechs Speichen dieses Energiewirbels jedes der Vitalitätsatome in eine einzige Chi- oder Ätherart auf. Zum Beispiel sammeln sich alle grünen oder gelben Energiepartikel für eine besondere Aufgabe. Nachdem diese das Milz-Chakra verlassen haben, füllen die grünen zuerst die Gallenblase und die gelben den Darm mit farbigem Chi, bevor die grünen in die Leber und die gelben ins Herz gelangen. In wenigen Minuten versorgen die farbigen Energiepartikelchen jedes Organ, womit Leben und Bewußtsein zurückkehren.

Die verschiedenen Chi-Arten, von denen sich das Milz-Chakra ernährt (siehe auch »Gesundes Nahrungs-Chi als Hilfe gegen Umweltgifte und Krankheiten«, S. 290).
1. Generell strahlen frisches, gesundes Gemüse und Salat wunderbares, überwiegend hellblaues Chi aus. Gerade geerntetes

Gartengemüse durchsetzt sich schon nach ca. einer Stunde mit grauem Chi und hat nach zehn Stunden fast jeglichen vitalen Äther verloren. Bei heißem Wetter läuft dieser Prozeß schneller ab. (Hilfreich ist es deshalb, Salat, Gemüse und Obst – welches zum schnellen Verbrauch bestimmt ist – regen- und sonnengeschützt auf dem Balkon zu lagern.) Nach dem Ernten sehe ich, daß im Vitalitätskörper der Pflanzen sehr rasch die energetische Strahlung erlischt. Ungünstig ist auch unreif geerntetes Obst. Ein Gemüse, das mit radioaktiven Strahlen behandelt oder im Mikrowellenherd zubereitet wurde, zeigt eine graubraun-schwarze Aurastrahlung und ist energetisch gesehen tot. Es hat keinerlei Heilwirkung mehr. Unbiologisch gezogene und gedüngte Pflanzen sehen zwar äußerlich gut aus, haben aber eine graue Ausstrahlung. Daß diese in ihrer Vitalität geschwächten Pflanzen keine gesunden, widerstandsfähigen Menschen und Tiere aufbauen können, liegt auf der Hand, denn in einem gewissen Sinne »ist der Mensch, was er ißt«.

2. Meeresalgen, Seetang und einige urwüchsige Pflanzen wie zum Beispiel Bärlapp strahlen grünes Heil-Chi aus, welches vor allem das Solarplexus-Chakra mit Energie versorgt.
3. Bohnen, Erbsen, Linsen und Sojabohnen zeigen weißlich-gelbes Heil-Chi, das ein erschlafftes Energieleitsystem wieder aufrichtet. Wegen der schweren Verdaulichkeit ist es aber besser, nur etwa 5–10 % der Gesamtnahrung davon zu bestreiten.

Nach Röntgenaufnahmen, Bestrahlungen oder langjährigem Liegen auf geopathischen Reizzonen zeigt sich bei Patienten ein erschlafftes Kanal- beziehungsweise Nadi-System. Durch regelmäßiges Essen von geringen Mengen Hülsenfrüchten

(wie z. B. gekeimten oder gekochten Linsen und Azukibohnen) straffen und vitalisieren sich die Kanäle, wenn die geopathische Störzone gleichzeitig ausgeschaltet wird.
4. Rötliche und bläuliche Chi-Farben entstehen beim Getreide und vielfarbige bei einer Reihe von Bäumen. Beim Menschen gelangt das rötliche Chi – in seinen rosa, orangefarbenen, purpurnen, dunkelroten und violetten Ausprägungen – aus den Vitalitätsatomen von der Sonne stammend und teils durch Gefühle vom Emotionskörper in den Vitalitätskörper. Rosa entsteht zum Beispiel durch selbstlose Liebe und Wohlwollen, Kirschrot durch Liebe und ein aufdringliches, unangenehmes Dunkelrot mit Schwarzbeimischung durch Wut. Jede Gefühls- oder Gedankenart erschafft entsprechend farbene Energien.

Wenn man die menschliche Entwicklung betrachtet, so konzentrieren sich während der Embryophase die vitalen Kräfte im Wurzel-Chakra. Hierdurch wird die Konstitution geschaffen. Nach der Geburt ist das Milz-Chakra das wichtigste Chakra, weil es das Hauptversorgungszentrum und der Umwandlungsort für die Lebensenergie ist. Es extrahiert den Lebensäther aus der Nahrung und nimmt die vitale Sonnenenergie auf. Bei Einlagerung von avitalem grauem oder schwarzem Chi in das Milz-Chakra entstehen immer zuerst Energiemangel, Müdigkeit und Antriebsschwäche, dann echte Krankheitssymptome.
5. Leider haben sich gesundes Erd-Chi und vitale Sonnenenergie durch die Umweltverseuchung weltweit – auch in unberührten Gebieten – reduziert.

Auf den Abbildungen 1–4 (S. 85) sind die typischen heutigen Erkrankungen des Milz-Chakras dargestellt:

Bild 1: Wenn das Chakra selbst mit gelb-grau-braunem Chi durchsetzt ist, können neben Resignation, ständigem Grübeln und unterdrückten Emotionen auch feuchte Wetterlagen (Nebel, Regen, Schnee), Ernährungssünden (z. B. hoher Zucker-, Fett- und Weißmehlverbrauch) sowie zu kalte und fette Speisen und Getränke die Ursache sein.

Wiederholt beobachtete ich während vieler Jahre, daß bei Kindern oder Jugendlichen, denen nur eine winzige Amalgamplombe in die linke Kieferseite eingesetzt wurde, sich das Milz-Chakra innerhalb weniger Tage mit grauem, ungesundem Chi auffüllte. Häufig wird das Kind von diesem Moment an allergisiert. Wir lassen in der Praxis solche Plomben von sogenannten biologischen Zahnärzten entfernen, die eine besondere Fortbildung in biologischer Zahnmedizin absolviert haben. (In den Bezugsquellen am Buchende finden Sie die Adresse der Organisation der biologischen Zahnärzte.) Das Milz-Chakra wird nach Entfernung der Amalgamplombe nur dann gesund, wenn mit biologischen Mitteln das restliche Quecksilber ausgeleitet wird, das hauptsächlich in der Mundschleimhaut und in den Halsdrüsen, aber auch im ganzen übrigen Körper sitzt. Die Behandlung gehört in die Hände eines biologischen Experten.

Bild 2: Wenn der gesamte Vitalitätskörper gelb wird, kann dies – vor allem bereits bei Kindern – unter anderem durch Überforderung in der Schule oder durch zu häufiges Fernsehen verursacht werden. Diese Schwächung verändert sogar die Konstitution des Vitalitätskörpers. Der Enzymstoffwechsel, die Blutbildung, der Muskel-Bänder-Apparat und das Gedächtnis zeigen Störungen.

Bild 3: Schon Jahre bevor sich ein Unterschenkelgeschwür (Ulcus cruris) gebildet hat, zeigt sich an dieser Stelle im Vitalitätskörper eine Abstrahlung von krankem, gelb-bräunlichem Chi.

Das Milz-Chakra

Haupt-Chakra und weitere Energiezentren, Funktionskreis	Lage	Zugehörige Akupunkturpunkte	Gesunde Farben	Verfärbung bei Krankheit	Genereller Krankheitsbezug, Funktion, Störungen
1. *Milz-Chakra*, 6 Speichen Milz-Pankreas-Magen	über der Milz, setzt zwischen 2. und 3. Lendenwirbel an	Le 13, Chang-men, und Lg 4, Ming-men	gold und alle klaren Regenbogenfarben	gelblich, bräunlich, braunschwarz	Verdauungsstörungen, Pilz- und Zahnfleischerkrankungen, niedriger Blutzucker, Müdigkeit, Lustlosigkeit
Dem Milz-Chakra unterstehen nachfolgende sechs Energiezentren:					
2. Milz-Halteband	ca. 10 cm breites Band, welches im unteren Bereich der Brustwirbelsäule verläuft		wie oben	wie oben	Senkungen, besonders im Bauchraum, Muskelschwäche

Haupt-Chakra und weitere Energiezentren, Funktionskreis	Lage	Zugehörige Akupunkturpunkte	Gesunde Farben	Verfärbung bei Krankheit	Genereller Krankheitsbezug, Funktion, Störungen
3. Mundhöhlen-Energie	3 cm hinter Gaumen	Geheimnisvolles Zaumzeug	wie oben	wie oben	psychovegetative Störung
4. und 5. kleine Chakren der Leisten	Leistengegend	Mi 12, Chong Men, Angriffstor	wie oben	wie oben	Körperlymphe und Bauchbeschwerden
6. und 7. Si Bai Energiezentrum	Unterrand des Auges	Ma 5, Vierfache Helle	alle Farben	wie oben	Absonderungen aus Augen, Nase, Nebenhöhlen

Im psychologischen Test für das Milz-Chakra (Kap. 4) finden Sie die Auswirkungen von harmonischem, fehlendem und vermehrtem Chi auf Emotions- und Denkkörper.

Wenn der Körper nicht mehr in der Lage ist, Stoffwechselgifte über das Milz- oder das Wurzel-Chakra auszuscheiden, stagnieren sie an bestimmten Stellen in den Energiebahnen, die der Milz und den Nieren zugeordnet sind. Während der gesunde Äther, das vitale Chi, runde Formen zeigt, besteht der verbrauchte, avitale Äther oft aus eckigem, scharfkantigem oder würfelförmigem Chi. Dieser hat zerstörerische Tendenzen und kann mit der Zeit tiefe Löcher in den Geweben schaffen.

Bild 4: Zwischen Milz- und Herz-Chakra sammelt sich hier avitales Chi. Das ergibt eine Blockade, die die Energie, die von der Milz zum Herzen fließt, hemmt. Die dabei auftretenden Herzbeschwerden werden schnell und erfolgreich über das Milz-Chakra behandelt. Die feinen Nadis (Kanälchen) zeigen bis zu 50 cm über dieser Stelle winzige schwarze Einlagerungen von toxischem, störendem Chi. Die Therapie erfolgt unter anderem durch Gewebsentsäuerungsmittel. Hierdurch wird die Sauerstoffaufnahme für das Herz verbessert.

In Naturheilpraxen sind die vielen Beispiele von müden und lustlosen, teils allergischen Patienten bekannt, die zeitweise unter starken Herz-Kreislauf-Beschwerden leiden. Das Elektrokardiogramm (EKG) bestätigt oft keinen Herzbefund. Diese Leute probieren Mengen von verschiedenen Medikamenten und Kuren durch. Schließlich läßt eine Behandlung der Milz alle Beschwerden verschwinden.

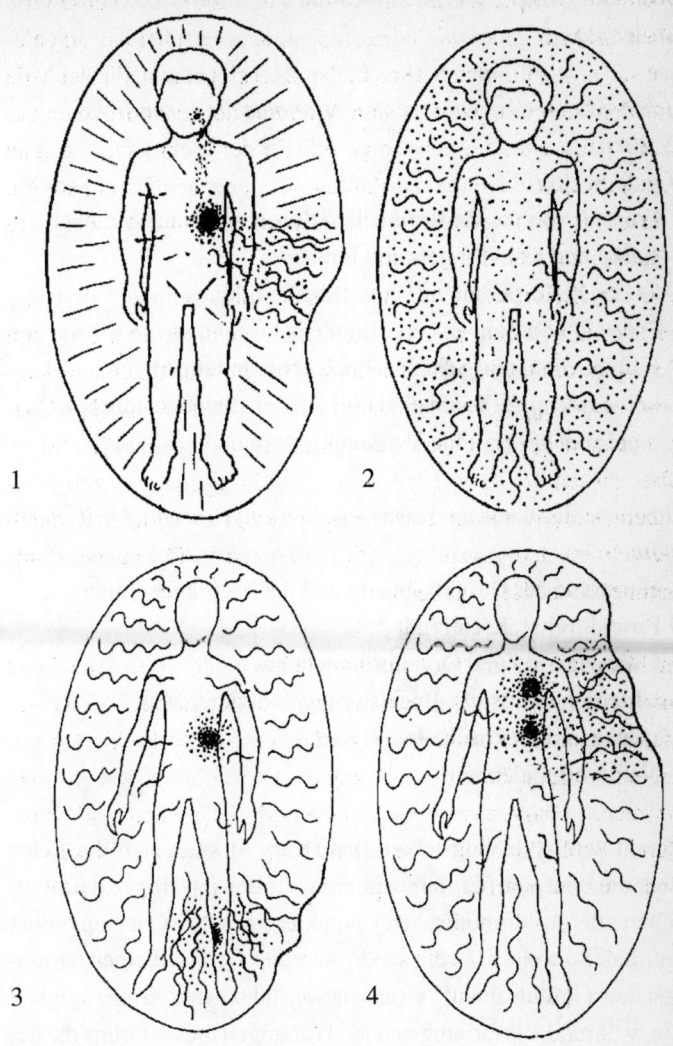

Typische Erkrankungen des Milz-Chakras

Das Nabel- oder Solarplexus-Chakra (Funktionskreis Leber-Gallenblase)

Harmonische Chakrafunktion – harmonische körperliche Zeichen:
- gute Sehkraft
- Freisein von verschwommenem Sehen und Nachtblindheit
- starke und feste Finger- und Fußnägel
- kräftiger Körperbau mit guter Muskelbildung
- Freisein von Sehnen- und Bänderschwäche sowie schwachen Fußknöcheln und Sehnenscheidenentzündungen
- keine Krämpfe, Taubheitsgefühle oder Periodenstörungen
- regelmäßige, gesunde Verdauungsvorgänge

Harmonische Charaktereigenschaften und Persönlichkeitsmerkmale:
- Harmonie der Gefühlsabläufe und des Tätigkeitsdranges
- Produktivität, Kreativität
- Ordnungssinn und Organisationstalent
- Unternehmungslust, Begeisterungsfähigkeit, Mut
- rasche und praktische Intelligenz
- Naturverbundenheit

Durch den psychologischen Test (Kap. 4) kann sich der Leser über die Energien (Chi) informieren, die den jeweiligen harmonischen oder disharmonischen Charaktereigenschaften zugeordnet werden. So weist z. B. ein schönes, reines Grün auf einen harmonischen Gefühlsablauf, Organisationstalent und Großzügigkeit hin, während Verfärbungen oder Trübungen dieses Grüns die negativen Aspekte der genannten Charaktereigenschaften anzeigen.

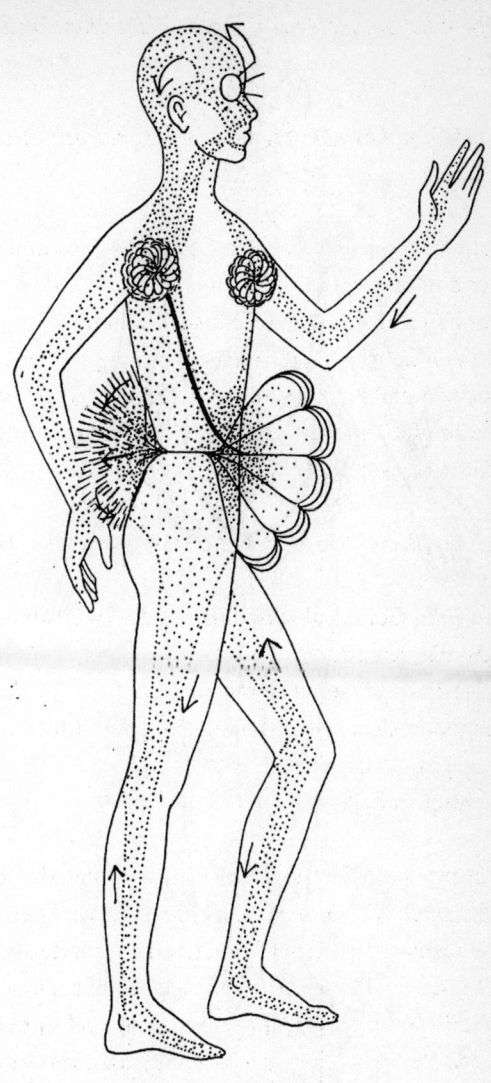

Das Solarplexus-Chakra (seitlich)

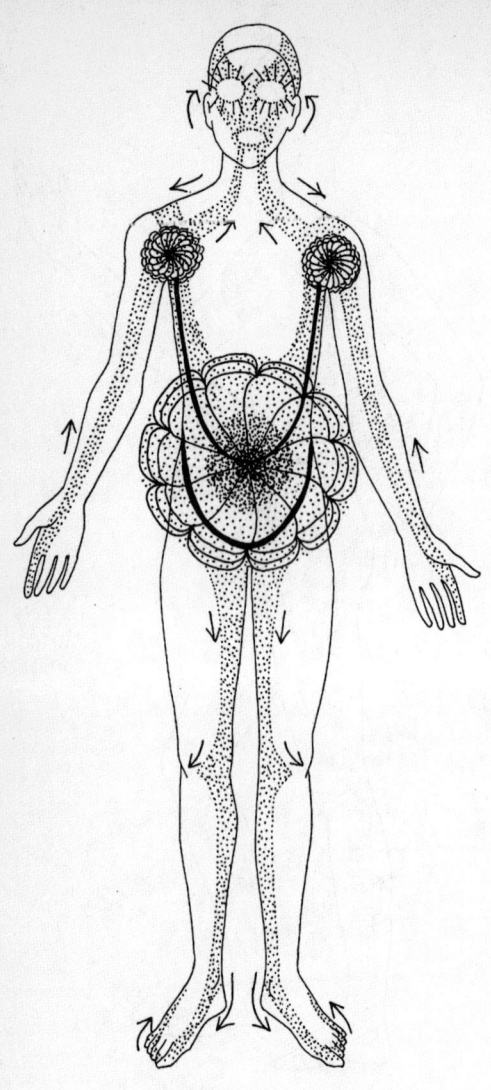

Das Solarplexus-Chakra (von vorne)

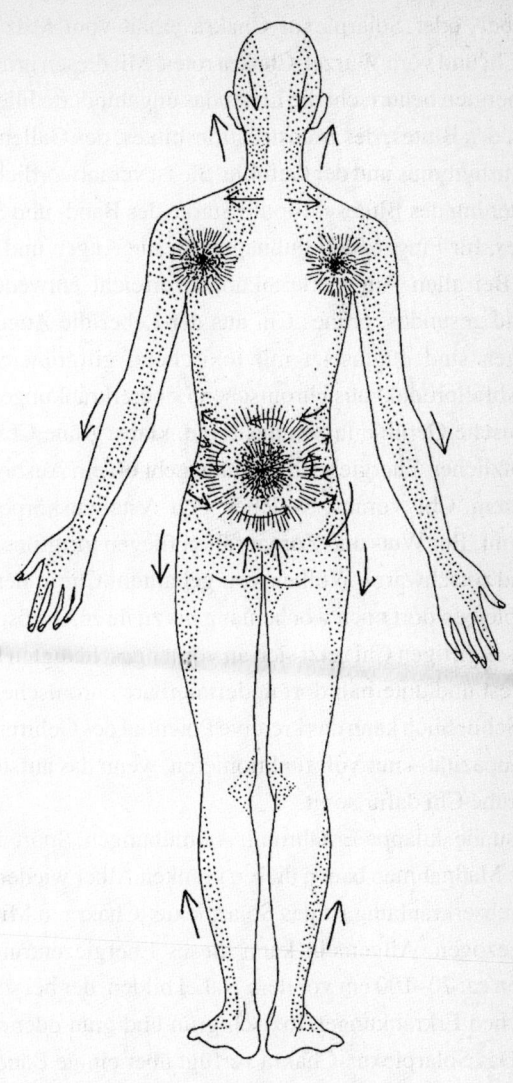

Das Solarplexus-Chakra (von hinten)

Das Nabel- oder Solarplexus-Chakra erhält vom Milz-Chakra grünes Chi und vom Wurzel-Chakra rotes. Mit diesen grünen und roten Energien beherrscht die Leber das ungehinderte Fließen der Energie, des Blutes, des Menstruationsblutes, des Gallenflusses, des Atemrhythmus und der Gefühle. Sie ist verantwortlich für die »Speicherung des Blutes«, für die Stärke des Band- und Sehnenapparates, für Finger- und Fußnägel, für die Augen und Nebennieren. Bei allen Augenerkrankungen erreicht entweder nicht genügend gesundes, grünes Chi aus der Leber die Augen, oder die Augen sind durchsetzt mit toxischem, giftgrünem Äther, einem Abfallprodukt aus chronischen Lebererkrankungen.

Harmonische Gefühle lassen das reine, klare, grüne Chi entstehen. Plötzlichen Energiehochgefühlen geht oft ein Ausbruch von grasgrünem Chi voraus, welches den Vitalitätskörper überschwemmt. Bei Wut- und Zornanfällen fliegen giftgrüne, bräunliche und rotschwarze Wolken von geballtem Chi in den Raum und verbleiben dort noch wochenlang bis zu ihrer Auflösung. Ein Teil dieses giftigen Chi setzt sich an vorher geschädigten Körperstellen fest und unterhält dort undefinierbare chronische Krankheiten. Schließlich kann das kreative Potential des Gehirns – seine ganze Kapazität – nur voll funktionieren, wenn das aufsteigende klare, grüne Chi dafür sorgt.

Eine gesunde, knappe Ernährung, Atemübungen, Sport und biologische Maßnahmen bauen diesen kranken Äther wieder ab. Bei jeder Krebserkrankung ist das Solarplexus-Chakra in Mitleidenschaft gezogen. Allgemein kann dieses Energiezentrum einen Kreis von ca. 70–100 cm vor dem Nabel bilden, der bei schweren chronischen Erkrankungen toxisch grün und grau oder schwarz sprüht. Das Solarplexus-Chakra verfügt über einige Bänder oder Nadis, die den Bauch halten. Insgesamt gesehen versorgt dieses

Zentrum zusammen mit dem Milz-Chakra die Muskeln, Sehnen und Bänder in unserem Körper.
Bei Gesundheit ist in diesem Chakra eine leuchtend grüne Farbe (wie von frischem Gras) anwesend, bei Krankheit der Seele und des Körpers stets ein giftiges Blaugrün. Wo immer diese Farbe im feinstofflichen Vitalitätskörper auftritt, liegt eine krankhafte Veränderung des Solarplexus-Chakras vor. Auf der Farbtafel IV (»Der 33-Farb-Test«) kommen Nr. 26 dem gesunden Grün, Nr. 12 und Nr. 28 dem kranken Giftgrün am nächsten.

Auf den Abbildungen 1–4 (S. 93) sind die typischen heutigen Erkrankungen des Nabel- oder Solarplexus-Chakras dargestellt:
Bild 1: Die giftgrüne Verfärbung entsteht entweder durch toxische Nahrung, durch Alkohol, Nikotin und Drogen oder durch Streß, auch durch Gefühle des Zornes und durch Machtmißbrauch. Bei der direkten Betrachtung des menschlichen Körpers und auf Fotografien zeigt sich bei allen chronischen Krankheiten ausnahmslos ein mehr oder weniger mit avitalem Chi durchsetztes Solarplexus-Chakra.
Bild 2: Auf Fotos von Aidskranken in Zeitschriften oder im TV beobachte ich immer das gleiche Muster eines giftgrün zersetzten Vitalitätskörpers. Das grüne Chi sammelt sich hierbei in einem bestimmten kreisförmigen und ganz gleichmäßigen Muster an, wobei auch der Verdacht auf Verpilzung des Darmes naheliegt. Je näher der Aidskranke vor dem Tod steht, desto giftiger und dunkler werden die Chi-Massen im Zentrum und im unteren Teil des Solarplexus. Der bereits lange vor der Erkrankung geschädigte Leberstoffwechsel ermöglichte die zerstörerische Krankheit.
Bild 3: Bei Menschen, die ständig auf einem Pulverfaß sitzen und beim geringsten Anlaß explodieren, sprüht der gesamte Bauch-

raum giftgrün. Dieses Chi sammelt sich an den schon vorher geschädigten Stellen im Körper. Der Volksmund nennt einen solchen Menschen »giftig« (»er sprüht Gift und Galle«). Das giftgrüne Chi setzt sich meist in der Leber selbst oder in den Nieren und Nebennieren fest. (Letztere sind auf dem Bild angedeutet.) Es ruft eine latente, manchmal auch eine akute Entzündung hervor und ist leichter zu heilen als die grauen und schwarzen Chi-Blockaden aus dem Wurzel-Chakra, denn diese verursachen die chronischen, schwer zu behebenden Schäden. Wenn die Nebennieren sich mit giftgrünem Chi verfärben, liegt immer als Ursache Ärger, kombiniert mit Streß, vor. Hier treten akute allergische Schübe, Migräne und Lebererkrankungen häufig auf. Weiterhin kann das Wurzel-Chakra die Nebennieren mit grauem Chi und das Milz-Chakra mit gelbbraunem Chi verfärben. Bei letzterem entsteht der Streß durch ständigen Kummer, stetes Grübeln und Sorgen.

Jedes der einzelnen homöopathischen Mittel zeigt eine bestimmte feinstoffliche Farbe. Interessanterweise sind diese Farben oft identisch mit denen des kranken Vitalitäts- und Emotionskörpers. Es gibt also bei Streß, wenn dieser von der Leber kommt, giftgrüne homöopathische Medizin. Die Mittel mit grauem Chi helfen bei Streß aus dem Wurzel-Chakra und solche aus gelbbraunem Chi bei dem von der Milz verursachten Streß.

Hellsichtig beobachte ich, wie das richtig eingesetzte Mittel die kranke Chi-Masse aus dem Körper nach unten und außen abstößt oder explosionsartig vom Bauchraum nach allen Seiten hinauswirft. – Dies kann nur durch den im homöopathischen Heilmittel wirksamen spirituellen Ordnungsfaktor bewirkt werden, der durch den vorgeschriebenen Zubereitungsprozeß aktiviert wird.

Bild 4: Die Verfärbung des Kopfbereiches mit giftgrünem Chi

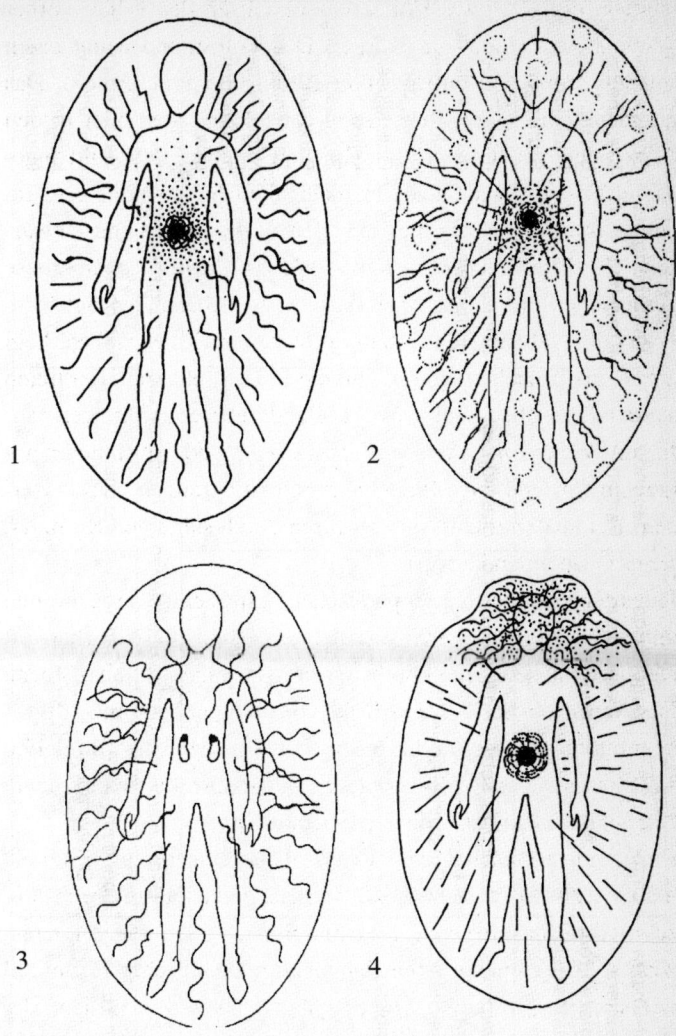

Typische Erkrankungen des Solarplexus-Chakras

Das Nabel- oder Solarplexus-Chakra

Haupt-Chakra und weitere Energiezentren, Funktionskreis	Lage	Zugehörige Akupunkturpunkte	Gesunde Farben	Verfärbung bei Krankheit	Genereller Krankheitsbezug, Funktion, Störungen
1. *Solarplexus-Chakra*, 10 Speichen, Leber-Gallenblase	Nabelmitte, setzt am 7. Brustwirbel an	Kg 8, Ch-i-chung	grasgrün, rot	giftgrün, grünschwarz	freies Fließen der Energie, der Gefühle, des Blutes, der Gallenflüssigkeiten; Blutspeicherung; Band- und Sehnenapparat, Nägel, Nebennierenleiden usw.
Dem Solarplexus-Chakra unterstehen nachfolgende sechs Energiezentren:					
2. Gan Yu	über dem 9. Brustwirbel	B 18, Gan Yu	wie oben	wie oben	Gallenblasen-, Lebererkrankungen, Neurasthenie

Haupt-Chakra und weitere Energiezentren, Funktionskreis	Lage	Zugehörige Akupunkturpunkte	Gesunde Farben	Verfärbung bei Krankheit	Genereller Krankheitsbezug, Funktion, Störungen
3. und 4. Augenzentrum	in, um und hinter jedem Auge	Pam 9, Tai Yang, Sonne	wie oben	wie oben	Augen-Chi oder Augenenergie
5. und 6. Yuan Ye Neben-Chakren	in jeder Achselhöhle	G 22, Yuan Ye Sprudelwasser	wie oben	wie oben	Flüssigkeitsbzw. Lymphzirkulation der Arme
7. Hiu Yin	Dammitte, Nähe Enddarm	Kg 1, Geschlechtspunkt	wie oben	wie oben	Erkrankungen der Genitalien

Im psychologischen Test für dieses Chakra finden Sie die Auswirkungen von harmonischem, fehlendem und vermehrtem Chi auf Emotions- und Denkkörper.

zeigt geistige Verwirrung, zum Beispiel Schizophrenie, an. Hier sind die Gifte aus dem Solarplexus-Chakra durch die beschriebene Energieleitbahn der Leber ins Gehirn gewandert. Bei geistig behinderten Menschen sowie bei Krebs zeigt sich je nach geschädigtem Chakra eine Verfärbung des Kopfes oder der Hypophyse, die grau, schwarz, giftgrün, schmutziggelb oder dunkelbraun sein kann.

Das Herz-Chakra
(Funktionskreis Herz-Dünndarm, Perikardium-Dreifacher Erwärmer)

Harmonische Chakrafunktion – harmonische körperliche Zeichen:
– gesunder, gut durchbluteter Körper, rosige Gesichtsfarbe
– regelmäßiger, starker Puls
– Freisein von Herzbeschwerden, Nervosität, Unruhe und auch Apathie
– klares, logisches Denken
– Bewußtsein und Geistesgegenwart
– gutes Gedächtnis und erholsamer, nicht unterbrochener Schlaf

Harmonische Charaktereigenschaften und Persönlichkeitsmerkmale:
– Verständnis, Nächstenliebe, Mitgefühl, Kontaktfreude
– Idealismus, Gerechtigkeitssinn, Selbstlosigkeit
– Wachsamkeit, Heiterkeit, Friedfertigkeit, innere Ruhe

Der psychologische Test (Kap. 4) beschreibt die charakteristischen reinen oder getrübten Chi-Farben und ihre Beziehung zu

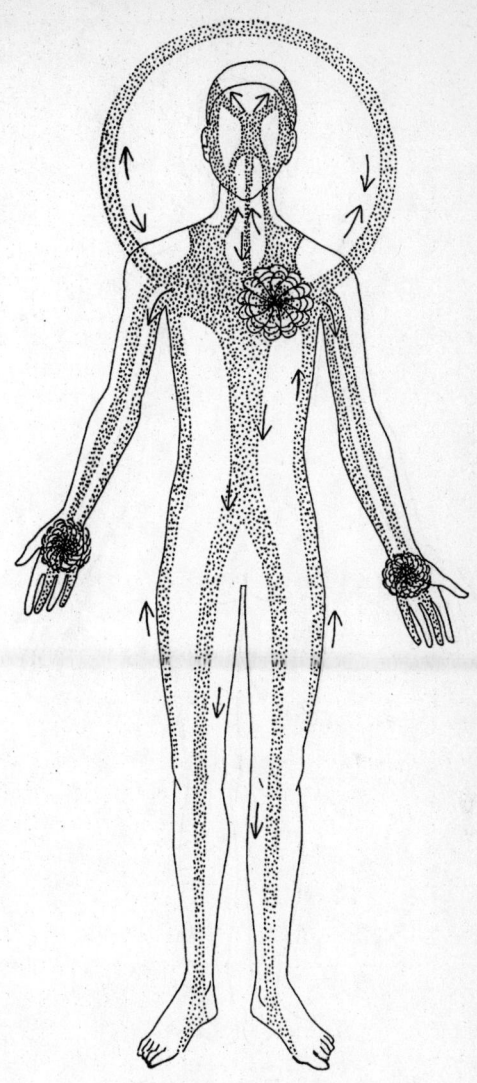

Das Herz-Chakra (von vorne)

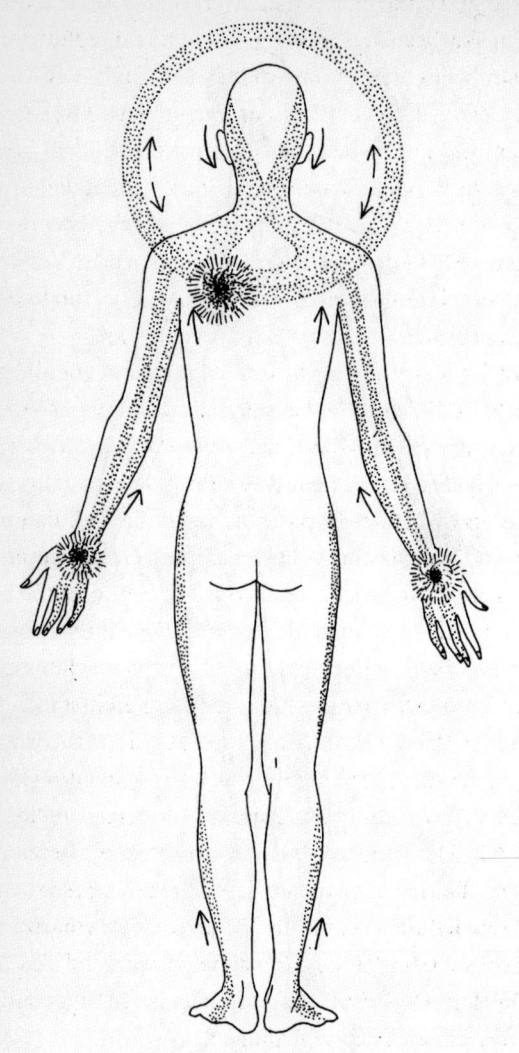

Das Herz-Chakra (von hinten)

unseren Charaktereigenschaften. So ruft zum Beispiel das reine weiße Chi Wachsamkeit, goldenes Demut und Opferbereitschaft und rosafarbenes Verständnis, echtes Mitgefühl und Liebe hervor. Bei jeder »Liebe« entscheiden Quantität und Reinheit dieser Chi-Arten, die zusammen die Herzensliebe bilden, gegenüber dem aus dem Wurzel-Chakra stammenden roten und orangefarbenen Chi der überwiegend animalischen Liebe über die Art der Zuneigung. Bei Trübungen, Verdunkelungen oder Verfärbungen des Herzwirbels kommt es zu negativen Veränderungen der Charaktereigenschaften, wie zum Beispiel zum Haß.

Das Herz-Chakra erhält etwas weißes, rosa und vor allem gelbes Chi vom Milz-Chakra. Nur bei starker, regelmäßiger Versorgung und einem gesunden Milz-Chakra hat das Herz den richtigen Rhythmus und ist der Herzmuskel kräftig. Dieses gelbe Chi wird vom Energiewirbel des Herz-Chakras für die Zirkulation in den Arterien und Venen benutzt, aber auch zum Gehirn gesandt. Dort wird es vom Denkprozeß und vom Scheitel-Chakra benötigt. Interessanterweise sind in der jahrtausendealten chinesischen Medizin bei Denk-, Konzentrations- und Gedächtnisschwäche eine Reihe von Milzpunkten an den Energieleitbahnen bekannt und berühmt. Zusätzlich zu dem Chi, das die Milz dem Herzen schickt, verbindet eine breite feinstoffliche Bahn den Herz-Energiewirbel mit dem Scheitelzentrum. Letzteres empfängt auch Ströme glänzend weißen Äthers aus spirituellen Bereichen. Bei Menschen, die sich intensiv um den richtigen Lebensweg bemühen und ihre Kräfte bewußt zum Wohle anderer einsetzen, konnte ich beobachten, daß der Schutzengel während des Schlafes nachts ihr Herz-Chakra veränderte, um geistige Eingebungen und deren Entwicklung zu beschleunigen.

Wenn man die drei ineinandersteckenden Chakren am Herzen betrachtet – jene des Vitalitäts-, des Emotions- und des Denkkörpers –, kann man sich die verschiedenen Einflüsse auf das Herz-Chakra vorstellen. In diesem Energiewirbel entsteht bei reinem Denken, Fühlen und spiritueller Aspiration klares, unverfälschtes Chi in allen Regenbogenfarben sowie auch weißes, rosa und goldenes. Der Chakra-Anteil des Vitalitätskörpers wird hauptsächlich durch milzschädigende Nahrungsmittel wie Zucker, Süßstoffe, Weißmehl und tierische Fette beeinträchtigt, die Sauerstoffverarmung, Gefäßschädigung u. a. m. hervorrufen. Das Chakra des Emotionskörpers erfährt Schaden durch übermäßig starke Emotionen, das des Denkkörpers durch selbstsüchtiges, eingeengtes Denken. – Gebete und Meditationen, mit dem Herzen gesprochen, sowie positives Tun verändern Herz- und Scheitel-Chakra und machen diese durchgängiger für die Transzendenz.

Auf den Abbildungen 1–4 (S. 101) sind die typischen heutigen Erkrankungen des Herz-Chakras dargestellt:
Bild 1: Auf diesem Bild ist das Herz-Chakra mit grauem, totem Chi gefüllt. Hier liegen Durchblutungsstörungen vor, die meist schon jahrelang vor irgendwelchen fühlbaren Beschwerden bestehen. Der Grad der Verfärbung zeigt die Gefährlichkeit der Herzerkrankung an. Ein schwarz verfärbtes Herz, das mit pechschwarzen Partikelchen gefüllt ist, die vom Emotionskörper eindringen, hat die Bedeutung, die ihm der Volksmund gibt: Gefühlskälte und Rücksichtslosigkeit.
Die Herzenergie ist oft über verbrauchten, giftigen Äther aus Zähnen und Thymusdrüse geschädigt. Wenn letztere durch graues Chi verändert ist, verursacht dies zuerst Durchblutungsstörungen in bestimmten Körperteilen und Gelenken. Dann kommt es zu Infekten, Grippeanfälligkeit oder Gelenkbefall. Die primär chroni-

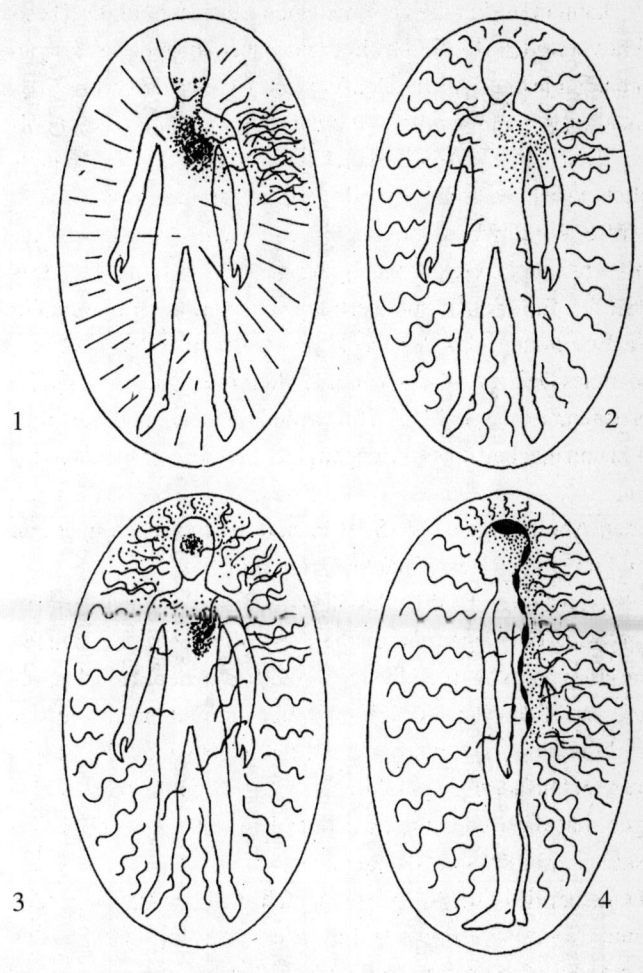

Typische Erkrankungen des Herz-Chakras

Das Herz-Chakra

Haupt-Chakra und weitere Energiezentren, Funktionskreis	Lage	Zugehöriger Akupunkturpunkt	Gesunde Farben	Verfärbung bei Krankheit	Genereller Krankheitsbezug, Funktion, Störungen
1. *Herz-Chakra*, 12 Speichen, Herz-Dünndarm, Perikardium-Dreifacher Erwärmer	über dem Herzen, setzt an bei C7 / D1	Lg 14, Pai-lao, 100 Mühen	weiß, rosa, gold, gelb, alle Regenbogenfarben	grau-rosa, rötlich-schwarz, bei Lebergiften grünlich	Gefäßsystem, Herz, Gehirn
Dem Herz-Chakra unterstehen nachfolgende sechs Energiezentren:					
2. Shen Dao	unter dem 5. Brustwirbel	Lg 11, Shen Dao, Göttlicher Weg	wie oben	wie oben	wie oben, Neurasthenie
3. und 4. Hand-Chakren	in der Handinnenfläche	P 8, Lao Gong, Palast der Mühen	weiß, rot, blau, gold	wie oben	psychische Erkrankungen
5. und 6. Jing Ming	im Augapfel	in der Nähe von B 1, Glanz des Augapfels	wie oben	wie oben	spiegelt den Geist (= das Selbst) im Auge

Haupt-Chakra und weitere Energiezentren, Funktionskreis	Lage	Zugehörige Akupunkturpunkte	Gesunde Farben	Verfärbung bei Krankheit	Genereller Krankheitsbezug, Funktion, Störungen
7. Shi Men	2 Querfinger unter dem Nabel	Kg 5, Sti-men, Steintor	wie oben	wie oben	Völlegefühl, Blähungen im Unterbauch

Im psychologischen Test für dieses Chakra (Kap. 4) finden Sie die Auswirkungen von harmonischem, fehlendem und vermehrtem Chi auf Emotions- und Denkkörper.

sche Polyarthritis zeigt immer eine mit unvitalem Chi gefüllte graue Thymusdrüse und zu 90 % langjährige feinstoffliche Veränderungen im Zahnbereich. Sie ist in vielen Fällen heilbar.

Bild 2: Der gesamte Vitalitätskörper ist hier rot-grau verfärbt, was ein überanstrengtes Herz-Kreislauf-System bedeutet. Eine vorübergehende Anhäufung mit rotem Chi braucht noch keine Krise anzudeuten. Phasen von starker Blutdruckerhöhung sind oft begleitet von einer auffallend dunkelroten Verfärbung des Vitalitätskörpers, die vom Betroffenen als Schwindel, Übelkeit und Schwäche empfunden werden und in gefährliche Blutdruckkrisen führen können. Das rote zerstörerische Chi dringt oft aus dem Emotionskörper durch den astralen Chakra-Anteil in den Vitalitätskörper ein. Dunkelrot bis Schwarz wird meistens verursacht durch unterdrückte Emotionen wie Übererregung, Zorn, Despotismus und vor allem Kampflust, aber auch durch Überarbeitung. Die zurückgedrängten Aggressionen richten sich gegen den Körper selbst, nicht nach außen. Häufig liegt hier eine innere Unzufriedenheit vor, die durch Erziehung und häusliche Umgebung hervorgerufen wurde. Der Drang nach immer mehr Leistung kann aus einem zu hohen Anspruch der Eltern an das Kind resultieren (»mein Sohn«, das »Herr-Doktor-Syndrom«). Diese Menschen glauben als Erwachsene, nie genug zu leisten, und überfordern sich ständig bis zum Zusammenbruch.

Bild 3: Bei Verfärbung der Hypophyse mit rötlich-grauem, rotem und schwarzem Chi, das oft vom Herzen kommt, liegen meistens Hormon- und Schlafstörungen vor. Bei letzteren hilft neben einer biologischen Schlafbehandlung meist eine naturheilkundliche Herzbehandlung.

Bild 4: Beim Schlaganfall zieht sich das rot-schwarze Chi vom Wurzel-Chakra über den Rücken aufwärts und setzt sich im Kopf

fest. Dieser Äther besteht aus kompakten, verdichteten, geschoß-
ähnlichen und bis zu bleistiftlangen Formationen. Durch den
massiven Aufprall im Gehirn wird ein Teil der Gehirnzellen
zerstört. Hier liegt neben einer Schwäche des Herz-Chakras noch
eine der Leber- und der Nierenfunktion (also des Solarplexus-
und Wurzel-Chakras) vor.

Durchblutungsstörungen im Gehirn zeigen sich – im Gegensatz
zu einem Schlaganfall – durch eine Ansammlung von grauem Chi
in einer oder beiden Gehirnhälften. Nebenbei sei bemerkt, daß
sich 85 % aller meiner Patienten mit (bis ca. drei Tage alten)
Schlaganfällen in wenigen Tagen wieder völlig durch folgende
Behandlung erholen: Arnica LM 30 (7 Tropfen oder Kügelchen
in einer Flasche Mineralwasser aufgelöst und davon tagsüber
schluckweise ein Glas oder mehr), dazu natürliches Vitamin E
(1200 I. E., tags verteilt zu Essen, welches Butter, Öl oder
sonstiges Fett enthält).

Das Kehlkopf- oder Hals-Chakra
(Funktionskreis Lunge-Dickdarm)

*Harmonische Chakrafunktion – harmonische körperliche
Zeichen:*
– gute Abwehrkräfte und Immunität, selten Grippe od. Infekte
– kräftige Atmung und Lungen, selten kurzatmig
– intakte Funktion von Haut und Schleimhäuten, gute Heilhaut
– Freisein von Ausschlägen (Ekzeme, Neurodermitis usw.) und
  Schwitzen
– normale Körperbehaarung
– keine Schilddrüsenstörungen

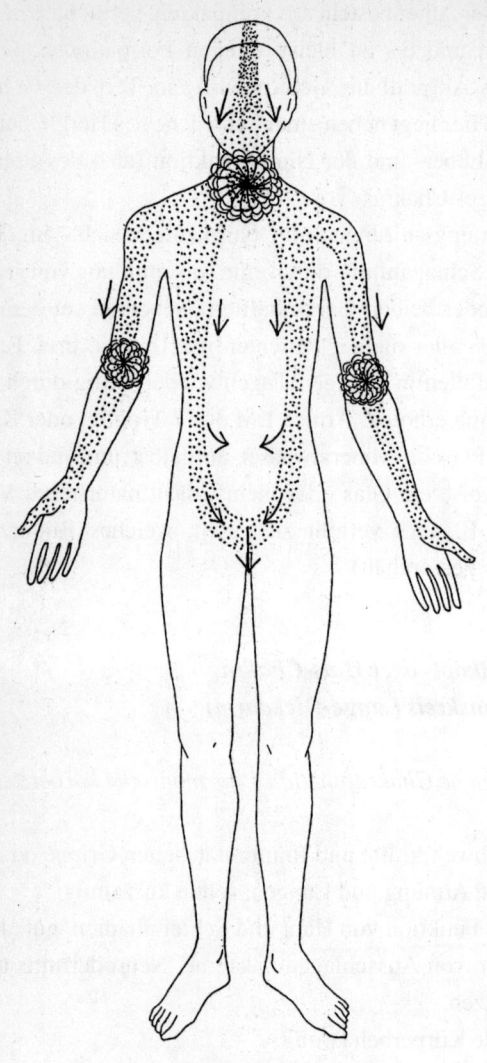

Das Kehlkopf-Chakra (von vorne)

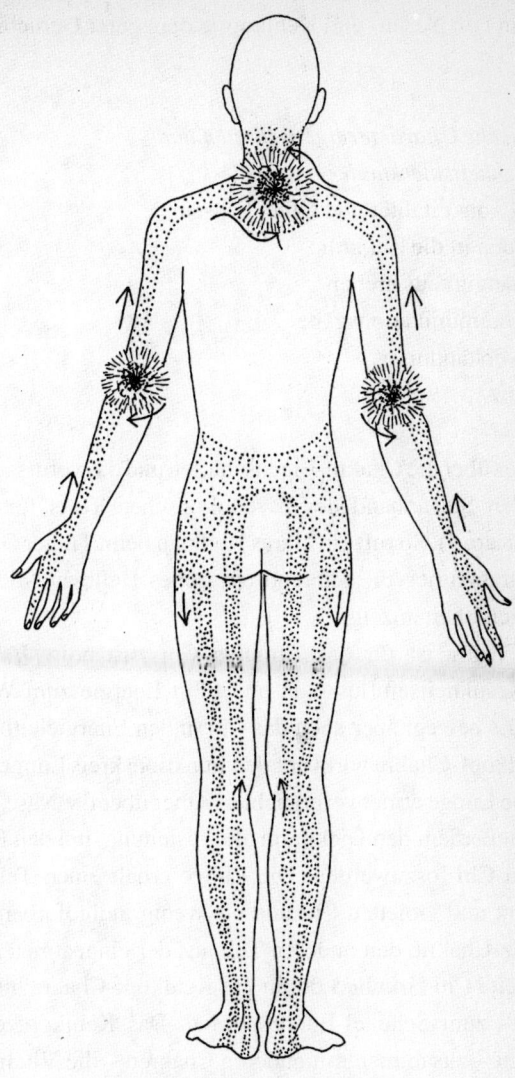

Das Kehlkopf-Chakra (von hinten)

- Freisein von Nasen- und Kehlkopfleiden, guter Geruchssinn

Harmonische Charaktereigenschaften und Persönlichkeitsmerkmale:
- Gefühl von Vitalität und Glücklichsein
- Vertrauen in die Zukunft
- Unabhängigkeitsstreben
- gute Kommunikationsgabe
- Kunstverständnis
- Toleranz

Genaueres über die Chakra-Eigenschaften und das verursachende Chi finden Sie anhand des psychologischen Tests für dieses Chakra (Kap. 4). So ruft ein klares Hellblau beim Träger Glauben und Vertrauen hervor, während ein trübes Hellblau Mißtrauen und Unsicherheit anzeigt.

Dieses Chakra ist für das Atmungs-Chi zuständig. Es wehrt äußere Krankheitseinflüsse ab und führt Energie zum Wurzel-Chakra. Es bewegt aber auch das Chi in den Energieleitbahnen. Das Kehlkopf-Chakra wirkt auf den Funktionskreis Lunge-Dickdarm. Die Lunge atmet verbrauchten Äther über die Nase ab und benutzt außerdem den Dickdarm als Ausleitung, um den Rest an unreinem Chi loszuwerden. Die Lunge erhält einen Teil ihres hellblauen und violetten Chi und ein wenig indigofarbenes Chi vom Milz-Chakra, den anderen Teil aus der eingeatmeten Luft. Das violette Chi zirkuliert durch das Kehlkopf-Chakra hindurch und fließt zum Scheitel-Energiewirbel. Das Kehlkopfzentrum beherrscht – zusammen mit anderen Chakren – die Vitalität des Körpers und die Atmung. Es reguliert zusammen mit anderen

Funktionskreisen die Körperlymphe und kontrolliert die Körperhaut, die Schleimhäute des Nasen-Rachen-Raumes, der Blase, des Darmes und der Gebärmutter. Seine ihm zugehörigen Körperteile sind die Nase und die Körperhaare.

Die Lungenenergie verteilt hellblaues Chi über die Körperoberfläche, wo es als Infektionsschutz wirkt. Es wehrt nach der alten chinesischen Heilkunde die fünf krankheitserzeugenden Energien Wind, Kälte, Feuchtigkeit, Trockenheit und Hitze ab.

Ich konnte bei Yogis auf Fotos und im Fernsehen beobachten, daß sie sich durch ihre regelmäßigen Atemübungen mit einem dicken Chi-Mantel (bis 20 cm Dicke) umgeben können. Sie sind dadurch zum Beispiel gegen klimatische Einflüsse weitgehend geschützt. (Man denke an die Einsiedler in den eisigen Höhlen des Himalaya.) Bei den Fakiren sah ich dasselbe. Der dicke, dichte hellblaue Chi-Mantel fördert Wundheilung ohne jegliche Narbenbildung und Blutungen. So heilt manche Schnittwunde ohne Blutung, indem die verletzte Stelle möglichst für wenige Minuten in die Höhe gehalten wird mit gleichzeitigem Druck auf die Wunde. In der Vorstellung läßt man hierbei intensives hellblaues Chi in die Verletzung einströmen.

Menschen, die viel singen, regen das Hals-Chakra zur verstärkten Rotation an und erzeugen hierdurch viel hellblaues Chi um den Kehlkopf.

Auf den Abbildungen 1–4 (S. 112) sind die typischen heutigen Erkrankungen des Kehlkopf- oder Hals-Chakras dargestellt:
Bild 1: Wenn das Chakra mit weißem, grauem oder schwarzem Chi durchsetzt ist oder Flecken aufweist, bahnen sich Schilddrüsen- und Nebenschilddrüsen-Störungen an, häufig mit gleichzeitiger Veränderung der Chi-Struktur der Zahnwurzeln, Nieren,

Das Kehlkopf- oder Hals-Chakra

Haupt-Chakra und weitere Energiezentren, Funktionskreis	Lage	Zugehöriger Akupunkturpunkt	Gesunde Farben	Verfärbung bei Krankheit	Genereller Krankheitsbezug, Funktion, Störungen
1. *Kehlkopf- bzw. Hals-Chakra*, 16 Speichen, Lunge-Dickdarm	über dem Kehlkopf, setzt bei C3/4 an	Kg 22, Tien Tu, Himmelspfad	hellblau, violett, etwas indigo	weiß, grau, schwarz	Lungen-, Nasen-, Kehlkopf-, Schilddrüsen-, Dickdarm- und Hautleiden, Schweiße
Dem Kehlkopf-Chakra unterstehen nachfolgende sechs Energiezentren:					
2. Shen Zhu	unter dem Dornfortsatz des 3. Brustwirbels	Lg 11, Shen Zhu, Körpersäule	wie oben	wie oben	Bronchitis, Halsentzündungen
3. und 4. Da Chang Yu	beiderseits des 4. Lendenwirbels	B 25, Zustimmungspunkte des Dickdarms	wie oben	wie oben	Darmstörungen

Haupt-Chakra und weitere Energiezentren, Funktionskreis	Lage	Zugehörige Akupunkturpunkte	Gesunde Farben	Verfärbung bei Krankheit	Genereller Krankheitsbezug, Funktion, Störungen
5. und 6. Ellenbogen-Chakren	in beiden Ellenbogen	Di 11, Qu Chi; Lu 5, Chi Ze	wie oben	wie oben	Lunge, Kehlkopf
7. Tan Zhong	in der Mitte zwischen den Brustwarzen	Kg 17, »Brustmitte«	wie oben	wie oben	Husten, Asthma

Im psychologischen Test für dieses Chakra (Kap. 4) finden Sie die Auswirkungen von harmonischem, fehlendem und vermehrtem Chi auf Emotions- und Denkkörper.

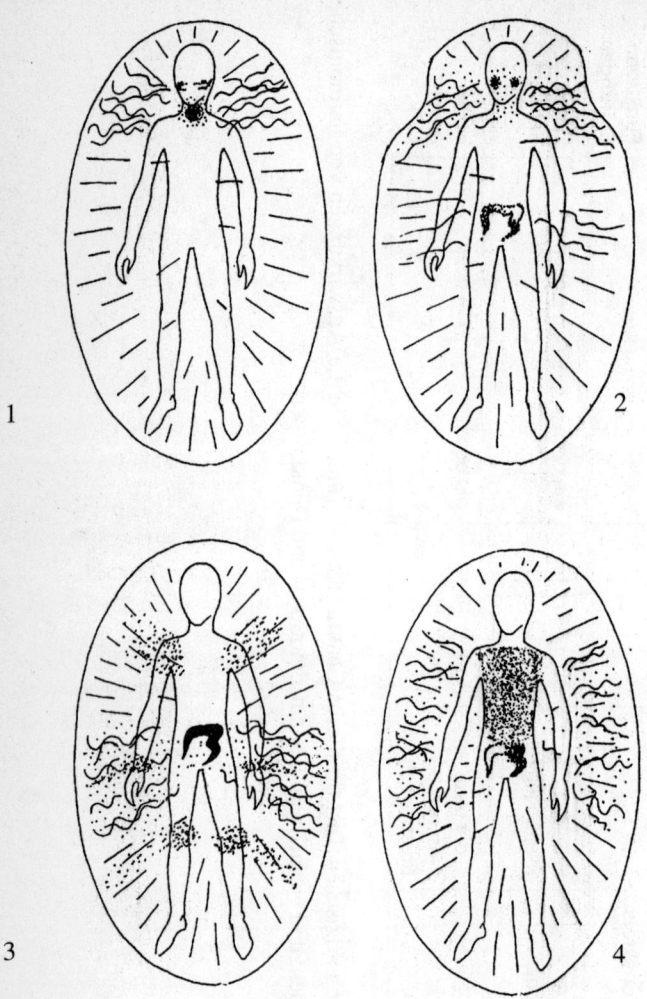

Typische Erkrankungen des Kehlkopf-Chakras

Leber oder des Unterleibes. Bei allen Schilddrüsenerkrankungen ist immer an einer anderen Stelle des Körpers eine krankhafte Ansammlung von verbrauchtem Chi zu sehen, die zuerst saniert werden müßte.

Bild 2: Dickdarm und Lunge helfen sich bei der gegenseitigen Körperentgiftung. Verbrauchtes graues Chi, das nicht aus der Lunge über die Nase ausgeschieden wird, sollte den Körper über den Dickdarm verlassen. Die Dickdarmleitbahn verläuft über die meisten Zahnwurzeln beider Oberkieferseiten. Bei vorgeschädigtem Dickdarm mit kranker Bakterienbesiedlung stagniert nach meinen Beobachtungen das giftige Chi in der Dickdarmleitbahn und setzt sich im Laufe der Jahre in den Zahnwurzeln – besonders des Oberkiefers – fest. Die schwarze Verfärbung meist mehrerer Zahnwurzeln entsteht teils durch mangelnde Dickdarmentgiftung, teils durch die Amalgamfüllungen. Das Quecksilber aus den Füllungen löst sich nicht nur durch den Kauprozeß, sondern sickert ständig durch die feinen Lymph- und Blutgefäße, die in die Zahnwurzeln hineinführen.

Der Zusammenhang zwischen Dickdarm, Amalgam und Zahnherden findet auch heutzutage noch zu wenig Beachtung. Der Besuch in einer biologischen Krebsklinik bestätigte mir diese traurige Tatsache. Ausnahmslos beobachtete ich bei jedem Kranken – unabhängig von Alter und Geschlecht – konzentriertes schwarzes Chi, das sich in den Zahnwurzeln überwiegend des Oberkiefers abgelagert hatte.

Weitere Energiebahnen, wie die des Magens und des Dünndarms, verlaufen teils über Zahnwurzeln, teils in ihrer Nähe. Fast alle Nadis haben innere Verbindungen zu den Zähnen. Die hellsichtige Beobachtung zeigt die *ausschlaggebende* Funktion der Dickdarmleitbahn für die Ausscheidung der Verdauungstoxine und somit für die Zahnwurzeln und schließlich für die gesamte Energielage.

Bezüglich der Reinigung des Körpers von Stoffwechselgiften kann ich eine ganz bestimmte Reaktion des Chi beobachten. Wenn ungesundes Chi (wie durch Essen von Weißmehl, Zucker, Traubenzucker, Saccharin, oft auch Honig!) dem Körper zugeführt wird, greift dieses innerhalb des Bruchteils einer Sekunde gewisse Zähne, deren Energiefeld meist vorher schon geschwächt ist, von innen her an. Bei den oben erwähnten Nahrungsmitteln, die hauptsächlich die Bauchspeicheldrüse schädigen und schwächen, attackiert das Chi bevorzugt die sechsten und siebten Zähne des Ober- und Unterkiefers. Im Grunde genommen ist es gleichgültig, welcher Zahn angegriffen wird, denn allein Dickdarmentgiftung und starkes Wurzel-Chakra entscheiden über seine Gesundung. In diesem Zusammenhang habe ich beobachtet, daß kurze Fastenkuren von wenigen Tagen, mit entsprechender Dickdarmsanierung, schmerzende Zähne vor dem Entfernen retten konnten.

Die Ablagerungen von schwarzem, toxischem Chi in den Zahnwurzeln können reflektorisch auf andere Körperorgane störend einwirken, unterschwellige Krankheiten zum Aufflackern bringen und Gefühls- und Denkprozesse ungünstig beeinflussen. Energiemangel und unklare körperliche Beschwerden sind nur eine Teilerscheinung der versteckten Zahnwurzelgifte (siehe hierzu »Allergien und Amalgam«, S. 318).

Bild 3: Der grau oder schwarz verfärbte Dickdarm läßt chronische Beschwerden der Verdauung erkennen, wobei auch Rheuma an Gelenken oder Weichteilen und andere Erkrankungen auftreten können.

Bild 4: Bei starker Trauer oder beim Einatmen von verpesteter

Luft (wie z. B. Zigarettenrauch) entsteht eine leichte Grau- bis Schwarzfärbung der Lungen. Je nachdem, wo sich mehr totes, giftiges Chi angesammelt hat – in der Lunge oder im Dickdarm –, kann damit die Grundlage zu Lungen- oder Dickdarmkrebs gelegt werden.

Das Stirn-Chakra oder das dritte Auge

Es liegt an der Nasenwurzel zwischen den Augenbrauen und erhält violettes Chi vom Hals-Chakra, hellblaues vom Milz-Chakra, rotfarbenes und gelbes vom Wurzel-Chakra, gelbes, rosa, goldenes und weißes vom Herzen und grünes vom Solarplexus; außerdem vom Emotionskörper das Gelb für den Intellekt und den Denkvorgang. Die Farbstrahlung des Stirn-Chakras leuchtet daher in den angegebenen Tönen. Nur wenn das Stirn-Chakra von den unteren Zentren mit reinem Chi versorgt wird, kann es in wunderbarem Glanz aufgehen. Es ist der Hypophyse zugeordnet, die das Hormonsystem steuert. Die Hypophyse vermag nur mit Hilfe der untergeordneten Chakren das Hormonsystem reibungsfrei zu lenken, das heißt, wenn diese gesundes, vitales Chi zum Kopf senden.

Eine große Anzahl der heutigen Zivilisationsmenschen werden häufig gestört durch giftgrünes Chi aus dem kranken Verdauungstrakt, das vom Solarplexus stammt und sich in der Hypophyse absetzt, der Schaltstelle für das Hormonsystem und für Entgiftungsvorgänge. Die meisten mit diesem Chi verseuchten Stirn-Chakren sehe ich in Zeitschriften, Illustrierten und im Fernsehen. Es sind gewisse Berufsgruppen, die nicht unbedingt zum Wohle ihrer Mitmenschen arbeiten und die auffällig kranke Hypophysen haben. Oft sind diese Menschen in hohen Positionen in Wirtschaft und Politik tätig.

Das Stirn-Chakra macht Hellsichtigkeit möglich, wenn der vom Vitalitätskörper abhängige Chakra-Anteil mit gesundem, vitalem Chi gefüllt ist. Zusätzlich müssen sich auch die astralen und mentalen Anteile in Harmonie befinden, um feinstoffliche Eindrücke und Ereignisse unverfälscht wahrnehmen und interpretieren zu können.

Das Scheitel-Chakra oder der tausendblättrige Lotus

Es erstrahlt bei großen Religionsstiftern und Heiligen im Zentrum golden und an der Peripherie in allen Regenbogenfarben. Daher werden diese erleuchteten Menschen mit einem Heiligenschein dargestellt, der ihren Opferwillen, ihre Geistigkeit und ihr universelles Bewußtsein anzeigt. Nicht nur die Farben, sondern ihre Leuchtkraft, die Strukturierung, die Chakragröße und der Rotationsrhythmus charakterisieren geistige Qualitäten. Dieses der Zirbeldrüse zugeordnete Chakra erhält sein Chi von den unteren Energiezentren, und zwar vom Wurzel-Chakra über das Stirn-Chakra und den Emotionskörper. Weiterhin steigen Energien in das Scheitel-Chakra durch echtes Herzdenken, Gebet, Meditation und vor allem gute Taten. Vom Herz-Chakra über alle feinstofflichen Körper, auch den Mental- oder Denkkörper und das höhere Selbst, gelangen sie in dieses obere Zentrum. Hierbei wird dem Scheitel-Chakra, wenn die Grundlage durch eigene Anstrengungen geschaffen wurde, von den höchsten geistigen Ebenen Licht in Form zartfarbenem weißem, goldenem, rosa, blauem und grünem Chi mittels höherer Wesenheiten zugesandt. Hellblaues

Stirn-Chakra und Scheitel-Chakra

Chakra	Lage	Zugehörige Akupunkturpunkte	Gesunde Farben	Verfärbung bei Krankheit	Genereller Krankheitsbezug, Funktion, Störungen
Stirn-Chakra 96 Speichen	zwischen den Augenbrauen	mehrere: Lg 16, Nao Rou, Gehirntür; Pam 3, Yin Tang	alle Farben	grau, schwarz, schmutzig-rot, giftgrün	Hypophyse, Hypothalamus; Zentrum des höheren, abstrakten Denkens; Hellsehen, -hören, -fühlen und -riechen
Scheitel-Chakra Speichen: innen 12 außen 960	in und auf dem Scheitel	Lg 19, 20, Bai Hui, Hundertfacher Sammler; B 6, Cheng Guang, Glanzvermehrung; B 7, Tong Tian, Himmelspassage	innen: gold-weiß außen: alle Farben	grau, schwarz	Zirbeldrüse, Resorption von Chi, vom Stoffwechsel kommend, und von Energien aus geistigen Ebenen; Zentrum des kosmischen Bewußtseins

und besonders das weiße Chi der echten, spirituellen Hingabe und Meditation formen sich auch säulenartig und himmelwärts aufsteigend auf den Köpfen der Derwische beim religiösen, rechtsdrehenden Sufitanz, wie ich es im Fernsehen sah.

Jeder Mensch bringt eine gewisse Grunddisposition, also für das Individuum typische Ätherdepots im Scheitelzentrum, für jedes Erdenleben mit.

Hinsichtlich des unbeabsichtigten, teilweisen Aufsteigens der goldenen Kundalini-Energie im Wurzel-Chakra konnte ich beobachten, daß hierbei keine negativen Symptome wie Hitzegefühle, Erschöpfungs- oder Verwirrungszustände auftreten müssen. Es kann sich ein plötzliches Gefühl von Befreiung ausbreiten.

Schon bei Jugendlichen sah ich die Kundalini-Kraft spontan bis in die Höhe des Herz-Chakras hinaufschießen. Ausschlaggebend für ihr weiteres Aufsteigen waren die Quantität und Qualität des goldenen Äthers in diesem Zentrum, die durch selbstlose Taten errungen werden und der Kundalini die nötige Dynamik verleihen.

Zusammenfassung:
Die Energiezirkulation des Chi durch die Chakren

Nach meiner Beobachtung zirkuliert der feinstoffliche Äther im menschlichen Körper in verschiedenen Richtungen. Sein Verlauf ist von innen nach außen und auch horizontal in spiralförmiger Formation zu beobachten.

Das *Wurzel-Chakra* transportiert hauptsächlich das goldene, rote, purpurne, orangefarbene Chi und ein wenig violettes über die feinstofflichen Rückenmarkskanäle ins Gehirn. An verschiede-

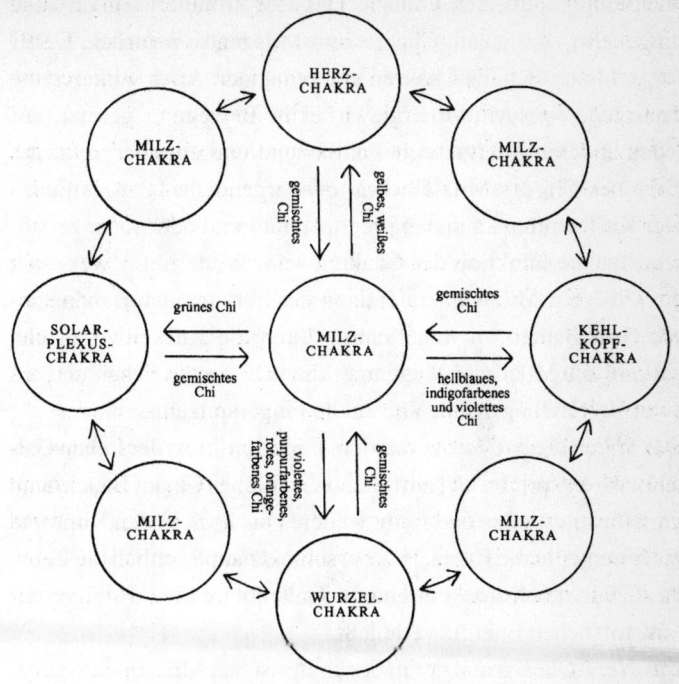

Die Energiezirkulation des Chi durch die Chakren

nen Stellen des Körpers, zum Beispiel im Bereich der Nieren und des Kopfes, läßt es das farbige Chi sternförmig zirkulieren.

Das *Milz-Chakra* nimmt eine zentrale Stellung bei der Verteilung goldener und regenbogenfarbener Energien ein. Es gibt mehrfarbiges Chi (rot-, orange-, purpur- und violettfarbenes) an das Wurzel-Chakra, gelbes und weißes an das Herz-Chakra, grünes an das Solarplexus-Chakra und blaues, violettes und indigofarbenes an das Hals-Chakra ab. Dies spielt sich entweder auf direktem Weg oder über ein anderes Energiezentrum ab, wobei auch Verwandlungen auftreten können. Das Chi zirkuliert jedoch auch umgekehrt, von jedem Chakra zum Milzzentrum zurück. Daher beeinflussen sich die Chakren untereinander. Auch wirken reine Energien, vom Milz-Energiewirbel in Bewegung gesetzt, auf jeden anderen Energiewirbel aufbauend und energieerzeugend. Unreines Chi des Milz-Chakras oder irgendeines der restlichen vier Kraftzentren kann dämpfend, behindernd oder sogar zerstörend für die Funktion der Chakren sein. Weiterhin bewegt sich das Chi vom Milz-Chakra entlang des horizontalen Bandnetzes vor dem Bauch, im Bauchraum, durch die Rückenwirbel und entlang des Milz- und Magenmeridians bis in die Zehen und auf zwei Verbindungsbahnen bis in die Fingerspitzen.

Das *Solarplexus-Chakra,* das dem Funktionskreis der Leber-Gallenblase entspricht, läßt auffallend viel grünes Chi im Bauchraum kreisförmig fließen und treibt weiteres bis hoch in den Kopf und bis hinunter in die Beine. Hierbei schickt hauptsächlich die Leber das Chi in den Kopf, während die Gallenblase das Absteigen der feinstofflichen Energie veranlaßt.

Das *Herz-Chakra* und der in der chinesischen Medizin ihm zugeordnete Funktionskreis Herz-Dünndarm sowie Perikardium-Dreifacher Erwärmer veranlassen das Zirkulieren des Chi in allen Gefäßen, vor allem in den Blutbahnen. Das gelbliche und rötlichrosa Chi steigt im Körper auf, ernährt und erwärmt ihn und steigt wieder ab, indem es graue, kranke Energieteile mit sich nimmt und diese unter anderem über die Poren der Haut nach draußen abstößt. Vom Herz-Chakra führt eine starke Chi-Bahn zum Kopf.

Das *Kehlkopf-Chakra,* das nach der chinesischen Medizin in Verbindung mit dem Funktionskreis Lunge-Dickdarm steht, wirkt über die kühlen Yin-Farben wie Hellblau, Indigo und Violett. Es läßt dieses Chi überwiegend vom Kopfbereich abstei-

Die Energiezirkulation des Chi durch die Chakren

Chakra-Name Anz. d. Speichen	Lage	Zugehöriger Akupunkturpunkt	Gesunde Farben
Wurzel-Chakra 4	Steißbein S 4	Lg 1, Tchrang-Tsiang, Wachsen der Kraft	weiß, gold, rot, orange, violett, purpur
Milz-Chakra 6	über der Milz, Le 13 Chang-men	Lg 4, Ming-men	alle klaren Regenbogenfarben und gold
Solarplexus-Chakra 10	über dem Nabel	Nabelmitte, Kg 8, Chi-chung	grasgrün, rot
Herz-Chakra 12	über dem Herzen	Lg 14, Pai-lao, 100 Mühen	weiß, rosa, gold, gelb, alle Regenbogenfarben
Kehlkopf-Chakra 16	über dem Kehlkopf C 3/4	Kg 22, Tien Tu, Himmelspfad	violett, hellblau, indigo
Stirn-Chakra 96	zwischen den Augenbrauen	Lg 16, Nao Rou, Gehirntür; Pam 3, Yin Tang	alle Farben
Scheitel-Chakra innen: 12 außen: 960	in und auf dem Scheitel	Lg 19, 20, Bai Hui, Hundertfacher Sammler u. a.	innen: gold-weiß außen: alle Farben

Die Energiezirkulation des Chi durch die Chakren (Fortsetzung)

Chakra	Verfärbung bei Krankheit	Folgender Vitalitätsäther wird empfangen	Das Chakra sendet folgenden Vitalitätsäther zu	Zuordnung des Chakras zu Akupunkturfunktionskreisen
Wurzel	grau, auch schwarz	vom Milz-Chakra rot, orange, violett, purpur	orange, welches gelb wird, zum Gehirn für Intellekt; violett und purpur zum Kopf, welches hellviolett wird für religiöses Denken; dunkelrot, welches rosa wird, zum Kopf und Herz für Universalliebe; gold über die Kundalini zum Gehirn	Niere-Blase, Wasserelement
Milz	gelblich, bräunlich, braun-schwarz	überwiegend hellblauer, gelber, weißer und grüner Äther von der Nahrung und durch die rötlich-goldenen Vitalitätsatome der Sonne und der Willensenergie des Logos, der die Atome zusammenhält	rosa zum Nervensystem; grün zum Nabel-Chakra; rot, orange, purpur, violett zum Wurzel-Chakra; gelb zum Herz-Chakra; hellblau, violett, indigo zum Kehlkopf-Chakra	Milz-Pankreas-Magen, Erdelement
Solarplexus	giftgrün, grünschwarz	vom Milz-Chakra grün, vom Wurzel-Chakra rot	Einflußbereich von ca. 1 m nach vorn u. seitlich vom Nabel	Leber-Gallenblase, Holzelement

Chakra	Verfärbung bei Krankheit	Folgender Vitalitätsäther wird empfangen	Das Chakra sendet folgenden Vitalitätsäther zu	Zuordnung des Chakras zu Akupunkturfunktionskreisen
Herz	grau-rosa, rötlich-schwarz	vom Milz-Chakra gelb, vom Wurzel-Chakra rot u.a.	gelb zum Kopf	Herz-Dünndarm, Perikardium-3facher Erwärmer, Feuerelement
Kehlkopf	weiß, grau, schwarz	vom Milz-Chakra hellblau, violett, vom Wurzel-Chakra violett	blau z. Mittelhirn u. unteren Kopfteil; indigo, violett z. ob., äuß. Kopf	Lunge-Dickdarm, Luftelement
Stirn	grau, schwarz, schmutzig-rot, giftgrün	vom Herz-Chakra gelb, vom Hals-Chakra violett, vom Wurzel-Chakra gelb, dunkelrot, violett, purpur	zum Scheitel-Chakra, zum Herzen und zum ganzen Körper	–
Scheitel	grau, schwarz	wie Stirn-Chakra, außerdem Energie v. d. höheren Mentalebene	zum Herzen und zum ganzen Körper	–

Anmerkung: Jedes Chakra erhält zusätzlich vom Emotions- und Denkkörper buntes Chi in jeder möglichen Tönung. Es entwickelt sich je nach Gefühlen und geistiger Tätigkeit.

gen, und wie beim Herz-Chakra wird verbrauchter grauer Äther über die Hautporen ausgestoßen oder über das Wurzel-Chakra eliminiert. Bei Überfunktion der Schilddrüse ist in diesem Bereich rotes Chi aus dem Wurzel-Chakra oder giftgrünes aus dem Solarplexus-Chakra zu beobachten. Bei Unterfunktion der Schilddrüse überwiegt graues, avitales Chi, das häufig aus Stoffwechselgiften oder erkrankten Zähnen stammt.

Daher sehen wir wieder, daß die Energiezirkulation der beiden oberen Chakren, des Stirn- und des Scheitel-Chakras, überwiegend von den fünf unteren Zentren abhängig ist. Solange die unteren nicht durch verschiedene Methoden wie ausgleichende Diät, Körperübungen, konstruktives Denken und Handeln, Atemtechniken und Meditation harmonisiert werden, kann keine gesunde, gefahrlose Entwicklung der oberen Chakren stattfinden. Ausschließlich durch Meditation sah ich bisher noch keinerlei Verbesserung der Kopf-Chakren eintreten.

Der Entgiftungsprozeß der Chakren

Er zeigt sich folgendermaßen:
1. Jedes Chakra entgiftet sich selbst, indem sich nach unten, zu den Füßen hin, grauschwarze, nebelartige Massen von leblosem Chi lösen, was nach Entgiftungsmaßnahmen (z. B. passenden Kräutertees) zu jeder Zeit geschehen kann.
2. Es reinigt sich über die ihm zugeordneten Energiebahnen, die in der chinesischen Medizin als Akupunktur-Meridiane bekannt sind. Hierbei staut sich ungesundes Chi in der Bahn selbst, oder es bildet seen- oder nierenförmige Ansammlungen. Wenn man mit der Akupunkturnadel in diese giftigen

Areale sticht, entweicht das kranke Chi wie aus einer Düse – einer Wasserfontäne vergleichbar.
3. Der erkrankte Energiewirbel sendet verbrauchtes Chi in die Körpermitte, von dort sinkt es nach unten ab und wird durch die Kraft des Wurzel-Chakras ausgeschieden.
4. Durch bestimmte Yoga-, Sport- und Atemtechniken kann man häufig die verbrauchte Energie eines jeden Chakras über die Lunge bzw. die Nase ausstoßen.
5. Bei den meisten Menschen entgiften sich die Chakren automatisch in den frühen Morgenstunden, wie im weiteren Text angegeben.

Allgemein spielt bei der Chakrareinigung das Stirnzentrum eine große Rolle. Von dort geht ein genereller Impuls aus, der sich besonders bei erhöhter Körpertemperatur einstellt, also zum Beispiel nachts um zwei Uhr oder in den frühen Morgenstunden oder auch durch künstliche Erwärmung des Körpers. Von der Hypophyse, die dem Stirn-Chakra zugeordnet ist, löst sich die abwärtssteigende, entgiftende Energie, die gleichmäßig rhythmisch das verbrauchte Chi aller fünf Chakren mitreißt und es im Bereich der Ausscheidungsorgane aus dem Körper stößt. Das verbrauchte Chi verläßt den Körper meist im Bereich des Wurzel-Chakras, des Darmausganges, der Harnröhre, der Scheide und vor allem der Lymphdrüsen in der Leistengegend. Wenn das Wurzel-Chakra anlagemäßig geschädigt ist, sammelt sich das verbrauchte Chi in diesem Bereich an und staut sich in den anderen Chakren zurück. Hieran ist nicht nur die Wichtigkeit des Wurzel-Chakras für die Körperentgiftung zu erkennen, sondern auch die Bedeutung der anlagebedingten Kräfte (= der Konstitution), die vom Wurzelzentrum gesteuert werden. Der violette, rote, orange-, purpurfarbene und auch weiße Äther des Wurzel-Chakras ist schon durch seine Farben überwiegend Yang. Er zeigt die geballte, zusammenziehende Yang-Kraft an, die auch als starke Überlebenskraft – in körperlicher und seelischer Hinsicht – zu verstehen ist.

Die Yin-Kräfte des Chi fließen langsamer und haben daher mehr die Tendenz, sich zirkulär oder horizontal zur Körperachse anzulagern. Dies geschieht meist im Bereich der Chakren selbst. Überwiegen bei einem Menschen diese Kräfte, hervorgerufen durch zuviel Yin in der Nahrung (Zucker, Weißmehl, Südfrüchte, Milchprodukte), Unterkühlung des Körpers, seelische Sensibilisierung, Unsicherheit und Angst, so bauen sich schneller Blockaden aus toter Chi-Materie quer zum vertikalen Fluß der Energie auf.

Der Entgiftungsvorgang des überwiegend horizontal angelagerten, verbrauchten Äthers verursacht oft gestörten Nachtschlaf mit häufigem Aufwachen sowie nächtliche und morgendliche unbequeme Ausscheidungsvorgänge, wie Abhusten von Schleimmassen, Niesanfälle, schlechten Mundgeschmack, Durchfälle, Schweißausbrüche usw. Wenn man sich den »Chakra-Tageszeit-Test« in Kapitel 4 (S. 150) vergegenwärtigt, dann erkennt man an bestimmten Chakren, die gewissen Tages- und Nachtzeiten zugeordnet sind, welche eigenen Energiezentren geschwächt oder in ihrer Entgiftung gestört sein können.

Veränderungen des Körpers und der Seele durch Chi-Blockaden

Die hellsichtige Beobachtung zeigt Reifen um den Körper, die aus verbrauchtem Chi bestehen, stellenweise unterbrochene, aber auch durchgehende. Sie hemmen den vertikalen Fluß der Energie und erschweren die Zufuhr von frischem und die Ableitung von verbrauchtem Äther. Ebenso können sich große Strecken von Energieleitbahnen (Meridianen), die senkrecht zur Körperachse verlaufen, mit kranken feinstofflichen Partikeln zusetzen und damit blockiert sein. Ich erkenne dunkle, graue, schwarze, gelbbräunliche und giftgrüne Äthermassen, die sich meist in länglicher, runder, ovaler oder auch bohnenähnlicher Form wie dunkle Inseln in die glitzernden, sprühenden Energieströme des vielfarbigen, gesunden Chi einlagern.

Bei manchen Kranken entstehen sehr breite Reifen von unreiner Energie, die wie Faßwände um den Körper liegen. Es sieht aus, als ob der Mensch in einem Behälter steckt. Die Breite kann 50 cm betragen, im Abstand von ca. 30 cm zum physischen Körper. Das sind Verdrängungen von Gefühlen, besonders von Ängsten.

Da Milz- und Solarplexus-Chakren für die Muskeln, Sehnen und Bänder des Körpers verantwortlich sind, kommt es besonders häufig im Bauchbereich, aber auch im übrigen Körper zu negativen unsichtbaren Ablagerungen. Die Stauungen können Muskelhartspann erzeugen. Sein Entstehungsort korrespondiert mit den jeweiligen Chakren und Energieleitbahnen. Aus der Schmerzzone oder Myogelose lassen sich daher diagnostische Schlüsse ziehen. Durch das Finden des Hartspanns werden das kranke Chakra und die geschädigten Körperregionen / Organe ermittelt. Mit der Thermographie (Hauttemperaturmessung) können heute oft kalte Inseln auf der Haut festgestellt werden, die als Vorläufer von degenerativer Krankheit einschließlich Krebs angesehen werden. Diese Areale sind die Manifestation von inneren Energieblockaden, und ihr Auffinden durch moderne Meßverfahren bestätigt damit Erkenntnisse aus der Auradiagnose.

Vorgänge besonders aus dem Emotionskörper wirken über den Vitalitätskörper auf die Physis ein. So schädigen verdrängte Gefühle, Konflikte, Dauerstreß usw. den Ätherkörper, was wiederum zu einer mangelnden Versorgung des physischen Leibes führt. Die moderne psychosomatische Medizin ist so weit, daß sie vielen psychischen Disharmonien eine körperliche Störung zuordnen kann. Die sogenannte Psychohygiene ist gerade heute von ausschlaggebender Bedeutung. Auch erinnere ich an die Streßforschungen von Dr. Hans Selye, die uns neue Einblicke gaben. Kleinere und größere Schocks, Streß, Schreck, Kummer usw. bringen körperliche Verspannungen. Durch diese wird der Fluß des Chi gestört, und es kommt zu Stauungen, die im Laufe der Zeit starke feinstoffliche Blockaden hervorrufen können. Davon wird nach und nach die Funktion der Chakren und damit das gesamte Energiesystem des Körpers gestört. Die feinen Leitbahnen, welche den Äther verteilen, werden mit grauem, energietotem Chi beschwert oder überladen und hängen leblos nach unten. Nur eine starke Konstitution, die konzentrierte Energien im Wurzel-Chakra hat, ist durch die mächtigen Lebenskräfte aus diesem Chakra geschützt. Diese Menschen bleiben trotz vieler Widerstände gesund, während solche mit schwachem Wurzelzentrum beim geringsten kalten Luftzug erkranken.

Das Stoffwechselgeschehen wird überwiegend von den unteren Chakren bestimmt, die sich im Bauchbereich befinden. Die Versorgung des Körpers geht von hier aus. In diesem Areal erfolgt ein Austausch aller Chi-Arten. Im Kopf ist wesentlich weniger vitaler Äther zu sehen; er wird eher von astralen und mentalen Energien versorgt.

Zusammenfassung:
Seelische Traumen wie Streß, Ärger, Enttäuschung, Resignation, Schocks usw. führen zu:
- inselförmigen, horizontalen, vertikalen und sonstigen Chi-Stagnationen, Ätheransammlungen, -verfestigungen und Chakrablockaden.
- Muskelverspannungen und disharmonischer Körperhaltung
- Störung des Blut- und Lymphflusses
- Verminderung der Organ- und Nervenfunktion
- Veränderungen im Hormonsystem
- Blockaden der Körperenergie oder Energieverlusten
- evtl. seelischen Auswirkungen wie vegetativer Dystonie, Depressionen, Psychosen usw.
- evtl. geistigen Auswirkungen wie Gedächtnisschwäche, Interesselosigkeit, Konzentrationsstörungen usw.

Außerdem wirken heutzutage folgende Faktoren auf uns störend ein (vgl. Tabelle S. 130):
- toxische Ernährung, die häufig Allergien auslöst, Vitamin- und Mineralstoffmangel, giftige Zahnmetalle
- Luftverschmutzung und hochbelastete Umwelt
- elektromagnetische Wellen (Elektrizität, Radar, Wasseradern, Verwerfungen usw.); Lärmbelästigung, unharmonische Musik und Berieselung mit Klängen und Worten (Walkman)
- Forderungen der Familie, Verwandtschaft, Gesellschaft
- Arbeitsstreß
- politische, moralische und religiöse Verunsicherungen, Verpflichtungen und Zwänge

In den folgenden zwei Tabellen nochmals zusammenfassende medizinische Erklärungen über die Chakren aus östlicher und westlicher Sicht zusammengestellt.

Störfaktoren führen zu folgenden Chakra-Blockaden:

Beim Wurzel-Chakra	Beim Milz-Chakra	Beim Solarplexus-Chakra	Beim Herz-Chakra	Beim Kehlkopf-Chakra
Angst, Streß, Unsicherheit. Dies führt u. a. zu Beschwerden des Nackens, des unteren Rückens, der Niere, der Blase, der Ohren, der Haare u. a. m.	Resignation, Sorgen um die Zukunft, Grübeln, unterdrückte Gefühle. Dies ergibt Müdigkeit, Lustlosigkeit, Verdauungsstörungen. Der Gefühlsstau kann u. a. zu Muskelrheuma, Arthritis, Parodontose usw. führen.	Ärger, Frustration, Existenzangst. Hier geschieht die Problemlösung oft durch Anpassung oder Wut, Aggression oder Verdrängung. Im Stofflichen zeigen sich Leber-, Gallenblasenerkrankungen, Augen- und Nägelveränderungen u. a. m.	Aufregung, Nervosität, starke Gefühle wie Trauer oder Freude. Unterdrückte Gefühle, kombiniert mit Aggression, bringen Herzbeschwerden, Bluthochdruck und auch Migräne hervor. Probleme der Sprache, des Sprechens, der Zunge u. a. m.	Enttäuschung, Kummer, Trauer. Dies führt zu Schilddrüsenerkrankungen. Enttäuschung verursacht u. a. Durchfälle und Gefühlsstau, Nasenleiden, Verstopfung u. a. m.

Durch die Chakratests für Körper und Psyche (Kap. 4) sowie den Chakra-Allergietest (Kap. 7) lassen sich Gefährdungen oder Krankheiten Ihrer Chakren feststellen. Eilige finden Methoden in den Chakra-Tageszeit-, Zahn- und Zungentests sowie den Chakra-Schnelltests (alle in Kap. 4), um Schwächen ihrer feinstofflichen Zentren zu erkennen.

Chakren in der westlichen Medizin

Hormondrüse, Chakra, Akupunkturfunktionskreis	Aufgaben	Akute Krankheiten	Chronische Krankheiten
Testikel und Eierstöcke, *Wurzel-Chakra*, Niere-Blase	produzieren Testosteron, Progesteron und Östrogen	verstärkter Sexualtrieb, Periodenstörungen und -schmerzen, Ausfluß, Fettansatz an Hüften und Brüsten	Impotenz, Unfruchtbarkeit, späte, fehlende, auch schmerzhafte Periode
Pankreas, *Milz-Chakra*, Milz-Pankreas-Magen	Stimulation und Regulation des Blutzuckerspiegels, bildet Verdauungssäfte und Enzyme	niedriger Blutzucker, Schweißausbrüche, Durst, Herzjagen, schnelle Gewichtszu- und -abnahme	Durst, Übersäuerung des Gewebes, Kreislauf- und Gedächtnisschwäche
Nebennieren,* *Solarplexus-Chakra*, Leber-Gallenblase	produzieren Cortison, Hydrocortison, Aldosteron zur Wasser- und Salzregulierung; beeinflussen Eiweiß-, Fett-, Kohlenhydratstoffwechsel	Nervosität, Überaktivität, Bluthochdruck, Wasseransammlung, fehlerhafte Blutzuckerregulierung, Kahlköpfigkeit	Allergien, niedriger Blutzucker und Blutdruck; Morgenmüdigkeit, Rheuma, Arthrose

* Die Nebennieren (siehe Abbildung »Das autonome Nervensystem«, S. 45) werden wie Leber und Gallenblase vom Ganglion coeliacum versorgt. Sie gehören deshalb zum Solarp exus-Chakra.

Hormondrüse, Chakra, Akupunkturfunktionskreis	Aufgaben	Akute Krankheiten	Chronische Krankheiten
Thymusdrüse, *Herz-Chakra*, Herz-Dünndarm, Perikardium-Dreifacher Erwärmer	gehört zum Lymphsystem, regt Lymphozyten- und Antikörperproduktion zum Infektionsschutz an; bildet Retin; stimuliert das Wachstum	Überproduktion von Schleimabsonderungen	Allergien, verminderte Infektabwehr, verzögerte Sexualentwicklung, Zwergwuchs
Schilddrüse und vier Nebenschilddrüsen, *Kehlkopf- oder Hals-Chakra*, Lunge-Dickdarm	produziert Thyroxin und Dijodthyrosin; regt Zellstoffwechsel an; reguliert Körpertemperatur; stabilisiert Nervensystem gegen Streß. Die Nebenschilddrüse produziert Parathormon (Kalkstoffwechsel)	schneller Puls, warme Haut, Gewichtsverlust, Nervosität, Schweißausbrüche, Haarausfall, Knödelgefühl in der Kehle	Haarschäden, trockene Haut, Herzklopfen, Fettsucht; langsames Denken, Debilität, Wasseransammlungen, hoher Blutdruck
Hypophyse oder Hirnanhangdrüse, *Stirn-Chakra*, nimmt zentrale Stellung im Meridiansystem ein	Produktion von ACTH, Hormonen für die Sexualfunktion, von Insulin für Knochenwachstum, Schilddrüse, Blutdruck und Wasserhaushalt; Hypothalamusregulation; verantwortlich für Fettverbrennung	übermäßiges Größen- und Knochenwachstum, starker Durst, Gewichtsverlust	Kleinwuchs, verlangsamter Stoffwechsel, Fett- und Gewichtszunahme an Hüften und Oberschenkeln
Epiphyse oder Zirbeldrüse, *Scheitel-Chakra*	psychosomatisches Zentrum; Beeinflussung des Serotonins, der inneren biologischen Uhr, des Periodenzyklus und des Aldosterons	seelische und geistige Erkrankungen, Hypochondrie, Störungen der Nebennieren	unregelmäßige Periode, sonst wie unter akuten Krankheiten

Chakren in der traditionellen chinesischen Heilkunde

Chakra, Element, Akupunkturfunktionskreis	Aufgaben, Funktionen, Krankheitsdispositionen, Organe, Gewebe, Körperöffnungen usw.	Einige typische Krankheitssymptome
Wurzel-Chakra, Wasserelement, Niere-Blase	beherbergt die Lebensessenz, die Erbenergie, die Konstitution, die Fortpflanzung, Wachstum, Gonaden, Hoden, Eierstöcke, die Knochen, Wirbelgelenke, Gelenke, Knorpel, die Zähne, das Gehirn, das Rückenmark, die Basis von Yin und Yang aller Organe; entscheidet über die Energieaufnahme, beherrscht Lymphe und Körperflüssigkeiten; öffnet sich in die Ohren; zeigt sich am Kopfhaar; Allergien	Frieren, Kältegefühl, Störungen und Krankheiten der Knochen und Gelenke (z. B. Rücken, Knie), Zähne, Ohren, Haare, Fortpflanzungsorgane, des Wasserhaushaltes, der Atmungsorgane usw.
Milz-Chakra, Erdelement, Milz-Pankreas-Magen	beherrscht Umwandlung der Energie und deren Transport; verbindet das linke mit dem rechten sympathischen Nervensystem; Malabsorptionssyndrom (= mangelhafte Nahrungsaufnahme von Aufbaustoffen); Stärke und Tonus der Muskeln und Gliedmaßen; beherrscht die Blutqualität; ist für Senkungen (z. B. Magen-, Gebärmuttersenkung) zuständig; öffnet sich in den Mund; zeigt sich am Zustand der Lippen und des Zahnfleisches; Allergien möglich	Verdauungsstörungen (wie Durchfall, Gasbildung, Aufstoßen), Zahnfleischerkrankungen, Senkungen, Wasseransammlungen, Müdigkeit, Gliederschwere usw.
Solarplexus- oder *Nabel-Chakra*, Holzelement, Leber-Galle	beherrscht das unbehinderte Fließen der Energie, des Blutes, des Menstruationsblutes, des Gallenflusses, des Atemrhythmus und der Gefühle; »Aufbewahrung des Blutes«; ist verantwortlich für die Stärke des Band- und Sehnenapparates, für Finger- und Fußnägel, die Augen, die Nebennieren und deren Erkrankungen; auch Allergien	Leber-, Gallen-, Nebennieren-, Augen-, Nägelleiden, Krämpfe, Verdauungs- und Periodenstörungen, Kopfschmerz, besonders des Scheitels, Gasansammlung, besonders des Unterbauchs

Chakra, Element, Akupunkturfunktionskreis	Aufgaben, Funktionen, Krankheitsdispositionen, Organe, Gewebe, Körperöffnungen usw.	Einige typische Krankheitssymptome
Herz-Chakra, Feuerelement, Herz-Dünndarm	umfaßt weiterhin das Kreislauf-Hormon-System und den Dreifachen Erwärmer, d. h. die Energieverteilung im unteren, mittleren und oberen Bauchraum und Brustraum; beherrscht das Blut und den Bluttransport, die Arterien, Venen, Puls und Thymusdrüse; Sitz des Geistes und des höheren Bewußtseins; öffnet sich in die Zunge, zeigt sich im Gesicht	Herzrhythmus-, Schlaf- und Gedächtnisstörungen, Atemnot, Aufregung, Nervosität, allgemeines Kältegefühl, Blähungen im Unterbauch
Kehlkopf- oder *Hals-Chakra*, Metallelement, Lunge-Dickdarm	herrscht über Energie, Vitalität und Atmung; beherrscht das Verteilen und Herabsteigen der Energie; reguliert die Körperlymphe; herrscht über die Haut und Schleimhäute mit den Schweißdrüsen und Nervenenden; öffnet sich in die Nase, zeigt sich im Körperhaar	Atemnot, Asthma, Husten, Auswurf, Schwitzen, allgemeines Schwächegefühl, Hautleiden

Stirn- und Scheitel-Chakren siehe S. 115–118.

4 Chakratests für Körper und Psyche

Anleitung

Nachfolgend finden Sie:
1. fünf *Chakra-Gesundheitstests* und alle sich anschließenden Tests bis einschließlich der *Chakra-Schnelltests*. Eilige Leser können ihren Chakra-Zustand schon allein durch die Chakra-Tageszeit-, Zahn- und Zungentests und die Chakra-Schnelltests gut beurteilen, wobei der Chakra-Tageszeit- und der Chakra-Zahntest am zuverlässigsten sind.
2. den *33-Farb-Test* sowie fünf ausführliche *psychologische Tests* zum jeweiligen Chakra,
3. den *Chakra-Allergietest* (in Kap.7).

Für zuverlässige Resultate ist es wichtig, folgende Anweisungen genau zu beachten:
Zu 1.: Die *Chakra-Gesundheitstests* umfassen insgesamt 75 Fragen. Wenn eine der Beschwerden (von denen oft mehrere unter einer Ziffer aufgeführt sind) schwach zutrifft, zählen Sie 1 Punkt. Für ein deutliches Auftreten (gleich, ob jetzt oder in Ihrer Kindheit) veranschlagen Sie 2 Punkte, für stark ausgeprägte Symptome 3 Punkte.
Jede der 75 Fragen darf maximal 10 Punkte ergeben, da hier ein bestimmter Verrechnungszusammenhang besteht. Beispiel: Beim Wurzel-Chakra, Frage Nr. 5, trifft für jemanden zu: auffallende Müdigkeit (3 P.), Appetitlosigkeit (3 P.), schwache Knie (2 P.), schwacher Rücken (3 P.); Ergebnis 11 Punkte. Wie erwähnt, werden aber nur 10 Punkte gezählt.

In der heutigen Zeit sind am stärksten das Milz- und das Wurzel-Chakra geschwächt. Wundern Sie sich also nicht, wenn sich bei Ihnen oder im Familien- und Freundeskreis das gleiche Testergebnis zeigt. Durch die *Chakra-Tageszeit-, Zahn-* und *Zungentests* sowie die *Chakra-Schnelltests* finden Sie sicherlich Ihre vorherige Diagnose aus den fünf Gesundheitstests bestätigt.

Nachdem Sie die 75 Testfragen, die sich auf die fünf Chakren verteilen, beantwortet haben, zeichnet sich ihr *anfälligstes* oder echt *erkranktes* Chakra durch die *höchste Punktzahl* aus. Ihm folgt mit der nächstniedrigen Zahl ihr zweitschwächstes. Das Chakra mit den geringsten oder besser gänzlich fehlenden Punkten ist am vitalsten.

Die individuell ermittelte hohe oder tiefe Punktzahl ist Ermessenssache. Manch einer wird seine Krankheitserscheinungen nicht ernst nehmen oder bagatellisieren und die Punktzahl hierdurch niedrighalten. Andere Menschen werden durch individuell gesteigerte Empfindlichkeit die Anzahl der Punkte bei jedem Chakra-Test hoch ansetzen.

Zu 2.: Nachdem Sie Ihr anfälliges oder stark gestörtes Chakra gefunden haben, suchen Sie den *33-Farb-Test* (S. 157) auf und bestimmen Ihre sympathischen und unsympathischen Farben. Nach meiner Erfahrung stimmt diese Farbwahl mit zumindest einer der Ätherarten Ihres erkrankten Chakras überein. Sie schlagen dann den *psychologischen Test* für das betreffende Chakra auf, der die hauptsächlichen Chi-Farben berücksichtigt. Sie gehen so vor, daß Sie entweder Ihre bevorzugte *Farbe* aus den hier angegebenen wählen oder in der mittleren Spalte (Harmonie – gesundes Chi) Ihre individuelle *Tendenz* bestimmen. Wenn Sie sich zum Beispiel beim psychologischen Test für das Milz-Cha-

kra für die Farbe Grün entscheiden, erkennen Sie an den angegebenen Eigenschaften, in welchem Zustand sich Ihr emotioneller Bereich befindet. Bei der anderen Vorgehensweise finden Sie über Ihre hervorstechende Tendenz oder Charaktereigenschaft, zum Beispiel klares Denken, die Farbe Gelb, die Ihre heilende Chi-Farbe ist. (Eventuell trifft auch die Komplementärfarbe zu.)
Das typische, individuelle Muster eines jeden Chakras ist vielfältigen Beeinflussungen des Vitalitäts-, Emotions- und Denkkörpers ausgesetzt. Hierdurch wird die Treffsicherheit des psychologischen Tests eingeschränkt. Beispielsweise gibt es selten Menschen, die in allen Chakren einen Chi-Mangel zeigen oder in mehr als drei einen Chi-Überschuß. Die Charaktereigenschaften Ihres schwachen Chakras lassen sich durch Ernährung, Heilkräuter, Homöopathie, Selbstmassage, Farbmeditation, Atem-, Sport- und Yogaübungen beeinflussen. (Sehen Sie hierzu die *Selbstbehandlungsprogramme* im 5. und 6. Kapitel.)

Zu 3.. Stellen Sie anhand der *Chakra-Allergietests* fest, bei welchen Chakren Ihre meisten Störungen und Erkrankungen liegen. Das Ergebnis wird sich mit demjenigen der fünf Chakra-Gesundheitstests decken.
Wenn Sie ein anfälliges oder krankes Chakra haben, kann man erwarten, daß in den nächsten Jahren weitere Krankheiten dieses Energiezentrums zur Auswirkung kommen, wie sie zum Beispiel im entsprechenden Chakra-Gesundheitstest aufgeführt sind.
Die allermeisten Krankheiten und Symptome der folgenden fünf Gesundheitstests für die einzelnen Chakren sind im *alphabetischen Krankheitsverzeichnis mit wichtigstem Heil-Chi und zugehörigen Chakren* in Kapitel 5 (S. 195) aufgeführt.

Gesundheitstest für das Wurzel-Chakra
(Funktionskreis Niere-Blase)

1. Aufenthalt in geringfügig verbrauchter Luft ruft Müdigkeit oder ausgeprägten Lufthunger nach Frischluft hervor. Von allen Witterungsarten wird Kälte am schlechtesten vertragen; kalte Füße, kalte Nierengegend, kalter unterer Rücken, kalte Oberschenkel, leichtes Frieren.
2. Gesalzene Speisen werden gern und häufig gegessen. Abendliche Unverträglichkeit von Nahrungsmitteln, die morgens oder mittags problemlos toleriert werden. Körpergeruch; Schweiß, Urin, Mundgeschmack und/oder Auswurf haben eher schlechten, fauligen oder auch salzigen Geruch oder Geschmack.
3. Häufiges Stöhnen mit oder ohne körperliche Anstrengung, graue Gesichtsfarbe, Gesichtsblässe, Augenringe, aufgequollene Zonen unter den Augen.
4. Ohrenschmerzen bei Kindern; alle Ohrenbeschwerden, Schwerhörigkeit, Ohrensausen, Taubheit (hier sind auch andere Chakren verantwortlich); häufige Erkältungen, Schnupfen, verstopfte Nase.
5. Auffallende Müdigkeit; Appetitlosigkeit, schwache Knie, schwacher Rücken.
6. Blasenentzündungen, -steine, -schwächen; chronische Harnwegsinfekte, Entzündungen oder Erkrankungen der Prostata, Bettnässen, Nierenschmerzen, -entzündungen, -steine (vorwiegend Oxalatsteine), Eiweiß- und Blutausscheidung im Urin, vermehrter klarer Urin oder zu geringer Harnabgang, Gicht.
7. Wasseransammlungen im Körper, Knöchelschwellungen

überwiegend abends (hier sind außerdem Milz-, Nabel- und Herz-Chakra gestört); Tag- und/oder Nachtschweiß.
8. Atemnot, Asthma, Husten, Lungenemphysem (hier sind weitere Chakren beteiligt), Bluthochdruck, Schwindel, Herzklopfen und -rhythmusstörungen, Arterienverkalkung, Schlaganfall (unter Beteiligung anderer Chakren).
9. Haarwuchsprobleme, Haarausfall, frühzeitig ergrautes Haar, dünnes Haar und sonstige Haarerkrankungen, Kahlköpfigkeit; unnormales Körperwachstum (z. B. bleiben Kinder zu klein für ihr Alter).
10. Verzögerter oder unvollständiger Fontanellenschluß, Rachitis, Spätrachitis; »Wachstumsschmerzen« der Kinder (z. B. nächtliche Beschwerden in den Knien); Wirbelsäulenverkrümmungen wie Skoliose, Lordose, Kyphose; alle Arthrosen (wie Knie- und Hüftarthrose); Knie- oder Rückenschmerzen; erschwertes Zahnen der Kinder, schlechte, verfärbte, lockere Zähne, viele Zahnplomben, Zahnfehlstellungen.
11. Als Kind in der Schule langsam (auch: bei rascher Auffassungsgabe anschließend schnelles Vergessen), Konzentrations- und Lernschwierigkeiten; Gedächtnisschwäche, verfrühter geistiger Abbau im Alter; generell Interesselosigkeit.
12. Bei normaler Intelligenz Neurasthenie; Schilddrüsendysregulation (Über- oder Unterfunktion, wobei auch andere Chakren beteiligt sind). Öfter Halsweh, Halsentzündungen (meistens als »Allergie« zu bezeichnen, wobei meist Zuckerstoffe, Honig, Vollmilch oder sonstige Milchprodukte die Auslöser sind); geschwollene Lymphknoten.
13. Schwache Periode, Periode fällt für eine Zeitlang völlig aus, Abgänge, Wehenanomalien, nicht normal verlaufende Ent-

bindungen, Kaiserschnitt; verlangsamter Spermafluß, zu geringe Anzahl der Spermien; Unfruchtbarkeit, Impotenz, verfrühte Ejakulation; Interesselosigkeit am Beischlaf.
14. Hautausschläge, Abszesse, Furunkel, Akne, Warzen allgemein und besonders auf der Fußsohle.
15. Unklare Bauchbeschwerden; chronische Durchfälle oder Verstopfung; Diabetes; Durst; Knochenkrebs in der Familie oder bei einem selbst; Blähungen nach Mahlzeiten, die gleichzeitig Eiweiß (Fleisch, Fisch, Käse, Eier, Sojaprodukte) und Kohlehydrate (Kartoffeln, Getreide, Brot) enthalten. Von 15 bis 19 Uhr (auch bis Mitternacht) immer wiederkehrende Beschwerden irgendwelcher Art.

Gesundheitstests für das Milz-Chakra
(Funktionskreis Milz-Bauchspeicheldrüse-Magen)

1. Von allen Wetterarten wird feuchtes Wetter, wie hohe Luftfeuchtigkeit, Nebel, Regen und Schnee, am schlechtesten vertragen. Es können hierbei typische Beschwerden wie Rheuma, Muskelschmerzen usw. auftreten. (Nach neuesten Ernährungsforschungen ist die Empfindlichkeit auf feuchtes Wetter ein sicheres Zeichen für krankhafte Bakterien im Darm und auch für Pilzbefall des Blutes, der Nägel usw., siehe auch *Antipilzkur,* S. 309). Körpergeruch, Schweiß, Urin, Mundgeschmack und/oder Auswurf haben einen eher süßlichen, aromatischen Geruch oder Geschmack.
2. Besseres Befinden, wenn auf das Frühstück verzichtet wird. Beschwerden, wenn vor 11 Uhr morgens gegessen wird. Von allen Geschmacksarten wird Süßes bevorzugt. Die Stimme

ist unrhythmisch, unmelodisch. Die Partie um den Mund oder das Gesicht ist gelblich.
3. Schwache Arm- und Beinmuskeln; trotz ausreichenden Essens unterernährtes, ja abgemagertes Aussehen. Aber auch generelle Neigung zu Fettansatz oder Übergewicht, Fettsucht, auffallend dicke Oberschenkel.
4. Müdigkeit, Abgeschlagenheit; Gliederschwere; bei geringer Anstrengung Muskelkater, Seitenstechen.
5. Unter den Nahrungsmittelunverträglichkeiten fallen besonders Beschwerden und Allergien auf Zucker, Weißmehl, Gebäck, Brot, Alkohol und scharfe Gewürze auf, welche Blähungen und/oder Unwohlsein verursachen. Kuchen, Schokolade und fette Speisen ziehen Übelkeit und/oder ungewöhnliche Verdauungsbeschwerden nach sich; Appetitlosigkeit, Anorexia nervosa (Verweigerung der Nahrung).
6. Neigung zu Durchfall, Colitis ulcerosa (durchfallartiger, schleimiger Stuhl mit oder ohne Blutbeimischung); weicher Stuhl, Verstopfung (auch beides wechselnd), Hefepilzbefall (Candida albicans), Afterjucken (mit oder ohne Wurmbefall des Darmes).
7. Übelkeit, Erbrechen, Gelbsucht, Aufstoßen, Kältegefühl oder Schmerzen in Bauch oder Magengegend, Magen- oder Darmgeschwüre.
8. Aufgesprungene, trockene Lippen; Mundtrockenheit; Zahnfleischerkrankung (Gingivitis); Fuß- und Nagelpilzbefall, feuchte Hautausschläge (Windeldermatitis, Pusteln, Akne), durch Pilze verursachte Ekzeme oder pilzinfizierte Hautleiden der behaarten Kopfhaut oder des Bartes.
9. Halsschmerzen, Rachen-, Speiseröhrenbeschwerden; Scheidenjuckreiz und -ausfluß.

10. Immer wiederkehrende Nieren- und Blasenentzündungen. Tendenz zu Blutverlusten, zu Blutungen, wie Nasen-, Hämorrhoidenblutungen, unnormale Gebärmutterblutung.
11. Häufige Mückenstiche, Insekten werden förmlich angezogen; Sprachstörungen, Lernschwierigkeiten bei Kindern und Erwachsenen, Konzentrationsschwäche. (Hier spielen auch andere Chakren mit hinein.)
12. Bändererschlaffungen, Bindegewebsschwäche, Senkungen (z. B. beim Großzehengrundgelenk – sogenannter Halux valgus –, Krampfadern, Hämorrhoiden; Magen-, Darm-, Gebärmuttersenkung und Brüche). Wasseransammlungen im Körper (Ödeme); Bluthochdruck. (Hierbei Mitwirkung weiterer Chakren.)
13. Hypoglykämie (niedriger Blutzucker), auch schon bei Kindern. Krankheitszeichen: Blässe, Nervosität, Übererregbarkeit oder Apathie, Abgeschlagenheit, Reizbarkeit, Ängstlichkeit, Zittrigkeit, Unentschiedenheit, Kritiksucht, Lethargie, Depressionen; Krämpfe; Herzklopfen; Angina pectoris; Schwindel; Kopfschmerzen; Hungeranfälle tags und nachts, Durchschlafstörungen und sonstige Schlafschwierigkeiten, häufige Alpträume; Süchte (z. B. nach Süßigkeiten, Kaffee, Nikotin, Alkohol, Rauschgift) u. a. m.
14. Absonderungen (besonders auch klebrige) aus den Augen, Nebenhöhlen und der Nase; Lungenkatarrhe, Asthma, Bronchomykose, Völlegefühl in der Brust.
15. Diabetes, Aids oder Krebs in der Familie oder bei einem selbst; Verlust des Geschmacksvermögens; von 7 bis 11 Uhr vormittags müde, lustlos, arbeitsunwillig oder sonstige wiederkehrende Beschwerden.

Gesundheitstest für das Nabel- oder Solarplexus-Chakra
(Funktionskreis Leber-Gallenblase)

Hier, wie bei allen anderen Chakren, brauchen keine typischen Beschwerden aufzutreten. Wenn Störungen im Solarplexus-Chakra vorhanden sind, müssen keine offensichtlichen Gallenblasen-, auffällige Leber- oder Verdauungsbeschwerden vorliegen.

1. Luftzug und Wind werden von allen Wetterarten am schlechtesten vertragen. Im Frühjahr regelmäßige Erkrankung an verschiedenen Beschwerden wie Depression, Hautausschlägen usw. – Körpergeruch, Schweiß, Urin, Mundgeschmack und/oder Auswurf sind sauer.
2. Bevorzugung von sauren Nahrungsmitteln (wie Sauerkraut, saure Gurken) und/oder fettigen, öligen Speisen; rauhe Körperhaut (besonders der Hände), stark fettige Haut; lautes Reden wird von anderen Menschen als Schreien empfunden.
3. Augenstörungen, wie zum Beispiel Sehstörungen, Bindehautentzündung, Kurzsichtigkeit, Grauer und Grüner Star, Flecken im Gesichtsfeld, die mitwandern (Mouches volantes), Schielen, Herpeserkrankungen der Augen (hier spielt zusätzlich das Milz-Chakra eine Rolle).
4. Finger- oder Fußnägel reißen ein, sind zu weich, zeigen Wachstumsstörungen; Neigung zu schwachen Fußknöcheln (hier ist auch die Milz beteiligt). Am Körper bläuliche Flecken, auch Hervortreten der Arterien.
5. Allergien, wie zum Beispiel Gelenkschmerzen (nach Tomaten, Orangen, Pampelmusen, Bohnenkaffee und Honig); Hautausschläge, Sonnenallergie, Unverträglichkeit chemischer Medikamente, Rheuma (durch generelle Übersäuerung).

6. Muskelschwäche, -schmerzen, Lähmungen; Nebennierenerkrankungen.
7. Trockener Mund, Verdauungsstörungen, Blähungen vorwiegend des Unterbauches und besonders nach fetten und süßen Speisen, Darmgeräusche, Verstopfung, Aufstoßen von Speisen und Luft, auch saures Aufstoßen, Erbrechen; Hämorrhoiden, Krampfadern; empfindlicher, evtl. aufgeschwollener Bauch.
8. Nierensteine (hier hauptsächlich durch Harnsäure gebildet), bitteres Galleaufstoßen, Gallensteine und -beschwerden aller Art; Gelbsucht, Aids. (Durch Bauchbeschwerden kann es auch zu Atemnot und Herzstörungen kommen.) Gewichtszunahme, Wasseransammlungen (hier sind auch andere Chakren beteiligt).
9. Ausgeprägte Unruhe tags oder nachts, Händezittern, nervöses Zucken eines Augenlides, Taubheitsgefühle, Neigung zu Krämpfen aller Art, wie z. B. Wadenkrämpfen.
10. Niedriger Blutdruck (auch beim Milz-Chakra), z. B. Herzjagen, Ohrensausen (auch andere Chakren), plötzliche Taubheit, Schwindelanfälle oder Drehschwindel (Menière). (Mit Beteiligung weiterer Chakren.)
11. Ausgeprägte Beschwerden vor der Periode, wie zum Beispiel schlechte Laune, Brustschmerzen, Nervosität, Unruhe, Wundheitsgefühl in Brust und Bauch etc. Schmerzhafte, auch unregelmäßige Periode, Periodenkrämpfe, Brustknoten, Fibrome; krankhafte Blutungen im Genitalbereich (auch für das Milz-Chakra typisch); Hodenbeschwerden, Impotenz, Sexualstörungen, Unfruchtbarkeit (auch Wurzel-Chakra-Beteiligung).
12. Hals-, Kehlkopfbeschwerden, Kloßgefühl im Hals; Schild-

drüsendysfunktion (vorwiegend Überfunktion), Kropf; Anämie.
13. Flüchtige oder längere, plötzlich auftretende Beschwerden jeglicher Art, wie zum Beispiel Schwindel, Koma, Delirium, Epilepsie, Schlaganfall, Halbseitenlähmung, Gelenkschmerzen, Herzbeschwerden, Erschöpfungszustände, auffallend häufiges Gähnen oder Gähnzwang.
14. Scheitel-, Schläfenkopfschmerz (besonders klopfender Art); spätes Sprechenlernen bei Kindern; Schwierigkeiten bei der Bildung von Sätzen (bei Kindern und Erwachsenen).
15. Neigung zu Thrombosen und Embolien (mehrere Chakren beteiligt); von 23 bis 3 Uhr nachts regelmäßiges Auftreten von Störungen, wie Aufwachen, Unruhe, Schwitzen, Hitzewallungen u. a. m. Auch generelle nächtliche Unruhe.

Gesundheitstest für das Herz-Chakra
(Funktionskreis Herz-Dünndarm, Perikardium und Dreifacher Erwärmer)

Eine Schädigung des Herz-Chakras zeigt sich nicht unbedingt an Herzbeschwerden. Es können verschiedene andere Symptome auftreten.
1. Von allen Witterungsarten wird Hitze sehr schlecht vertragen. Es besteht auch große Kälteempfindlichkeit. Körpergeruch, Schweißabsonderungen, Urin, Mundgeschmack und/oder Auswurf sind eher bitter oder wie verbrannt. Bittere Speisen werden gerne gegessen.
2. Normalerweise niedrige Körpertemperatur, Frösteln, kalte Glieder, Infektanfälligkeit.

3. Als Kind geistig langsam, spätes Sprechen, Schulschwierigkeiten (auch andere Chakrenbeteiligung). Sprachstörungen mit wirren Träumen.
4. Geistige Defekte bei Kindern, bei Erwachsenen manchmal Denkstörungen, Gedächtnisschwäche (auch Mitwirkung anderer Chakren); Langeweile und Freudlosigkeit, auch Apathie.
5. Aufregungen machen energielos, viel Lachen verursacht Schwächegefühl; Gesichtsfarbe oft rötlich bis hochrot, auch verursacht durch körperliche Anstrengung oder Überessen.
6. Schnell aufgeregt, nervös, irritierbar, ruhelos und ängstlich, verliert leicht die Fassung; Hysterie, getrübte Geistesgegenwart.
7. Verlust des klaren Bewußtseins, Verwirrungszustände, Wahnsinn (auch durch andere Chakren verursacht). Kinder toben oder/und weinen auffallend viel.
8. Herzschmerzen aller Art, unnormaler, unregelmäßiger, zu schneller oder zu langsamer Puls; Herzflattern.
9. Platzangst oder Angst in engen Räumen; Atemnot; Schilddrüsenüberfunktion; Venenleiden.
10. Schwindel, Bluthochdruck, Arterienverkalkung, Schlaganfall, Herzinfarkt (fast alles unter Beteiligung anderer Chakren); Augenflecken, die beim Sehen mitwandern (Mouches volantes).
11. Oft starkes Schwitzen, Nachtschweiß, plötzliche Schweißausbrüche; starkes Schwitzen auch in den Wechseljahren; ausgeprägte hormonelle Störungen (auch andere Chakren zuständig).
12. Schweregefühl der Zunge; wunde Stellen der Zunge, Zungengeschwüre, Zungenlähmung (auch Beteiligung weiterer

Chakren); Halsschmerzen (auch anderen Chakren zuzuordnen).
13. Störungen beim Wasserlassen, nächtliches Wasserlassen; vermehrter, auch verminderter oder dunkler Harn; Wasseransammlungen im Körper (Ödeme). (Auch Mitwirkung anderer Chakren.)
14. Wachstumsstörungen; Keimdrüsenunterfunktion; Unterernährung; Blutarmut.
15. Völlegefühl, Blähungen im Unterbauch; Bauchschmerzen mit vermindertem Gasabgang. Um die Mittagszeit (zwischen 12 und 15 Uhr) Müdigkeit oder sonstige ungewöhnliche Beschwerden. Das Mittagessen belastet sehr stark.

Gesundheitstest für das Kehlkopf- oder Hals-Chakra
(Funktionskreis Lunge-Dickdarm)

1. Trockene Heizungsluft in Räumen und trockenes Wetter werden schlecht vertragen; hochgeschossener, schlanker Körperbau, schmächtiger Brustkorb, schmale, hängende Schultern.
2. Körpergeruch, Schweiß, Urin, Mundgeschmack und/oder Auswurf haben einen eher scharfen, herben oder auch fauligen Geruch oder Geschmack.
3. Am liebsten werden scharf gewürzte Speisen gegessen. Die Stimme ist öfter schwach, müde, weinerlich; häufig zuwenig Energie zum Sprechen.
4. Allgemein leicht abgespannt, abends frühzeitig erschöpft, Gesicht häufig blaß, weißlich. Ohrenleiden, auch schon als Kind (auch Beteiligung des Wurzel-Chakras).

5. Verschiedene Nasenbeschwerden (wie verstopfte Nase, Dauerschnupfen), Rachenerkrankungen; Nebenhöhlenleiden, Allergien (Heuschnupfen; hier auch Beteiligung weiterer Chakren). Störung des Geruchsvermögens (auch Beteiligung anderer Chakren).
6. Kehlkopferkrankungen, Halsentzündungen (auch andere Chakren verantwortlich); als Kind oder im Erwachsenenalter Lymphstauungen im Kopfbereich, Polypen, vergrößerte Lymphstränge unter den Ohren.
7. Unklare Hautbeschwerden. Ekzeme, Psoriasis usw. (hier spielen auch weitere Chakren eine Rolle). Fehlbehaarung, Überbehaarung (Hirsutismus; bei diesem sind auch Wurzel- und Solarplexus-Chakra beteiligt).
8. Alle Arten von Husten, Keuchhusten, Bronchitis, Lungenerkrankungen.
9. Asthma, Atemnot, Kurzatmigkeit bei Anstrengung (auch weitere Chakren beteiligt), Auswurf.
10. Schilddrüsenstörungen, hervorstehende Augen (Basedow), Neigung zu Schilddrüsenunterfunktion, Gesicht angeschwollen.
11. Lethargie; Krämpfe, Tetanie, Zittern.
12. Nachtschweiß, Kopfschweiß der Kinder; generell häufiges Schwitzen, Hitzegefühl der Handteller, auch der Fußsohlen (hierfür sind weitere Chakren verantwortlich).
13. Fieber nachmittags und/oder frühmorgens; Durchfälle, Verstopfung, trockener Stuhl.
14. Schmerzen im unteren rechten Bauchbereich, Blinddarmreizung, unklare Bauchbeschwerden; Afterbrennen.
15. Nierensteine (Kalziumphosphat und -oxalat; hier sind auch andere Chakren beteiligt); auffallend zuviel oder zuwenig

Wasserabgang; Osteoporose (Entkalkung des Skeletts), andere Knochenerkrankungen (hieran sind außerdem hauptsächlich noch das Wurzel- und das Solarplexus-Chakra beteiligt). Von 3 bis 7 Uhr morgens Auswurf, Husten, starker Stuhldrang mit oder ohne Durchfall, Schlafunterbrechung und auch sonstige Beschwerden.

Chakra-Tageszeittest

Die Gesundheitstests weisen auf typische chakrabezügliche, jahreszeitliche bzw. klimatische Schwächen und Anfälligkeiten hin. So verfügt zum Beispiel das Wurzel-Chakra während der winterlichen Kälte über verminderte Energien, ebenso das Nabel-Chakra während der Frühlingsstürme, das Herz-Chakra während der sommerlichen Hitze, das Milz-Chakra bei feuchtem Wetter und das Hals-Chakra während Trockenheit, besonders im Herbst.
Ähnlich ist es mit den Tageszeiten, in denen Vitalitätsschwankungen unserer Chakren auftreten, die ich nochmals herausstellen möchte. Auf der Abbildung (S. 150) gibt der große Kreis die Tages- und Nachtzeiten an. In den sich anschließenden Außenkreisen sind die Chakren angeordnet. Prüfen Sie, ob Unwohlsein oder sonstige Beschwerden regelmäßig zur gleichen täglichen Stunde auftreten. Beispielsweise haben Sie ab oder um 17 Uhr Kopfschmerzen, Blähungen, verminderten Appetit oder fühlen sich einfach abgeschlagen. Auch geringfügige Störungen gerade zu dieser Zeit sollten ernst genommen werden, denn sie zeigen ein Schwächung der Gesamtkonstitution an. Hier sind das Wurzel-Chakra, also der Nieren-Blasen-Stoffwechsel, und das Hals-Chakra, also Lungen- und Dickdarmentgiftung, gestört. Ihre Stoffwechselschwächen befinden sich im Vorfeld der medizini-

schen Diagnose und sollten bereits vorbeugend behandelt werden. Rein klinisch gesehen, lassen sich in diesem Frühstadium in den wenigsten Fällen bereits Krankheiten nachweisen.

Dieser Test ist auch bei Kleinkindern lohnend, die oft zu einer ganz bestimmten Tageszeit verändertes Benehmen zeigen. Ihre seelischen Symptome entstehen durch die Energieschwäche des entsprechenden, nicht voll funktionierenden Chakras.

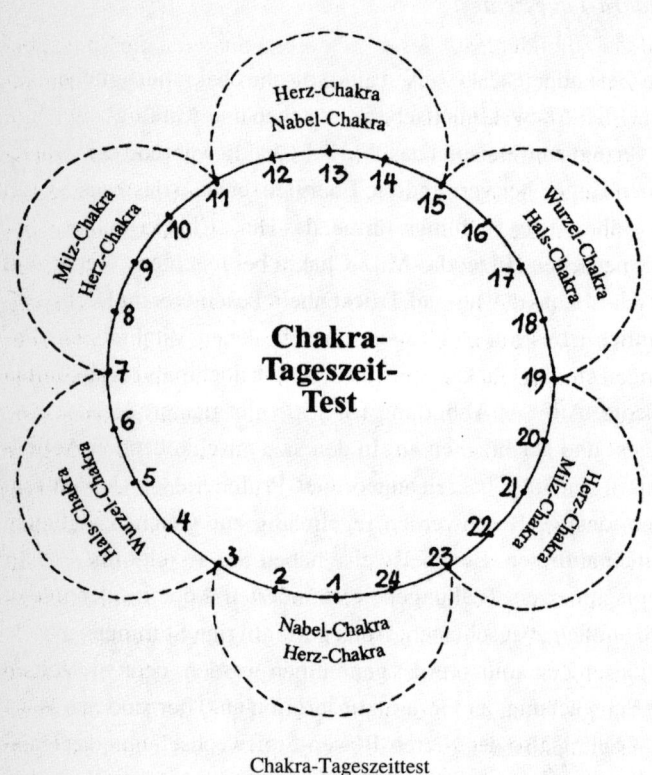

Chakra-Tageszeittest

Vergleichen Sie, ob sich die gefundene Tageszeit mit der Zeit der Energieleere Ihres durch die Gesundheitstests ermittelten Chakras deckt. Ist dies nicht der Fall, dann überprüfen Sie alle betroffenen Chakren sorgfältig.

Chakra-Zahntest

Auf der Abbildung auf Seite 152 korrespondieren die Zahlen bei den Zähnen mit einem oder mehreren entsprechenden Chakren. Man geht folgendermaßen vor:
1. Zuerst beachte man, welche Zähne zuerst gezogen, zuerst plombiert oder am stärksten plombiert wurden. Diese repräsentieren die eigentliche ererbte Stoffwechselschwäche des zuständigen Chakras. Wenn zum Beispiel die am stärksten plombierten Zähne die sechsten oder siebenten (die von den vorderen Schneidezähnen nach hinten zu gezählt werden) des Ober- oder Unterkiefers sind, dann bedeutet dies eine ererbte Anfälligkeit des Milz-Chakras (Magen, Bauchspeicheldrüse, Milz). Schmerzen oder sonstige Beschwerden dieser Organe brauchen dabei nicht aufzutreten. Hier können alle im *Gesundheitstest für das Milz-Chakra* im 4. Kapitel genannten Beschwerden zur Auswirkung kommen, zum Beispiel Blutzuckerschwankungen, Müdigkeit vormittags, Haut-, Nagel- oder Darmpilzerkrankungen sowie Gedächtnisschwäche.
2. Anschließend werden die am auffallendsten von Parodontose angegriffenen Zähne gesucht. Dort, wo das Zahnfleisch krankhafte Veränderungen zeigt, schwammig ist, blutet oder am stärksten zurückweicht, offenbaren sich teils angeborene, teils erworbene Organschwächen der betreffenden Chakren.

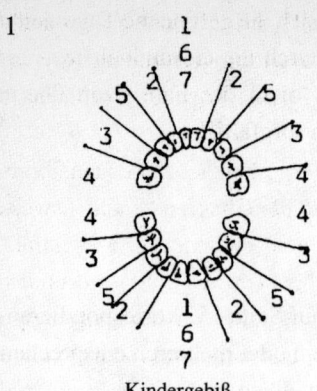

Kindergebiß

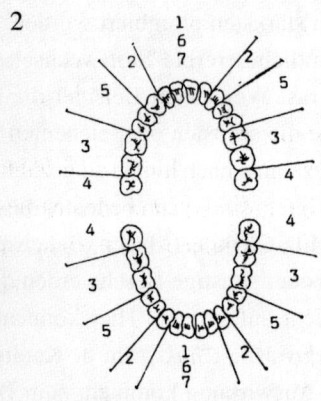

Erwachsenengebiß

Chakra-Zahntest: 1. Wurzel-Chakra (Sexualdrüsen, Nieren, Blase), 2. Solarplexus-Chakra (Nebennieren, Leber, Gallenblase), 3. Milz-Chakra (Bauchspeicheldrüse, Milz, Magen), 4. Herz-Chakra (Thymusdrüse, Herz-Dünndarm, Kreislauf usw.), 5. Kehlkopf-Chakra (Schilddrüse, Nebenschilddrüse, Lungen, Dickdarm), 6. Stirn-Chakra (Hypophyse), 7. Scheitel-Chakra (Zirbeldrüse)

Bei den Punkten 1. und 2. beachte man auch die seelischen und geistigen Auswirkungen, die im *psychologischen Test* aufgeführt sind. Stärker noch ist hierfür der folgende Punkt zuständig:

3. Zahnfehlstellungen geben neben den angeborenen und erworbenen Schwächen der Chakren beachtenswerte Hinweise auf den Charakter. Geradestehende Zähne charakterisieren – wie im psychologischen Test erwähnt – gesundes oder harmonisches Chi (mittlere Spalte), nach innen geneigte Zähne deuten vorwiegend auf Chi-Überschuß (rechte Spalte) hin, nach außen stehende signalisieren stärker den Chi-Mangel (linke Spalte). Auch der nachfolgende Chakra-Zungentest ermöglicht eine schnelle Eigendiagnose.

Der Chakra-Zungentest

Er ergänzt den Chakra-Zahntest. Auf der Abbildung und im folgenden Text sind die einzelnen Chakren durch Buchstaben abgekürzt:

W = Wurzel-Chakra
M = Milz-Chakra
S = Solarplexus-Chakra
H = Herz-Chakra
K = Kehlkopf-Chakra

Ausdruck für überwiegend *gesunde Chakrenfunktionen* ist die normalgroße, blaßrosa, leicht glänzende und weiche Zunge mit dünnem, weißlichem Belag.

Zur Ermittlung Ihrer Chakren-Schwächen beachten Sie folgendes:

1. Die *dünne,* magere Zunge zeigt vor allem verminderte Chakrenenergien an, während die *dicke* Zunge allgemein verlangsamte, gestaute Energiezirkulation charakterisiert.
2. *Weicht* die freibewegliche, gesunde Zunge beim Herausstrecken nach einer Seite schief *ab,* dann liegt Energie-Einschränkung im S oder evtl. ein Schlaganfall vor.
3. *Unebenheiten der Zungenränder* bedeutet an der Spitze H- und K-Leiden, an den Rändern S-Schwäche.
4. Bei der *Zungenfärbung* zeigt Blässe reduzierte Chakrenenergien an und starke Rötung, rote Punkte oder rote »Stacheln«

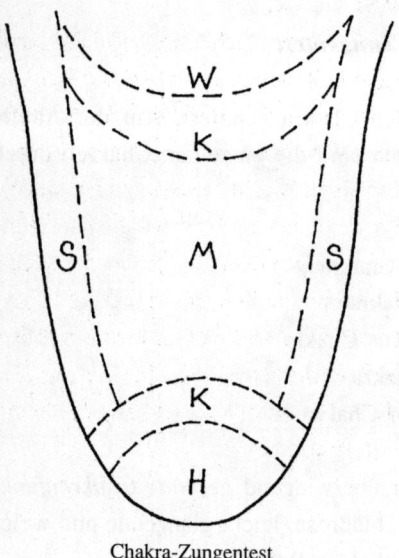

Chakra-Zungentest

(rote Papillen, deren Berührung ein stacheliges Gefühl vermitteln) Entzündungen in den Chakren. Die dunkelrote oder bläuliche Farbe ist typisch für gestaute, verlangsamte Chi- und Chakren-Zirkulation.

5. Auf der *Zungenoberfläche* bedeuten viele und tiefe *Furchen* generell ein schwaches W. Zungentrockenheit (meist mit Blässe kombiniert) zeigt erschöpftes Chi an. Beim weißen, glitschigen, dünnen oder dicken *Belag* sind vor allem M und H, beim gelb-glitschigen M, S, W und H, beim graugelben-glitschigen W und M sowie beim schwarz-glitschigen W, M, H und S behindert. Der schwarz-trockene Belag zeigt schwere Erschöpfung aller Chakren sowie Degenerationen an. Jeder Belag, der trocken wird oder wie eingetrocknet aussieht, signalisiert eine Schädigung mehrerer Chakren mit Vorherrschen der W, H und K.

Bei glatter Zungenoberfläche (ohne Belag und ohne Papillen) oder wenn glatte Stellen mit solchen, die Belag zeigen, wechseln, ist das M geschädigt. Bei leicht entfernbarem Belag sind die Regenerationskräfte gut. Zungengeschwüre und eine blutende Zunge zeigen W-, M- und H-Leiden an. Weiße Flecken, die leicht von der Ober- und Unterfläche der Zunge entfernbar sind (bei roter Zunge) bedeuten Soor. Sie können auch nach starkem Medikamentenkonsum auftreten.

Gesunde *Unterzungengefäße* sind von rotlila Färbung und normaler Gefäßfüllung. Prallgefüllte Gefäße zeigen Blutstauung im H, K und S an, blaue Flecken der Unterzungenfläche Stagnation im H und K.

Chakra-Schnelltests

Wenn man nicht die Zeit aufbringt, um die Chakra-Testfragen zu beantworten, kann man eine oder mehrere der folgenden Schnellmethoden durchführen:

1. *Chakra-Fühltest:* Sie sollten zuerst herausfinden, welche Ihrer beiden Handinnenflächen den Vitalitätskörper und die Chakren am genauesten fühlt. Eine Ihrer Handflächen nähert sich von ca. 15 cm Abstand der bekleideten oder unbekleideten Haut. Häufig spüren Sie in ca. 7–12 cm Nähe die Energieschwäche im Chakra als Kälte, Leeregefühl, unangenehmes Ziehen oder Kribbeln. Beim gesunden, vitalen Zustand empfindet Ihre Hand Wärme oder Hitze. So testen Sie ein Energiezentrum nach dem anderen.
2. *Chakra-Schnelltest ohne Hilfsperson:* Konzentrieren Sie sich geistig auf ein Chakra, und bilden Sie einen Ring aus Zeigefinger und Daumen einer Hand. Versuchen Sie, mit einem Ring aus denselben Fingern der anderen Hand die Hände auseinanderzuziehen. Das Chakra, bei dem die Finger zusammenbleiben oder sich am schwersten lösen, ist am gesündesten.
3. *Chakra-Schnelltest mit Hilfsperson:* Wie Test Nr. 2. Die Hilfsperson versucht, Ihre Finger auseinanderzuziehen, während Ihre andere Hand auf dem zu testenden Chakra liegt.
4. *Kinesiologischer Muskeltest:* Dr. J. Diamond beschrieb diesen Test in »Der Körper lügt nicht«. Sie legen Ihre rechte Hand auf das Chakra. Der linke Arm wird seitlich im rechten Winkel ausgestreckt. Während die Hilfsperson »Halten« sagt und versucht, in Höhe des Handgelenks den Arm herabzudrücken, konzentrieren Sie sich darauf, den Arm in der beschriebenen Position zu halten. Bei gesundem, harmonischem Chakra

zeigt der ausgestreckte Arm einen deutlich spürbaren starken Widerstand. Beim therapiebedürftigen Chakra gibt der Arm dem Druck der Testperson nach.

Der 33-Farb-Test und die Farben der feinstofflichen Körper

Auf der Farbtafel IV sind 49 Farben aufgeführt. Von diesen wiederholen sich einige, so daß zu Testzwecken 33 übrigbleiben. Der Test umfaßt Farbtöne und Kombinationen, die ich als häufigste und auffallendste Farben des feinstofflichen Äthers in unseren Auren erkenne. Die Farbintensität hängt von der Dichte des Chi ab. In der Natur ist es in ständiger Bewegung, leuchtend, glitzernd und schleierartig durchsichtig.
Die Farbtafel zeigt folgende Farben:

Vitalitätskörper, gesundes Chi: Nr. 1–7
Vitalitätskörper, krankes Chi: Nr. 8–14
Emotions- oder Astralkörper: Nr. 15–40
Niederer und höherer Denkkörper: Nr. 41–49

Für diesen Test wurden Forschungen und Statistiken von Prof. Dr. M. Lüscher und Dr. H. Frieling mitverwertet. Als Grundlage dienten meine Farbinterpretationen der unsichtbaren Körper sowie meine praktische Farbtestfähigkeit. Die uns sympathischen oder unsympathischen Farben, mit denen wir gleichzeitig die entsprechenden Töne wählen, zeigen unsere ganz individuelle Verfassung, unser »Gestimmtsein« oder »Eingestimmtsein«. Letzteres setzt sich aus dem körperlichen Zustand, der seelischen Situation und dem geistigen Bewußtsein zusammen. Der Farbtest kann uns Unbewußtes oder Verborgenes enthüllen.

Bedeutung der Auswahl:
1. *Sympathische Farbe(n):* Sie weisen nicht nur auf Krankheitstendenzen hin, sondern vor allem auf Wünsche, Aufgaben und Ziele. So kann die Bevorzugung von Weiß die immerwährende Bereitschaft zur Bewußtseinserweiterung und gleichzeitig bestimmte Krankheitsneigungen anzeigen. Die Bevorzugung zarter Farbtöne im Gegensatz zu kräftigen charakterisiert eine geringere Vitalität des Wählenden.
2. *Verabscheute Farben* zeigen körperliche oder seelische Probleme an, die abgeschüttelt werden möchten.
3. *Abgelehnte klare Regenbogenfarben* (Rot, Orange, Gelb, Grün, Hellblau, Indigo, Violett und Weiß) zeigen das für Vitalität und gesamtseelisches Wohlbefinden benötigte reine Chi an. Wird zum Beispiel ein sauberes Rot abgelehnt, so sucht der Betreffende Ruhe und Erholung, um wieder ein klares, rotes Chi in seinem Wurzel-Chakra für neue Aktivitäten sammeln zu können. Wenn Hellblau als unsympathisch empfunden wird, sehnt sich der Wählende nach einem neuen Betätigungsfeld. Er ist unruhig und fürchtet sich vor Langeweile. In diesem Fall fehlt der Schilddrüse oder dem Hals-Chakra hellblauer Äther.
4. *Trübe oder Mischfarben* (wie Grau, Schwarz, Beige und Braun oder klare Farben mit Beimengungen davon oder auch von Giftgrün) weisen auf deren Vorhandensein in Chakren und Auren hin, was Körper und Seele beeinträchtigt.

Suchen Sie sich nun eine Lieblings- und eine unsympathische Farbe unter den Farben aus, die auf der Farbtafel IV abgebildet sind. Lesen Sie die Bedeutung in der nachfolgenden Tabelle.

Der 33-Farb-Test und die Farben der feinstofflichen Körper

Farbe Nr.	Bedeutung als Lieblingsfarbe	Bedeutung als abgelehnte Farbe
1 pastellrosa	siehe Nr. 20	
2 pastellrot	siehe Nr. 20/21	
3 pastell-orange	siehe Nr. 17/18	
4 pastellgelb	siehe Nr. 15	
5 pastellgrün	siehe Nr. 26/27	
6 pastellblau	siehe Nr. 23	
7 pastellviolett	siehe Nr. 34–36	
8 graurosa	lebt in eigener Vorstellungswelt, Illusionen, Schwärmerei, Sensibilität, oft auch negatives Denken	Ablehnung von Gefühlsduselei, Verlaß auf Intellekt, uneingestandene Langeweile, oft Passivität
	Schwächen der Nieren, des Kreislaufes, Lymph- und Hormonsystems, geringe Vitalität und Nervenkraft	
9 graurot	s. Nr. 8, Pessimismus, Trauer, Angriffslust	siehe Nr. 8, Inaktivität, Lebenshunger
	Infektanfälligkeit, Nieren-, Knochen-, Gelenk-, Ohren-, Geisteskrankheiten, Süchte, Krebs	
10 grauorange	siehe Nr. 19	

Farbe Nr.	Bedeutung als Lieblingsfarbe	Bedeutung als abgelehnte Farbe
11 *graugelb*	Suche nach Ablenkung und Genuß; zeitweise erschwertes Denken, Gedankenandrang, Hängen an starren Prinzipien	Streben nach verbesserter Lebensführung und nach neuem Wirkungskreis
	Herz- und Gedächtnisschwäche, Arterienverkalkung, Verwirrung, Suchtanfälligkeit, Erkrankungen von Bauchspeicheldrüse, Milz und Magen	
12 *blaugrün*	Schwankungen der Stimmung und Arbeitsmoral, Schöpferkraft, neues Denken, Aggressivität, Neigung zu Exzessen, Machtmißbrauch und Berechnung	fühlt sich abhängig, unselbständig und verängstigt, wehrt negative Gefühle ab
	Störungen der Leber- und Gallenblase, des Lymph- und Hormonsystems, der Augen; Allergien, Thrombosen, Neigung zu Schizophrenie und Geisteskrankheiten	
13 *graublau*	exaktes Denken, Genauigkeit, oft Resignation und Mangel an religiösem Vertrauen	Angst vor Eigenverantwortung, Erlebnisdrang
	anfällig für Erschöpfung, Nervenschwäche, Infekte, Krämpfe, Kopfschmerzen, Lungen-, Dickdarm-, Nasen-, Nebenhöhlen-, Haut- und Schilddrüsenerkrankungen	

Farbe Nr.	Bedeutung als Lieblingsfarbe	Bedeutung als abgelehnte Farbe
14 *grauviolett* siehe auch Nr. 40	unabhängige, eigene Urteilsbildung; geistige Beweglichkeit, diplomatisches Verhalten; Neigung zu Depression	Abwarten günstiger Gelegenheiten zum Durchsetzen eigener Wünsche; sucht Abstand
	Schwachstellen sind Dickdarm (Darmpilz und -bakterien), Lunge, Schilddrüse, Nebenschilddrüsen, Osteoporose, Tumoren	
15 *kükengelb*	klares, analytisches Denken und gutes Urteilsvermögen; sucht nach neuen Interessengebieten	empfindet Lebensumstände als Zwang
	Neigung zu Allergien (wie Heuschnupfen), Schweiß-, Herz-, Schlafstörungen, rheumatischen Leiden, Erschöpfung	
16 *buttergelb*	Kritikfähigkeit, Wissens- und Forschungsdrang, Einfallsreichtum, Suche nach Anregung, Spannung, Abwechslung, Freiheit, Bewußtseinsaufhellung; Reiselust	blockierte Entwicklungsmöglichkeiten, Tendenzen zu eingeschränkten Ansichten, Pedanterie, Kritiksucht, auch Freiheitswunsch
	Neigung zu Erschöpfungszuständen, Allergien, Herz-, Gedächtnisschwäche; Schlafverlust; siehe auch Nr. 15	

Farbe Nr.	Bedeutung als Lieblingsfarbe	Bedeutung als abgelehnte Farbe
17 *hellorange*	vielfältige Interessen, Suche nach klarer geistiger Einsicht und Freiheit, aber auch nach neuen Chancen im täglichen Dasein, oft Glück und Erfolg	befürchtet Einengung seiner spirituellen, seelischen und physischen Möglichkeiten; neigt zu starren Denkprinzipien
	Tendenz zu Allergien, Erkrankungen der Bauchspeicheldrüse, Milz; Nieren-, Knochen-, Zahn-, Wirbelsäulen- und Gelenkerkrankungen	
18 *rotorange*	Ehrgeiz, gesundes Selbstvertrauen; ausgeprägter Lebens- und Wissenshunger, Unternehmungslust, Arbeitswut; Stolz, Ehrgeiz; gefühlsbetont, rasch begeistert, auch Schöngeist, oft Kunstinteresse	verträgt keinen Streß, keine Aufregungen, Strapazen; Erholungsbedürftigkeit, Angst vor Freiheitsverlust; Verunsicherung wegen eigener starker Gefühlsausbrüche
	Tendenzen zu Entzündungen der Nieren, des Blinddarms, der Gelenke, Venen, des Herzmuskels, der Ohren; Haarschäden	
19 *braun-orange*	erleidet Einschränkungen oder Enttäuschungen seiner Interessengebiete oder seiner Erlebnis- wie auch Unternehmungslust	Offenheit für Veränderungen und neue Möglichkeiten
	Gefährdung durch Infekte, Allergien, Nieren-, Gelenkleiden; Konzentrationsschwäche	

Farbe Nr.	Bedeutung als Lieblingsfarbe	Bedeutung als abgelehnte Farbe
20 *fraise*	Sensibilität, baut sich eine eigene, heile, ästhetische, oft ungewöhnliche Innenwelt auf; Harmoniestreben	lehnt Sentimentalitäten ab, leidet unter einer Enttäuschung
	Neigung zu geringer Lebenskraft, Erschöpfung, Kreislauf-, Nieren- und Hormonsystemschwäche	
21 *rot*	Tätigkeitsdrang, Mut, Kampfgeist, Liebe, Leidenschaft, Begeisterungsfähigkeit; starke Durchsetzungs- und Willenskraft; Selbstvertrauen, Sebstdisziplin, Vitalität, Dynamik	fühlt sich erschöpft und überfordert, braucht Erholung; Furcht vor starken Emotionen; will klaren Verstand bewahren
	Veranlagung zu entzündlichen und auch degenerativen Leiden der Knochen, des Herzens, der Nieren, des Verdauungstraktes, der Wirbelsäule und der Ohren	
22 *graurubin*	Gefühlsintensität, Kampfnatur, Führungsqualitäten, liebt Aktiviät, Neigung zu Despotismus	Suche nach Ruhe und Ausspannen; oft Verdrängung tiefer Ängste
	Tendenz zu entzündlichen und auch chronischen Erkrankungen der Nieren, Knochen und Nerven	

Farbe Nr.	Bedeutung als Lieblingsfarbe	Bedeutung als abgelehnte Farbe
23 *hellblau*	Wunsch nach harmonischer, friedlicher Umgebung, ideales Denken und Fühlen; zuversichtliche, gläubige innere Haltung; Zukunftsglauben; Kommunikationsbereitschaft; Gutmütigkeit	verfolgt eigene Ziele, leidet unter Verlust der Harmonie mit seiner menschlichen Umgebung
	Neigung zu Migräne, Kopfschmerzen, Krämpfen, Tetanie, Lungen-, Dickdarm- und Hauterkrankungen	
24 *ägyptisch-blau*	Streben nach Ruhe und Harmonie mit Mitmenschen und dem Unendlichen; treu, zuverlässig, zielstrebig, Begabung für Lehrtätigkeit	fürchtet Langeweile und Auf-sich-selbst-Gestelltsein, Passivität; auch: Flucht vor sich selbst
	auffallend sind chronische Krankheiten an Knochen, Wirbelsäule, Gelenken, Nieren, Lungen, Dickdarm und Haut; oft geringe Vitalität	
25 *helltürkis*	Sicherheitsstreben, Suche nach Bestätigung, Selbstbehauptung; will sich gefühlsmäßig distanzieren; verfügt auch über diplomatisches, evtl. berechnendes Vorgehen und Verhalten	Empfindlichkeit, Ungeduld; fürchtet Abhängigkeit und will über sich selbst verfügen
	Neigung zu Leber-, Gallenblasen-, Dickdarm-, Lungen-, Schilddrüsen-, Knochen- und Steinleiden	

Farbe Nr.	Bedeutung als Lieblingsfarbe	Bedeutung als abgelehnte Farbe
26 *grün*	gesunde Urteilskraft Streben nach beweisbarem und praktisch anwendbarem Wissen, Ablehnen von Spekulationen und unsicheren Unternehmungen; gesundes Selbstwertgefühl, Ausdauer, versucht sich durchzusetzen, Instinktsicherheit, Ordnungs- und Organisationstalent; Kreativität, Zuverlässigkeit	will seine Eigenständigkeit behalten, wehrt sich gegen Kontrolle, fühlt sich oft eingeengt
	Anfälligkeit der Bauchorgane, Leber, Galle, Bauchspeicheldrüse, der Augen und des Unterleibes; Tumoren sind überwiegend gutartig	
27 *hellgrün (viridingrün)*	empfindlich, starker Gefühlsschwankungen unterworfen, ungezwungen, genügsam, großzügig; oft auch Träumer, der deale nicht durchsetzt; geistige Beweglichkeit und Aufgeschlossenheit für Neues, Mitgefühl	Anlehnungsbedürftigkeit, gesunde Triebnatur, auch Angst vor starken Emotionen, verschließt sich anderen gegenüber und offenbart ungern seine Gefühle
	Disposition für Erkrankungen an Bauch, Leber, Augen, Finger- und Fußnägeln, nervöse Erschöpfung	
28 *blaugrün*	siehe Nr. 12	

Farbe Nr.	Bedeutung als Lieblingsfarbe	Bedeutung als abgelehnte Farbe
29 *oliv (braun-grün)*	Ablehnung von Egoismus und Roheit, hilfsbereit, bescheiden, sparsam, nach außen sorglos; sehnt sich nach Gemütlichkeit, Ruhe und Frieden	Freiheits- und Unabhängigkeitsdrang
	Neigung zu Bauchspeicheldrüsen-, Leber-, Augenschäden, Arterienveränderungen und auch Süchten	
30 *graugrün*	ist empfindlich für starke Stimmungsschwankungen, Instinktunsicherheit; Taktiken zu bewußter oder unbewußter Verstellung	versucht, Isolation und Depression zu entfliehen
	Schwächen an Leber, Darm, Augen; Allergien; Krampfneigung	
31 *rotbraun*	Durchsetzungs- und Erlebnisdrang; liebt Gemütlichkeit, Genuß- und Sinnesfreuden; praktisch, realistisch, verläßlich, geschickt	unbewußte Aggressionen, Antipathien und Groll; Gefühl des Eingeengtseins
	Neigung zu Erschöpfungszuständen, Zuckerkrankheit, Bauchspeicheldrüsen-, Nieren-, Herz-, Kreislaufleiden	

Farbe Nr.	Bedeutung als Lieblingsfarbe	Bedeutung als abgelehnte Farbe
32 *beige (orangegrau)*	hilfsbereit, organisationsfähig, systematisch, realistisch, ausdauernd; verfügt über gesunden Egoismus	Passivität, die eine bewußte Veränderung der Situation verhindert
	latente Organschwächen der Bauchspeicheldrüse, der Milz und des Magens; Veranlagung zu undurchschaubaren Leiden	
33 *dunkelbraun*	Suche nach Einfachheit, Gemütlichkeit; Naturverbundenheit; guter Beobachter, genau, zuverlässig, hilfsbereit; Gefahr, in Süchte abzugleiten	versucht sich umzugestalten, zu entwickeln und zur Individualität reifen zu lassen; auch: Angst, den Lebenssituationen nicht gewachsen zu sein
	Neigung zur Arterienverkalkung, Harnsäureablagerungen, Diabetes, Stoffwechseldegenerationen, Süchten und Geisteskrankheiten	
34 *hellviolett*	einfühlsam, sensibel, ängstlich; oft stark durch Streß, Sorgen und Schock belastet; Interesse an Kunst, Magie und Mystik	Angst vor Krankheiten sowie menschlichen und materiellen Verlusten
	Schwäche der Bauchorgane; besonders gefährdet sind Dickdarm, Nieren, Lunge, Haut; oft Pilz- und Bakterienbefall	

Farbe Nr.	Bedeutung als Lieblingsfarbe	Bedeutung als abgelehnte Farbe
35 *rotlila*	selbstbewußt, jedoch Stimmungsschwankungen unterworfen, läßt sich von festen Vorstellungen und uneingestandenen Wünschen und Träumen bestimmen, versucht Ideale im Materiellen zu verwirklichen, auch Neigung zu dogm. Auffassungen	sucht in einer neuen Lebensanschauung oder Philosophie Halt und lehnt herkömmliche Glaubenslehren ab; oft Daseinsängste
	Tendenz zu entzündlichen und degenerativen Leiden des Darmes, der Atmungsorgane, der Knochen und der Arterien	
36 *blauviolett*	Vielseitigkeit der Interessen; Flexibilität; lebt in eigenen, schicksalsbestimmenden Vorstellungen, oft unkonventionell und ästhetische, künstlerische, mystische und spirituelle Suche	ist um Vorurteilsfreiheit und Selbständigkeit bemüht; Interessen sind auf konkrete Objekte und die Gegenwart gerichtet; verdrängte Ängste
	anfällig für Dickdarm-, Lungen-, Schilddrüsen-, Nebenschilddrüsen-, Nasen-, Rachen- und Nebenhöhlenleiden	
37 *grau*	Zurückhaltung, Vorsicht, Isolation, Verdrängung von Frustration, Enttäuschung, Trauer; auch: zweideutige Ausdrucksweise; hält Distanz zum anderen	versucht Enttäuschung und Zurückweisung auszuweichen, Erlebnislust
	schwache Vitalität, Neigung zu chronischen Krankheiten und solchen des Gehirns, der Nerven und des Rückenmarks	

Farbe Nr.	Bedeutung als Lieblingsfarbe	Bedeutung als abgelehnte Farbe
38 *schwarz*	Legen Sie unbedingt auch Ihre zweite Lieblingsfarbe in diesem Test aus. Schwarz kann Enttäuschung, Zwang, Auflehnung, Pessimismus, Weltverachtung, Revolte bedeuten, aber auch Suche nach der letzten Wahrheit	Streben nach Unabhängigkeit und Angstfreiheit, Wunsch nach Erlebnissen
	gute Vitalität, Neigung zu Süchten, Geisteskrankheiten und Krebs	
39 *violettbraun*	latente, explosive und aggressive innere Verfassung, Eifersucht und Zerstörungswut, materielle Interessen überwiegen	Tendenz zu unflexiblem, oft pessimistischem und autoritärem Verhalten
	anfällig für Geistes-, Nerven-, Kreislauf-, Nieren- und Arterienkrankheiten; auch für Süchte	
40 *grauviolettrot*, siehe auch Nr. 14	*beim Überwiegen des Grauvioletts mit wenig Rotfärbung:* unkonventionelle Auffassungen, Flexibilität, Depressionsneigung	abwartende Haltung, Suche nach Abstand
	Gefahr von Darm-, Nieren-, Lungen-, Schilddrüsen- und Knochenleiden, Tumoren	

Farbe Nr.	Bedeutung als Lieblingsfarbe	Bedeutung als abgelehnte Farbe
	beim Überwiegen von roter Farbtönung im *Grauviolett (zusätzlich zu oben):*	
	egoistische Liebe und selbstsüchtiges, aggressives, nicht einschätzbares Verhalten	Kampf gegen unliebsame Situation oder Lebenslage, um Änderung bemüht
	Tendenz zu Kreislauf-, Gedächtnisschwächen, Geisteskrankheiten, Krebs, Wirbelsäulen- und Gelenkleiden	
41 *weiß*	Legen Sie unbedingt auch Ihre zweite Lieblingsfarbe aus. Weiß kann Flucht aus der Härte der Realität in eine illusorische Welt, aber auch echtes, weisheitsvolles Denken, Gewissenserforschung, Streben nach Erkenntnis, Bewußtsein und geistiger Freiheit bedeuten	Zweifel an und/oder Ablehnung von spirituellen Werten; das Ziel ist die wahrnehmbare Lebensrealität
	Anfälligkeit des Herzens, der Lunge und des Rückenmarks	
42 *gold*	ausgeprägter Idealismus, Opferbereitschaft, Selbstlosigkeit; Suche nach dem Absoluten; Ehrfurchtsempfinden	eingeschränkte Möglichkeiten, Ideale im Materiellen tatkräftig durchzusetzen
	Gefahr von Entzündungen, Herz- und hormonellen Leiden	

Farbe Nr.	Bedeutung als Lieblingsfarbe	Bedeutung als abgelehnte Farbe
43 *rosaweiß*	siehe Nr. 20	
44 *rotweiß*	siehe Nr. 20/21	
45 *orangeweiß*	siehe Nr. 17	
47 *grünweiß*	siehe Nr. 27	
48 *blauweiß*	siehe Nr. 23	
49 *violettweiß*	siehe Nr. 34-36	

Die psychologischen Tests

Beachten Sie bitte auch die Anleitung anfangs dieses Kapitels (S. 135). Diese psychologischen Tests beschränken sich auf einige mir wichtig erscheinende Charaktereigenschaften. Jeder Test charakterisiert je drei Menschentypen.

Beim Wurzel-Chakra zum Beispiel handelt es sich um

1. den Wurzel-Chakra-Harmonietyp (mittlere Spalte),
2. den Wurzel-Chakra-Yintyp (linke Spalte) und
3. den Wurzel-Chakra-Yangtyp (rechte Spalte).

Während der Yintyp an einem Mangel, einer Unterfunktion oder Unterversorgung von Chi leidet, verfügt der Yangtyp über einen Überschuß, ein Übermaß oder Überenergetisierung an Chi. In jedem Chakra im Yinzustand wird fehlendes gesundes Chi durch krankes ersetzt. Ein Chakra im Yangzustand enthält oft auch Beimischungen von negativem Chi.

Psychologischer Test für das Wurzel-Chakra

Das cholerische und das sanguinische Temperament lassen sich überwiegend über das Wurzel-Chakra erklären.

Yin/Mangel (auch krankes Chi)	Harmonie (gesundes Chi)	Yang/Überschuß (auch krankes Chi)*
	Der Einfluß des roten Chi – Mut/Kampfgeist/Wille	
Angst, Feigheit	Mut und Kampfgeist	überaktiv, impulsiv
willens- und durchsetzungsschwach, labil	gesunde Willenskraft und Selbstbehauptung, Nüchternheit	brachiale Durchsetzungskraft, a. ungewöhnliche Selbstbeherrschungskraft mögl.
energielos, introvertiert, verschlossen	setzt starke Energien für vernünftige Zwecke ein	Willensstarkes Individuum; auch Selbstmeisterung
triebschwach, haltlos	Selbstdisziplin	übersteigertes Triebleben oder Askese
erschöpft, passiv	Tätigkeitsdrang	überaktiv, unermüdlich
wenig Eigeninitiative; glaubt sich auch von feindlichen Mächten kontrolliert	Unternehmungsgeist, Eroberungslust, Zielstrebigkeit	oft Draufgängertum, Tendenzen zu Machtmißbrauch; hemmungslos; auch: ausgezeichnete Planung und Durchführung
oft zu einseitig, wenig begeisterungsfähig, depressiv, auch: naiv	begeisterungsfähig, bleibt jedoch realistisch	Unbeeinflußbarkeit, Fanatismus, auch: versucht oft das Unmögliche

* Durch Abwesenheit negativen Äthers realisieren sich die positiven Eigenschaften dieser Spalte. (Dies gilt auch für alle folgenden psychologischen Tests.)

Yin/Mangel (auch krankes Chi)	Harmonie (gesundes Chi)	Yang/Überschuß (auch krankes Chi)
Der Einfluß des orangefarbenen Chi – Ehrgeiz/Wißbegierde		
wenig Ehrgeiz und Selbstvertrauen	gesunder Ehrgeiz, Selbstwertgefühl	Stolz, Überheblichkeit; auch: reale Selbsteinschätzung
Entschlußmangel	realistisches Urteil	entweder kompromißlos oder diplomatisch
wenig Wißbegierde	gesunde Wißbegierde	krankhafte Neugierde
erholungsbedürftig	unternehmend, aktiv	Abenteuerlust
Der Einfluß des violetten/purpurnen Chi – Spiritualität/Flexibilität		
verliert sich in illusorischen, religiösen Ideen und Träumereien	Suche nach Geheimnisvollem, Magie, Mystik, religiöser Hingabe, realisierbarer Spiritualität	religiöser Dogmatismus und Fanatismus, hält sich an konventionelle Formen; evtl. starke Wendigkeit
entscheidungsschwach	bereit zu Umkehr, Verzicht, Kompromiß	entweder kompromißlos oder starke Flexibilität
verschlafen	vorsichtig, aufmerksam	unbekümmert
übersensibel	feinfühlig	sehr einfühlsam o. unempfindlich
desinteressiert	vielseitig, flexibel	entweder prinzipienverhaftet oder stark beweglich

Yin/Mangel (auch krankes Chi)	Harmonie (gesundes Chi)	Yang/Überschuß (auch krankes Chi)
führungsschwach, untertänig, konfus	Führungsqualitäten, bewahrt den Überblick	neigt zu Starrsinn und Rücksichtslosigkeit, kann auch erfolgreicher Führer sein
traurig gestimmt	optimistisch, freudig lebensfroh gestimmt	Neigung zur Manie, Ausgelassenheit
Abkapselung	Geselligkeit	Redseligkeit
Fluchttendenz, Gefühl von Hilflosigkeit	gesunde Verteidigungstechnik und Schlagfertigkeit	Angriff oder Kampf, Aggressivität; auch Hartnäckigkeit, Fairneß
kaltherzig, gleichgültig	Fähigkeit zu gesundem Empfinden und tiefem Fühlen; beherrschte Emotionen	Erregungszustände, verliert sich in Emotionen, schizoides Verhalten; auch: Beherrschung
weicht Problemen aus, schiebt alles auf	versucht realitätsbezogene Problemlösung	starrköpfig, autoritär, bestimmend; auch: einfallsreich
reagiert bei kleinen Belastungen mit Krankheiten, streßanfällig	gute Belastbarkeit durch Streß, anpassungsfähig	strapaziert unbewußt sich und andere, liebt Streßsituationen
energie-/antriebslos, arbeitsscheu, keine Initiative, labil, unsportlich	strapazierbare Energien, starker Schaffensdrang, sportlich	uneingeschränkte, vitale Energien für Arbeit, Sex, Sport; dynamisch
Süchte, die belasten und krank machen, unbeherrscht	läßt keine Süchte aufkommen, Standhaftigkeit	starke Süchte, vorhandene Kraft zur Beherrschung

Psychologischer Test für das Milz-Chakra

Dieses Chakra ermöglicht den Ausgleich der vier Temperamente – des sanguinischen, cholerischen, phlegmatischen und melancholischen. Milz- und Solarplexus-Chakra beeinflussen am stärksten von allen die Regenerationskräfte unseres Vitalitätskörpers.

Yin/Mangel (auch krankes Chi)	Harmonie (gesundes Chi)	Yang/Überschuß (auch krankes Chi)
Der Einfluß des rosa Chi – Nervenkraft/Universalliebe		
nervöse Erschöpfung	gute Nervenkraft	seelisch »dickes Fell«
Der Einfluß des roten Chi – Mut/Kampfgeist/Wille		
ängstlich, willensschwach	mutig, willensstark	brachiale Kräfte, Beherrschung
Der Einfluß des orangefarbenen Chi – Ehrgeiz/Wißbegierde		
mangelnder Ehrgeiz und Wißbegierde	gesunder Ehrgeiz und Wißbegierde	Überheblichkeit, krankhafte Neugierde; auch: echte Suche
Der Einfluß des gelben Chi – Denken/Beurteilung		
erschwertes Denken	klares Denken	Prinzipienreiterei; auch: klare Übersicht

Yin/Mangel (auch krankes Chi)	Harmonie (gesundes Chi)	Yang/Überschuß (auch krankes Chi)
Der Einfluß des grünen Chi – Kreativität/Ordnung		
Einfallslosigkeit	Kreativität	Überaktivität
Der Einfluß des hellblauen Chi – Vertrauen		
Mißtrauen	Vertrauen, Glaube	falscher Optimismus
Der Einfluß des violetten/purpurnen Chi – Spiritualität/Flexibilität		
Desinteresse	Vielseitigkeit	Prinzipienreiterei; auch: Flexibilität
Der Einfluß des indigofarbenen Chi – Kunstverständnis		
uninteressiert	einfühlsam	einseitig, starr; auch: stark beweglich

Hinweis: In diesem Test erfolgt eine gekürzte Übersicht über die aufgeführten Chi-Arten des Milz-Chakras. Informieren Sie sich auch in folgenden psychologischen Tests: Für rotes, orangefarbenes und violett-purpurfarbenes Chi siehe Wurzel-Chakra, für rosa und gelbes Chi siehe Herz-Chakra, für grünes Chi siehe Nabel-Chakra, für hellblaues und indigofarbenes Chi siehe Kehlkopf-Chakra.

Psychologischer Test für das Nabel- oder Solarplexus-Chakra

Das cholerische und das phlegmatische Temperament lassen sich dem Nabel-Chakra zuordnen.

Yin/Mangel (auch krankes Chi)	Harmonie (gesundes Chi)	Yang/Überschuß (auch krankes Chi)
	Der Einfluß des grünen Chi – Kreativität/Ordnung	
starke Stimmungsschwankungen; überempfindlich, oft frustriert	harmonischer Gefühlsablauf und seelisches Wohlbefinden	explosive Gefühlsentladungen, leicht verärgert; evtl. auch ausgeglichen
Emotionen unkontrollierbar; Arbeitswut wechselt mit Lustlosigkeit	Harmonie der Emotionen und des Tätigkeitsdranges, der Essenszufuhr; Suchtbeherrschung	Exzesse und Maßlosigkeit in allem; Süchte, die beherrscht werden können; auch Selbstdisziplin
einfallslos, interesselos	produktiv, kreativ, spontan	Überaktivität; Manie; reißt alle Arbeit an sich
Unfähigkeit, Ordnung zu halten oder die Zeit einzuteilen	Ordnung und Organisationstalent, Planung, Arbeitseinteilung, Weitsicht	starre Ordnung, unbiegsame Gesetze, Zwangsneurosen; evtl. auch Flexibilität, kann Organisationsgenie sein
wankelmütig, labil	zielstrebig, wendig, elastisch, zuverlässig	kompromißlos, unflexibel, sehr ausdauernd; auch flexibel

Yin/Mangel (auch krankes Chi)	Harmonie (gesundes Chi)	Yang/Überschuß (auch krankes Chi)
Der Einfluß des grünen Chi – Kreativität/Ordnung		
Verlust des natürl. Instinktes; Unfähigkeit zu tiefem Empfinden	guter Instinkt, Naturverbundenheit	Instinkt herrscht über Vernunft, sechster Sinn
Unfähigkeit zu tiefem Empfinden	Mitgefühl, Mitempfinden	entweder Härte oder zwingt anderen seine Hilfe auf
treibt Spekulationen und verläßt sich gerne darauf	strebt nach beweisbarem, praktisch anwendbarem Wissen	starke Wißbegierde; auch unbeugsamer Dogmatiker
gleichgültig	frei von Eifersucht	entweder Eifersucht oder Selbstsicherheit
phlegmatisch, sprunghaft	ausgeglichen	cholerisch, leicht ärgerlich, evtl. harmonisch
häufig falsches Urteil und falsche Bewertung, Illusion	realistische Beurteilung der Situationen	entweder Rechthaberei oder klare Überschau
kontaktarm, introvertiert	kontaktfreudig	viele Kontakte, spannt evtl. alle für seine Ziele ein
zu nachgiebig	duldsam, tolerant, friedlich, sorgfältig	offener Kampf, Intoleranz; auch zu duldsam
kleinlich	großzügig	entweder echtes Helfen wollen oder Verschwendungssucht

Yin/Mangel (auch krankes Chi)	Harmonie (gesundes Chi)	Yang/Überschuß (auch krankes Chi)
Der Einfluß des grünen Chi – Kreativität/Ordnung		
Minderwertigkeitskomplexe	gesunde Selbstbestätigung	entweder realistische Einschätzung oder Besserwisserei
Der Einfluß des roten Chi – Mut/Kampfgeist/Wille		
ängstlich, willensschwach	mutig, willensstark	brachiale Kräfte, Abenteuerlust; auch Selbstmeisterung

Informieren Sie sich über die weiteren Charaktereigenschaften des roten Chi im psychologischen Test für das Wurzel-Chakra.

Psychologischer Test für das Herz-Chakra

Das sanguinische und das cholerische Temperament lassen sich über das Herz-Chakra erklären.

Yin/Mangel (auch krankes Chi)	Harmonie (gesundes Chi)	Yang/Überschuß (auch krankes Chi)
Der Einfluß des weißen Chi – Wachsamkeit/Gewissenserforschung		
verschlafen, unkonzentriert	wachsam, aufmerksam	Gespanntheit, jedoch auch echte Erleuchtung
skrupelhaft	häufig Gewissenserforschung	entweder skrupellos oder übergewissenhaft
wenig Kampfgeist für Gerechtigkeit	Gerechtigkeitssinn	entweder ausgeprägter Gerechtigkeitssinn oder Selbstherrlichkeit
Fantastereien, tatenlos	ideelle Gedanken und Taten	entweder Selbstaufgabe oder zu materiell orientiert
Desinteresse an geistiger Freiheit; auch Flucht aus der Realität	Streben nach Bewußtseinserweiterung	setzt alles für das geistige Ziel ein; auch zu starker Egoismus
eigene persönliche Probleme überwiegen	höhere Erkenntnis, Intuition	stark intuitiv; auch ichbezogen

Yin/Mangel (auch krankes Chi)	Harmonie (gesundes Chi)	Yang/Überschuß (auch krankes Chi)
Der Einfluß des goldenen Chi – Opfermut/Ehrfurcht		
undankbar	dankbar	übermäßig dankbar
ängstlich	innere Ruhe, Friedfertigkeit	absoluter innerer Frieden; auch Egoismus/Kaltblütigkeit
depressives Verhaftetsein in sich	Opferbereitschaft	echte oder unnötige Aufopferung
mangelnde Achtung	Achtung, Ehrfurcht	übersteigerte Verehrung
Der Einfluß des rosa Chi – Nervenkraft/Universalliebe		
nervöse Erschöpfung	gute Nervenkraft	seelisch »dickes Fell«
lebt in Illusionen	realistisch	realistisch, materialistisch
Resignation, Isolation	Wunsch nach Harmonie	starker Harmoniewunsch; auch Unausgeglichenheit
kommt mit eigenen Problemen nicht klar	Verständnis, Selbstlosigkeit, Universalliebe, Hilfsbereitschaft	drängt anderen Hilfe auf, auch Egoismus

Yin/Mangel (auch krankes Chi)	Harmonie (gesundes Chi)	Yang/Überschuß (auch krankes Chi)
Der Einfluß des gelben Chi – Denken/Beurteilung		
erschwertes logisches Denken, Andrang unerwünschter Gedanken, Vergeßlichkeit	klares, gegenständliches und abstraktes Denken, gutes Gedächtnis und Konzentration, gute Beobachtungsgabe	oft ausgezeichnetes Gedächtnis für einseitiges Interessengebiet, Dogmatiker; ausgezeichneter Beobachter; auch überkritisch
Interesselosigkeit, Mangel an Ideen, Labilität	Wissens- und Informationsdrang, vielseitig, einfallsreich	Wißbegierde, Genialität; auch Prinzipienreiterei
schwache Urteilskraft, unkritisch	sicheres Urteil, aufbauendes Kritikvermögen	Treffsicherheit des Urteils; auch Rechthaberei

Im Herz-Chakra sind häufig von den Regenbogenfarben besonders Gelb, Grün und Rot zu sehen und außerdem Weiß, Gold und Rosa. Informieren Sie sich über grünes und rotes Chi zum Beispiel anhand des psychologischen Tests für das Solarplexus-Chakra.

Psychologischer Test für das Kehlkopf- oder Hals-Chakra

Das melancholische und das sanguinische Temperament lassen sich überwiegend über das Hals-Chakra erklären.

Yin/Mangel (auch krankes Chi)	Harmonie (gesundes Chi)	Yang/Überschuß (auch krankes Chi)
	Der Einfluß des hellblauen Chi – Vertrauen	
Mißtrauen, Unsicherheit, Zukunftsangst	Vertrauen, Zukunftsglauben	falscher Optimismus; auch begründete Zuversicht
Gleichgültigkeit	Sehnsucht nach Spiritualität	echte Suche nach Geistigkeit; auch Dogmatismus
Trauer, Kummer	Freude, Unbesorgtheit	übertriebener Humor
Angst vor Verlusten, Engherzigkeit	richtig haushalten können	verschwenderisch; auch Organisationsgenie
Kontaktarmut, ungesellig, reserviert	findet rasch die zu ihm passenden Freunde	Gesellschaftsmensch
Ausdrucksmöglichkeiten eingeschränkt oder gestört, z.B. in der Sprache	Denken und verbaler Ausdruck exakt und schnell, keine Kommunikationsprobleme	Kommunikationstalent, stark extravertiert

Yin/Mangel (auch krankes Chi)	Harmonie (gesundes Chi)	Yang/Überschuß (auch krankes Chi)
Der Einfluß des indigofarbenen Chi – Kunstverständnis		
uninteressiert	einfühlsam	entweder einseitiges Verständnis oder tiefes Verstehen
undiplomatisch	diplomatisch	entweder starke Flexibilität oder Starre
Unsicherheit in Geschmacksfragen, labile Interessen	ausgeprägtes Verständnis für Kunst und Mystik	Fanatismus in Fragen der Kunst; evtl. auch Beweglichkeit
lebt in eigener Vorstellungs- und Traumwelt	versucht Ideale zu verwirklichen	entweder zu viele Ideale oder stark materialistische Einstellung

Der Einfluß des violetten Chi wurde im psychologischen Test für das Wurzel-Chakra beschrieben, siehe dort.

Zusammenfassung: Chakren, Chi-Farben und Charaktereigenschaften

Hier möchte ich darauf aufmerksam machen, daß:
1. jede farbige Chi-Energie, jeder Farbton also, einer bestimmten oder mehreren Charaktereigenschaften entspricht;
2. jedes Chakra aus mehreren farbigen Chi-Schwingungen besteht. Schon vorhandene Charaktereigenschaften können über die Harmonisierungsprogramme der einzelnen Chakren beeinflußt und verbessert werden (siehe Kap. 6).

Die folgende Liste der Chakren mit ihren dazugehörigen Chi-Farben und den entsprechenden Charaktereigenschaften erhebt keinen Anspruch auf Vollständigkeit. In dieser Liste wird nur unverfälschtes Chi in den *harmonisierten* Chakren aufgeführt.

Das gesunde *rosa* Chi im Herz-, Stirn- und Scheitel-Chakra zeigt u. a. Nervenenergie und Universalliebe an.

Das klare *rote* Chi im Milz-, Wurzel- und Solarplexus-Chakra weist u. a. auf Mut, Kampfgeist und Willenskraft hin.

Das gesunde *orange* Chi im Milz- und Wurzel-Chakra gibt u. a. Ehrgeiz und Wißbegierde an.

Das gesunde *gelbe* Chi im Milz-, Herz-, Stirn- und Scheitel-Chakra bedeutet u. a. klares Denken und Urteilskraft.

Das reine *grüne* Chi im Milz-, Solarplexus-, Herz-, Stirn- und Scheitel-Chakra läßt u. a. Mitgefühl, Naturverbundenheit, harmonische Gefühlsabläufe, Produktivität, Kreativität, Organisationstalent und Ordnungsgefühl entstehen.

Das gesunde *hellblaue* Chi im Milz-, Kehlkopf-, Stirn- und Scheitelchakra gibt u. a. religiöses Vertrauen an.

Ein sauberes *Indigo* im Kehlkopf- und Kopf-Chakra zeigt u. a. künstlerisches Interesse und Einfühlsamkeit an.

Das reine *violette/purpurne* Chi im Milz-, Wurzel-, Kehlkopf-, Stirn- und Scheitelzentrum weist u. a. auf echtes religiöses Interesse, Spiritualität und Flexibilität hin. Auch die Fähigkeit zum Hellsehen, die dem Stirn-Chakra zugeordnet ist, hängt vom harmonischen Funktionieren aller anderen Chakren ab.

Aus dieser Aufstellung und der Beobachtung, daß die gesunde Chi-Zirkulation hauptsächlich von den unteren fünf Chakren, dem Wurzel-, Milz-, Solarplexus-, Herz- und Kehlkopf-Chakra, abhängt, geht die Wichtigkeit der Gesunderhaltung, der Harmonisierung gerade der unteren fünf Chakren hervor. Wenn das Chi in den unteren fünf Energiewirbeln unvital oder krank ist, können Stirn- und Scheitel-Chakra keine gesunde Kraftzufuhr erhalten. Diese oberen zwei Zentren dienen zur Bewußtseinserweiterung und dem Kontakt mit dem höheren Selbst eines jeden Menschen, mit der Transzendenz. Viele bedeutende Charaktereigenschaften, wie u. a. unsere Willenskräfte, werden von den unteren drei Chakren (durch das rote Chi im harmonisierten Milz-, Wurzel- und Solarplexus-Chakra) gebildet. Wir treffen häufig auf Mitmenschen, die ihre hohen Erkenntnisse und Einsichten nicht in die Tat umsetzen können, weil die Willenskraft, die rote Energie, zu schwach ist.

Durch die Harmonisierungsprogramme, die in Kapitel 6 für jedes Chakra aufgeführt sind, läßt sich weitgehend Regeneration und Vitalität erreichen, trotz der heutigen inneren und äußeren Umweltverschmutzung.

Chakren mit Heilfarben und Heiltönen

Chakra	Farbe des gesunden Chi	Heil- u. Meditationsfarbe	Entsprechende Töne
Scheitel und Stirn	gold, weiß	gold, weiß	die reinen Töne der Tonleiter
Hals	hellblau, violett, indigo	hellblau, violett, indigo	hellblau: G violett: B indigo: A
Herz	weiß, gold, rosa, alle Regenbogenfarben	weiß, gold, rosa	die reinen Töne der Tonleiter
Nabel	rot, grün	grün	grün: F
Milz	rosa, rot, gelb, orange, grün, blau, violett	rosa, gelb, grün, blau, violett	rosa: C, gelb: E, grün: F, blau: G, violett: B
Wurzel	weiß, rot, orange, violett, purpur	weiß, rosa, gelb, violett, purpur	weiß: die reinen Töne der Tonleiter rosa/rot: C, gelb: E, violett: G, purpur: H

Die Farbmeditation wird im Abschnitt »Farbmeditation für alle Chakren« (S. 225) beschrieben, über Klänge informiert Sie »Chakren und Musik« (s. S. 214).

Chakren mit Temperamentzuordnung und Aufgaben

Chakra	Temperament	Aufgabe
Scheitel und Stirn		Verbindung mit spirituellen Bereichen, Intuition, Hellsehen
Kehlkopf	melancholisch und sanguinisch	Verständigung, Sprache, Kunst
Herz	cholerisch und sanguinisch	Verbindung mit der Transzendenz, Sympathie, Liebe
Milz	in den Temperamenten ausgeglichen	erworbene Konstitution und Vitalität
Solarplexus	cholerisch und phlegmatisch	Harmonie, Ideenreichtum, Kreativität
Wurzel	sanguinisch und cholerisch	angeborene Konstitution und Vitalität

Auf den nächsten Seiten erfahren Sie etwas über praktische Anwendungen von heilendem Chi auf die Chakren.

5 Selbstbehandlungsprogramme allgemein

Chakra-Behandlung mit Chi-Heilfarben

Durch die Punktbewertung anhand der Gesundheitstests haben Sie Ihr schwächstes Chakra festgestellt, gleichzeitig auch Ihr fehlendes Heil-Chi, also die farbige, aufbauende, heilende Energie, in der Tabelle auf Seite 188 ermittelt. Ein krankes Chakra bedeutet immer, daß unvitale, kranke feinstoffliche Energie in diesem Chakra oder dem entsprechenden Funktionskreis ist.

Wenn Sie zum Beispiel herausgefunden haben, daß Ihr Solarplexus- oder Nabel-Chakra am schwächsten ist, dann wird Ihre heilende Chi-Farbe oft Grün sein. Es gibt verschiedene Methoden der Chi-Zuführung; Sie können diesen Heiläther über den Mund, die Augen, die Haut, die Nase und die Ohren aufnehmen.

1. Nehmen Sie das heilende Chi mit der *Nahrung* zu sich. Jedes Nahrungsmittel enthält, wie schon erwähnt, hauptsächlich hellblaue Heilenergie, jedoch auch andersfarbige heilende Schwingungen. Die spezielle Farbe des Nahrungsmittels hat zusätzliche Heilwirkung. Sie finden die passenden Nahrungsmittel für jedes einzelne Chakra in der Tabelle »Chakren und moderne Gesundheitskost« (S. 208).
2. Tragen Sie *Kleidung* in der Farbe Ihres Heil-Chi. Auch *Bilder* oder *Blumenschmuck* in dieser Farbe vermitteln Ihnen regenerierende Energien.
3. Füllen Sie *Wasser* in ein farbiges Glas in der Tönung Ihres Heil-Chi, lassen Sie es für einige Stunden von der Sonne bestrahlen, und trinken Sie schluckweise davon.

4. *Farbige Folien* kann man an der Fensterscheibe befestigen und durch Konzentration auf diese Farbe Energie aufnehmen.
5. Über die *Haut* läßt sich auch farbiges Chi aus Edelsteinen aufnehmen. Sie verbreiten oft anders getöntes Licht, als ihre materielle Farbe es zeigt, beispielsweise erstrahlt der Rosenquarz in Hellblau.
6. Das *Einatmen* von duftenden Heilessenzen hat einen guten Effekt.
7. Bei der *Farb-Meditation* sollte mit Rot und Orange Zurückhaltung geübt werden, da hierdurch das Triebleben in negativer Weise beeinflußt werden könnte. Daher sind als Meditationsfarben für das Wurzel-Chakra nicht Rot und Orange, sondern zum Beispiel Rosa, Gelb und Violett empfohlen worden. Günstig ist, sich ein- bis zweimal pro Tag fünf Minuten lang intensiv die ermittelte Farbe des heilenden Chi vorzustellen.
8. Durch *Töne* und *Musikstücke* in der ganz bestimmten Tonleiter Ihres Heil-Chi erfahren Sie eine generelle körperliche, seelische und geistige Verbesserung Ihrer Verfassung.
9. Zur *Farbbestrahlung* des eigenen Körpers oder von Nahrungsmitteln und Getränken benötigen Sie *Glühbirnen* in den Farben Ihres Heil-Chi und eine Lampe mit flexiblem Arm, ähnlich den üblichen Bürolampen. Die Bestrahlungsdauer beträgt zwischen drei Minuten und einer Stunde täglich. Bei auftretender Nervosität oder dem Aufflackern alter Krankheiten oder Schmerzen verkürzt man die Bestrahlungszeit. Vor allem können Farblichtbestrahlungen mit den Farben Rot, Orange, Purpur, Gelb und Violett zu Reaktionen führen, wenn sie übertrieben werden. Grün kann unbedenk-

lich lange einwirken. Die Farbstrahlung mit den Regenbogenfarben bewirkt einen harmonischen Ausgleich. In den letzten Jahren konnte ich beobachten, daß durch die Bestrahlung mit einem Farb-Bestrahlungsgerät eine durchgreifendere Heilwirkung entsteht als beim Anwenden farbiger Glühbirnen.
10. Durch die Anwendung eines *Ton-Farbgerätes,* das wartungsfrei nur an eine Steckdose angeschlossen werden muß, läßt sich eine wunderbare Chi-Strahlung in den sieben Farben des Regenbogens erzeugen. Dieses Gerät ist gegen negative Erdstrahlen und Elektrosmog einsetzbar (Beschreibung im letzten Kap. des Buches, S. 344 f.).

Nachfolgend werden die Eigenschaften des Heiläthers erklärt.

Die Wirkung der Heilfarben

Die rote und orange Chi-Bestrahlung: Sie wirkt erwärmend, durchblutungsfördernd und vitalisierend.
Bei nervösen, leicht erregbaren Menschen, bei Überfunktion der Schilddrüse, hohem Blutdruck und Entzündungen sollen Rot und Orange gering, oder nur von Blau oder Grün gefolgt, angewandt werden.
Die gelbe Chi-Bestrahlung: Sie stärkt die resorbierende und aufbauende Energie der Milz. Die Bauchorgane und das Nervensystem regenerieren durch Gelb. – Dieselben Nebenwirkungen, wie bei Rot und Orange beschrieben, können nach zu starker und einseitiger Gelb-Bestrahlung auftreten.
Die grüne Chi-Bestrahlung: Sie regeneriert die Leber am nach-

haltigsten und alle Organe, die direkt oder indirekt mit ihr in Verbindung stehen, wie zum Beispiel die Augen.

Die blaue Chi-Bestrahlung: Sie hemmt Entzündungen und Fieber, wirkt beruhigend und kühlend. Bekannt ist, daß in einigen heißen Ländern Tür- und Fensterrahmen hellblau angestrichen werden, um Insekten abzustoßen. Angeblich soll nach einer Meldung aus Indien ein hungriger Tiger nie einen hellblau gestrichenen Stall anfallen. Das alleinige Bestrahlen mit Blau über 40 Minuten oder mehr verursacht häufig Müdigkeit und Schläfrigkeit. Daher wäre auch hier eine zusätzliche Behandlung mit einer anderen warmen Farbe wie Gelb, Orange, Rot und/oder Grün angebracht.

Die indigo/violette/purpurne Chi-Bestrahlung: Diese Farben sind Mischungen aus Rot und Blau mit verschieden starken Anteilen, Purpur mit Rotbetonung, Indigo mit überwiegendem Blauanteil, in Violett sind beide ausgewogen. Es gelten die entsprechenden Angaben unter rotem und blauem Heil-Chi. Bei Gemütserkrankungen sollte die violette Farbbestrahlung von Hellblau, Grün oder Gelb gefolgt werden.

In der Natur dringen die Vitalitätsatome, die aus den Heilfarben Rot, Gelb, Orange, Grün, Blau, Indigo und Violett bestehen, aus dem Kosmos in unseren Körper ein, wobei Purpur sich dem Rot oder Violett anlagert. Das Prinzip von Farbstrahlgeräten mit diesen reinen Farben ist der Natur abgelauscht.

Das nachfolgende Krankheitsverzeichnis führt die Farben des heilenden Chi für viele Leiden auf. Auch werden die für die betreffenden Krankheiten überwiegend zuständigen Chakren angegeben.

Alphabetisches Krankheitsverzeichnis mit wichtigstem Heil-Chi und zugehörigen Chakren

Abkürzungen für die Farben des Heil-Chi:

R = Rot
O = Orange
Ge = Gelb
Gr = Grün
V = Violett/Purpur
I = Indigo
B = Blau
Rs = Rosa
A.F. = alle Farben

Ziffern für die wichtigsten zuständigen Chakren, die – in der Reihenfolge ihrer Bedeutung – im nachfolgenden Verzeichnis aufgeführt sind:

1 = Wurzel-Chakra
2 = Milz-Chakra
3 = Solarplexus-Chakra
4 = Herz-Chakra
5 = Hals-Chakra
A.C. = alle Chakren

Farbbehandlungen erfolgen als Zusatzbehandlung. Verordnete Medikamente dürfen nicht abgesetzt werden.

Nach dem Krankheitsverzeichnis erfahren Sie etwas über die Beziehungen der Chakren zu Ernährung, Heilkräutern, Homöopathie, Vitaminen, Spurenelementen, Edelsteinen, Musik und Massage.

Krankheit	Farben	Chakren
Abmagerung	A.F.	2, 3
Abszeß	B, Gr	2, 5, 1
Afterjucken	B, Ge	5, 2, 3, 1
Afterschließmuskel-krampf	Gr	3
Aids	A.F.	2, 1, 3, 5, 4
Akne	B, R, A.F	1, 5, 2, 3
Allergien	A.F.	A.C.
Alpdrücken	Ge, Gr, Rs	3, 4, 2
Altern, verfrühtes	A.F.	A.C.
Altersbrand (Gangrän)	B, Gr	1, 5, 2
Altersherz	A.F.	A.C.
Altersjuckreiz	B, Ge, Gr, V	2, 3, 1, 5
Anämie (Blutarmut)	R, Gr, A.F.	2, 3, 1
Anazidität (Mangel an Magensäure)	Gr, R, A.F.	2, 1, 3, 4, 5
Angina pectoris	B, Gr, Ge	4, 2, 1, 3
Angina tonsillaris (Mandelentzündung)	B, Gr	1, 3, 2, 5
Angstzustände	Gr, V, Rs	1, 5, 2, 3, 4
Anorexia nervosa	*siehe* Appetitlosigkeit	
Appetitlosigkeit	A.F.	2, 3, 1
Arterienverkalkung	A.F.	A.C.
Arthritis	B, Gr, Ge	1, 3, 2
Arthrosis deformans	A.F.	A.C.
Asthma bronchiale	R, O, Gr	1, 2, 5
Asthma cardiale (Herzasthma)	Ge, Gr, B	1, 2, 4, 3

Krankheit	Farben	Chakren
Atemnot	A.F.	4, 1, 2, 3
Aufstoßen	Gr	3, 2, 1, 4
Augenkrankheiten:		
Bindehautentzündung	B, Gr	3, 2, 1
Schwachsichtigkeit	A.F.	3, 1, 2
Star, grauer	A.F.	A.C.
Star, grüner	B, Gr, V	A.C.
Ausfluß	B, Gr, Ge, O	2, 5, 3, 1
Bartflechte	Gr, O, B	5, 2, 3, 1
Basedow	B, Gr	5, 3, 2, 1
Bauchschmerzen	Gr, B	2, 3, 1, 4
Bettnässen	A.F.	1, 3, 2
Bewegungsapparat, Erkrankungen des	Gr, B, Ge	2, 3, 1
Blähungen	Gr, G	2, 3, 1, 5, 4
Blasenentzündung	B, Gr, Ge	1, 2
Blasensteine	R, O, B, Ge	A.C.
Bluterguß	B, Gr	3, 2
Bluthochdruck	Gr, B, Ge	1, 4, 3, 2
Blutungen, krankhafte	B, Gr	2, 3, 1
Blutunterdruck	R, O, Gr	3, 2, 1
Blutvergiftung	B, V, Gr	2, 3, 1
Blutzucker, niedriger	siehe Hypoglykämie	
Brachialgia paraesthetica nocturna (nächtliches Taubheitsgefühl der Arme)	B, V, R	A.C.
Brechdurchfall	B, Gr	3, 2, 1, 5

Krankheit	Farben	Chakren
Bronchitis, akute	B, Gr	1, 2, 5, 3
chronische	O, V, Gr	A.C.
Bruch (Hernie)	O, Ge, Gr	2, 3, 1
Brustknoten	A.F.	3, 2, 1, 5, 4
Claudicatio intermittens (Schaufensterkrankheit)	A.F.	A.C.
Darmfistel	B, Gr, Ge	5, 1, 3, 2
Darmkatarrh	Gr, B	2, 3, 1, 5
Darmsenkung	O, Gr, Ge	2, 1, 3
Depression	V, B, Gr, Ge	3, 2, 5, 1, 4
Diabetes	A.F.	2, 3, 1, 5
Drüsenschwellungen	Gr, R, V	1, 5, 2
Durchblutungsstörungen	A.F.	A.C.
Durchfall	B, Gr, Ge, O	2, 1, 3
Eierstockentzündung	B, Gr	1, 2, 3
Ekzem: entzündet	B, Gr	5, 3, 2, 1
trocken	Gr, Ge	1, 2, 3, 5
nässend	Gr, Ge	3, 2, 5, 1
fettig	Gr, V, Ge	3, 5, 2, 1
Energiemangel	A.F.	A.C.
Entzündungen	B, Gr	3, 2, 1
Epilepsie	B, Ge	A.C.
Erbrechen	Gr, B, Ge	2, 3
Erfrierungen	B, R, O, Ge	1, 2, 3
Erkältungen	Gr, O	2, 1, 5, 3

Krankheit	Farben	Chakren
Erschöpfung	O, Gr, B, Ge	2, 1, 3, 4
Fettsucht	B, V, I	2, 3
Fieber	B, Gr	3, 2, 5, 1
Fontanellenschluß, unvollständiger	A.F.	1, 5
Frieren	R, O, Rs, Gr	1, 3, 2
Frigidität	R, O, Gr, Ge, V	A.C.
Frostbeulen	B, R, Gr	1, 5, 3
Furunkel	B, Gr	5, 3, 1, 2
Fußknöchel, schwach	A.F.	3, 2, 1
Fuß- und Nagelpilz	Gr, Ge, B	2, 5, 1, 3
Fußschweiß	R, B, Gr	1, 5, 2
Gärungsdyspepsie (Blähungen, Übelkeit)	Gr, O, Ge	3, 2, 1, 5
Gallenblasenentzündung	B, Gr	3, 2
Gallensteine	B, Gr, V, I	3, 2, 1
Gastritis (Magenentzündung)	B, Gr, Ge	2, 3, 1
Gedächtnisschwäche	O, Gr, Ge	4, 1, 2, 3
Geruchs-, Geschmacksverlust	A.F.	2, 3, 1, 5, 4
wahlweise	A.F.	A.C.
Gehirnerschütterung	B, Gr, Ge	
Gelbsucht	Gr, B, A, F	3, 2, 1
Gelenkleiden	B, Gr, V, Ge	1, 3, 2
Gelenkrheuma	B, Ge, Gr	1, 2, 3, 5
Gicht	B, Gr, Ge, Rs	3, 2, 1
Gingivitis	*siehe* Zahnfleischbluten	

Krankheit	*Farben*	*Chakren*
Grippe	*siehe* Erkältungen	
Gürtelrose	B, Gr, I	3, 2, 1, 5
Haarausfall und -leiden	Gr, R, O, Ge	1, 3, 2
Haare, übermäßige Körperbehaarung	A.F.	5, 1, 3
Hämorrhoiden	B, Gr	3, 2, 1, 4
Halsentzündung	*siehe* Angina tonsillaris	
Harnwegsinfekte	B, Gr, O	1, 5, 2
Hauterkrankungen	*siehe* Ekzem	
Hautjucken	B, Gr	3, 2, 1
Heiserkeit	B, R, Gr	1, 3, 2
Hepatitis	*siehe* Gelbsucht	
Hernie	*siehe* Bruch	
Herzklappenfehler	A.F.	4, 1, 2, 3
Herzklopfen, -jagen	Gr, B	4, 3, 2, 1
Herzmuskelschwäche	Gr, B	4, 2, 3, 1
Herzrhythmusstörungen	B, Gr	1, 4, 2
Herzschmerzen	Gr, B	4, 1, 3, 2
Herzschwäche	A.F.	4, 2, 3, 1
Heuschnupfen	B, Gr, O	5, 1, 2, 3
Hexenschuß	B, Gr, R	1, 3, 2
Hitzewallungen	*siehe* Schweiße	
Hodenentzündung	B, Gr	1, 3, 2
Hüftgelenksentzündung	Gr, V	3, 1, 2
Husten	Gr, O	5, 3, 1, 2, 4
Hypoglykämie	A.F.	2, 1, 3
Hysterie	B, Gr, V	1, 2, 3, 4

Krankheit	*Farben*	*Chakren*
Impotenz	A.F.	1, 3, 2
Infektanfälligkeit	B, Gr, O	1, 2, 5, 3, 4
Insektenstiche, anfällig für	B, Gr, A.F.	2, 3, 1
Ischias	B, Gr, R, Ge	1, 3, 2
Karies	A.F.	2, 3, 1, 5
Katarakt	*siehe* Augenerkrankungen	
Kehlkopfleiden	A.F.	5, 1, 2, 3, 4
Keuchhusten	B, Gr, O	1, 5, 2, 3
Klimakterium, Beschwerden des	A.F.	1, 2, 3, 4, 5
Knieschmerzen	B, Gr	1, 2, 3
Knochenerkrankungen	Gr, O, B	1, 3, 2
Koliken	B, Gr	3, 1, 2
Kollaps	O, Gr, Ge	A.C.
Konzentrationsmangel	A.F.	1, 2, 3, 4, 5
Kopfschmerz	B, V, Rs	3, 2, 1, 4
Krampfadern	B, Gr	2, 3, 4, 5, 1
Krämpfe	Gr, B, Ge	3, 1
Krebs	Gr, A.F.	2, 1, 3, 5, 4
Kreislaufstörungen	Gr, R, B	2, 3, 5
Kreuzschmerzen	*siehe* Ischias	
Kropf	B, Gr, Rs	5, 1, 3, 2
Lähmungen	A.F.	1, 3, 2
Leberleiden	Gr, O, Ge	3, 2, 1
Lernschwierigkeiten	A.F.	1, 2, 3, 4

Krankheit	Farben	Chakren
Lippen, trocken, aufgesprungen	A.F.	2, 3, 1
Lumbago	*siehe* Ischias	
Lungenemphysem	A.F.	1, 5, 2, 4, 3
Lungenentzündung	R, V, Gr	1, 3, 5, 2
Lymphknoten, geschwollene	Gr, B, O	5, 1, 2, 3
Magenerweiterung	O, Gr, Ge	2, 3, 1
Magengeschwür	B, Gr, V	3, 2, 1, 5
Magenkrampf	B, Gr	2, 3, 1
Magensenkung	A.F.	2, 3, 1
Masern	B, Gr, O	3, 2, 1
Mastitis (Brustdrüsenentzündung)	B, Ge	1, 2, 5, 3
Meningitis	B, Gr	3, 2, 1
Migräne	A.F.	2, 3, 1, 5, 4
Milchmangel	O, Gr	1, 2, 3
Milchschorf	Rs, B, Gr	5, 2, 3, 1
Milzerkrankungen	A.F.	2, 3, 1
Mittelohrentzündung	B, Gr	1, 3, 2
Müdigkeit	A.F.	1, 2, 4, 3, 5
Multiple Sklerose	A.F.	A.C.
Mundgeruch	Gr, O, Ge	3, 2, 1, 5, 4
Mundschleimhautentzündung	B, Gr	2, 3, 1, 5
Muskelrheuma	Gr, B, Rs	2, 3, 1, 5
Muskelschmerzen	Gr, B, Rs	2, 3, 1
Muskelschwund	A.F.	A.C.

Krankheit	Farben	Chakren
Myokardinfarkt (Nachbehandlung)	A.F.	2, 4, 3, 1
Myom	Gr, V, B, Ge	2, 3, 1
Nachtschweiß	V, B, Gr	5, 1, 2, 3
Nägel, rissig, weich	Gr, A.F.	3, 1, 2, 5
Nasenbluten	B, Rs, Gr	2, 3, 5
Nasenpolypen	Gr, O, Ge	5, 2, 3, 1
Nase, verstopft	Gr, O, Ge	1, 2, 3
Nebenhöhlenentzündung	A.F.	1, 3, 2, 5
Nebennierenleiden	A.F.	3, 2, 1
Nervenleiden (mit Gehirn- und Rückenmarksleiden)	A.F.	A.C.
Nervenschwäche (Neurasthenie)	A.F.	A.C. (2, 1, 3!)
Nervosität	Gr, B	3, 4, 1, 2
Nesselsucht	B, Gr	3, 1, 2, 5
Neuralgie, Neuritis	B, Gr, Ge	3, 1, 2
Nierenbeckenentzündung	B, Ge, Gr	1, 2, 5
Nierenentzündung	B, Gr, Ge	1, 3, 2, 5
Nierenschmerzen	B, R, Gr	1, 3, 2
Nierensteine	R, B, O, V	1, 3, 2
Nikotinvergiftung	A.F.	A.C.
Ödeme (Wasseransammlungen)	Gr, R, B	1, 2, 4, 3, 5
Ohnmacht	Gr, Rs, B	A.C.
Ohrensausen	A.F.	1, 2, 5, 3, 4
Ohrenschmerzen	B, Gr	1, 3, 2

Krankheit	*Farben*	*Chakren*
Ohrspeicheldrüsenentzündung	B, Gr, Rs	1, 2, 3, 5
Osteoporose (Entkalkung der Knochen)	A.F.	5, 1, 3, 2
Otosklerose (Schwerhörigkeit)	A.F.	1, 2, 3, 5, 4
Parodontose	A.F.	2, 1, 3, 5, 4
Pavor nocturnus (nächtliches Aufschreien der Kinder)	A.F.	2, 3, 1
Periode, schmerzhaft, unregelmäßig	B, Gr, Rs	3, 2, 1
Pilzerkrankungen	V, B, Gr	2, 3, 1
Platzangst	B, Gr	4, 3, 1, 5, 2
Pleuritis (Brustfellentzündung)	B, Gr, O	5, 1, 2
Polyarthritis: akut	B, Gr, Ge	1, 3, 2
chronisch	O, Gr, B	3, 1, 2
Polypen	Gr, B, Ge, Rs	1, 5, 2, 3
Prellungen	B, Gr	
Prostataerkrankungen	B, Gr	1, 2, 3
Psoriasis	Gr, O, B, Ge	3, 2, 1, 5
Rachitis	Gr, Rs	1, 2, 5, 3
Reiseübelkeit	Gr, B	2, 1, 3
Rhagaden (tiefe Hauteinrisse)	O, Gr, B, A.F.	5, 1, 2
Rippenfellentzündung	*siehe* Pleuritis	
Rückenschmerzen oder -schwäche	A.F.	1, 3, 2, 5

Krankheit	*Farben*	*Chakren*
Schielen	Gr, A.F.	3, 2, 1
Schilddrüsenüberfunktion	Gr, B	5, 1, 2, 3
Schilddrüsenunterfunktion	R, O, Ge	3, 2, 1
Schlaflosigkeit	A.F.	3, 2, 5, 1
Schlaganfall	Gr, Rs, O, B	4, 1, 3
Schleimbeutelentzündung	B, Gr	2, 3
Schnupfen	B, Gr	5, 2, 1
Schrunden	*siehe* Rhagaden	
Schwangerschaftserbrechen	B, Gr	A.C.
Schwangerschaftsunterstützung	A.F.	A.C.
Schweiß	A.F.	5, 3, 1, 4, 2
Schwerhörigkeit	A.F.	1, 4, 3
Schwindel	Gr, B, R	3, 2, 1
Sehnenscheidenentzündung	B, Ge	2, 1, 3
Senkung	A.F.	2, 1, 3, 4, 5
Sodbrennen	Gr, B	2, 3, 1
Sprachstörungen	A.F.	2, 1, 3, 4
Stirnhöhlenkatarrh	A.F.	A.C. (1, 2!)
Struma	*siehe* Kropf	
Taubheit eines Körperteiles	A.F.	3, 2, 1
Taubheit, plötzliche	A.F.	1, 3, 2, 4
Tetanie	Gr, A.F.	5, 3, 1, 2, 4
Thrombophlebitis (Venenentzündung)	B, Gr	3, 2, 1
Trigeminusneuralgie	Gr, B	3, 5, 2
Übergewicht	*siehe* Fettsucht	

Krankheit	Farben	Chakren
Übersäuerung (Azidose)	Gr, Ge	1, 3, 2
Unfallfolgen	A.F.	
Unfruchtbarkeit	A.F.	1, 3, 2
Unruhe	Gr, B	3, 4, 1, 2
Urinausscheidung, Störung der	A.F.	2, 1
Urtikaria (Nesselsucht)	B, Gr	3, 5, 2, 1
Venenentzündung	B, Rs, Gr	3, 2
Verbrennung	B, Gr	hilfreich: 5, 2, 1
Verdauungsstörungen	Gr, Rs, Ge	3, 2, 1, 5, 4
Verstopfung	Gr, O, Ge	3, 2, 5, 1
Vitalitätsmangel	A.F.	1, 2, A.C.
Wachstumsstörungen	A.F.	1, 4, 3, 2, 5
Wanderniere	O, Ge, Gr	2, 1
Warzen	R, Gr, O, Ge, V	1, 2, 3, 5
Wasseransammlungen	*siehe* Ödeme	
Wasserlassen, nächtliches	A.F.	4, 1, 2, 3, 5
Wassersucht	Gr, Rs, O, Ge	2, 3, 1, 5, 4
Wechseljahre	*siehe* Klimakterium	
Wirbelsäulenverkrümmung	A.F.	1, 5, 2, 3
Wundbehandlung	B, Gr	5, 1, 2
Wundliegen (Dekubitus)	B, Gr, R	5, 3, 2, 1
Wundstarrkrampf (Tetanus)	B, V, I	A.C.

Krankheit	Farben	Chakren
Zahnen	B, Rs, Gr	1, 3, 2
Zahnfleischbluten und -entzündung	A.F.	2, 3, 1
Zahnfistel	Gr, O, Ge	A.C.
Zahnschmerzen	B, Gr	A.C.
Zittern, Zucken	A.F.	3, 1, 2
Zuckerkrankheit	*siehe* Diabetes	
Zwölffingerdarmgeschwür	B, Gr	2, 3, 1
Zystitis (Blasenentzündung)	B, Gr, Ge	1, 3, 2

Chakren und Ernährung

Chakren und Ernährungsratschläge aus dem alten Asien

Wurzel-Chakra	Milz-Chakra	Nabel-Chakra (Solarplexus)	Herz-Chakra	Hals-Chakra (Kehlkopf)
		Stimulierende Nahrung		
Meersalz, Knoblauch, Hammel, Ente, Wildbret, Eier, Kastanien, Walnüsse, Lebertran, Vollkornreis	siehe Hals-Chakra, außerdem: Aal, Krabben, Eier, Pflaumen, Buchweizen, frische Aprikosen	Meersalz, Meeresalgen, Krabben, Huhn, Lauch, Zwiebeln, Walnüsse, Kirschen, Weißkohl	bitterer Tee, Bitterpflanzen, Paprika, Galant, Knoblauch, Koriander, Zwiebeln, Porree, Truthahn, weißer Fisch, Hafer, frische Aprikosen	Knochenmark, Ingwer, Oliven, Meersalz, Meeresalgen, Lebertran, Ente, Hase, Taube, Eier, Sellerie, Gerste, Vollkornreis, Wasserkresse
		Beruhigende Nahrung		
grünes und gelbes gekochtes Gemüse, Sesamsamen, Sonnenblumenkerne	Kürbis, Kopfsalat, Weißkohl, grüne Bohnen, Äpfel, Mais, Sesamsamen	Kopfsalat, Sojabohnen, (Tofu), Weizen, (Dinkel), Sesamsamen, Kürbiskerne	Bananen, Pfirsiche, Erbsen, Mais, Azukibohnen (= Adukibohnen), Mungbohnen	Bohnen, Sojabohnen, (Tofu), Pfirsiche, Kürbis, Spinat, Möhren, Erdnüsse, Datteln, Feigen

Chakren und moderne Gesundheitskost

Wurzel-Chakra	Milz-Chakra	Nabel-Chakra (Solarplexus)	Herz-Chakra	Hals-Chakra (Kehlkopf)
schädlich: siehe Milz-Chakra, tierische Fette, Kochsalz, zuviel Milchprodukte.	*schädlich:* kalte Getränke und Nahrungsmittel, Hefe, zuviel Fett, Zucker, alle Süßungsmittel, Kuhmilch, Weißmehl, zuviel Gewürze.	*schädlich:* Kokosfette, Schweineschmalz, tierische Fette, zuviel Säuren (Essig), große Mengen Rohkost, Alkohol, Bohnenkaffee (siehe auch Wurzel- und Milz-Chakra).	*schädlich:* Kochsalz (Meersalz verwenden!), zuviel Fett, auch in Wurst- und Käsesorten (sie enthalten bis zu 70% Fett i.Tr.), zu viele Bitterstoffe.	*schädlich:* scharfe Nahrung. *Bei Schilddrüsenüberfunktion:* zuviel Salz, Brunnenkresse, Bohnen- und koffeinfreier Kaffee, Schwarz- und Matetee. Meeresalgen hatten nach meiner Beobachtung sehr selten Nebenwirkungen; *bei Schilddrüsenunterfunktion:* zuviel Kohl. *Bei Nebenschilddrüsen- und Lungenerkrankungen:* siehe Wurzel-Chakra.

Wurzel-Chakra	Milz-Chakra	Nabel-Chakra (Solarplexus)	Herz-Chakra	Hals-Chakra (Kehlkopf)
heilsam: tägl. 3 g Meersalz, 35–45 g überwiegend pflanzliches Eiweiß; *basenüberschüssige* Diät: alle Gemüse und Salate, Buchweizen, Dinkel, Kartoffeln, Linsen, Bohnen, Erbsen, Joghurt mit Bifidus- und Acidophilusbakterien, Haselnüsse, Sesam, Mandeln. (Obst, v.a. Südfrüchte sind meist nicht ausgereift und daher sauer; erlaubt sind süße Äpfel, Birnen, Himbeeren, Heidelbeeren, Bananen und Aprikosen.)	*heilsam:* Zwiebeln, Meerrettich, Knoblauch (roh) reduzieren die Gärung und den Pilzbefall des Blutes und des Körpers. Anzuraten ist basische Diät (siehe Wurzel-Chakra). Vitamin A (rohe, gelbe Gemüse und grüne Blattgemüse) und warme, regelmäßige Mahlzeiten.	*heilsam:* Vollkorngetreidesuppen mit Wurzelgemüsen, weißer Fisch, weißes Fleisch, Tofu (Sojaquark); vor dem Einschlafen feuchtwarme Leberwickel mit Wärmflasche für 20–30 Minuten (Gefühlsabläufe beobachten!).	*heilsam:* täglich bis 50 g nichterhitzte Pflanzenöle; Cholesterin wird nachweisbar gesenkt durch Zwiebeln, Porree, Knoblauch (roh hacken und während des Essens *unzerkaut* schlucken), roher Kohl, Äpfel, Hafer, nichterhitztes Olivenöl.	*heilsam:* siehe Wurzel- und Milz-Chakra. Weiterhin: knappe Ernährung; 2 x pro Woche roher Kohl und biologischer Joghurt (siehe Wurzel-Chakra).

Siehe auch zu dieser und der vorigen Tabelle den Abschnitt: »Erfolgreiche Allergiediagnose« (S. 330).

Chakren und Heilkräuter

Die Pflanzen-Abbildung beginnt unten in der Mitte mit dem Zinnkraut – für das Wurzel-Chakra –, wobei im Uhrzeigersinn Löwenzahn, Huflattich, Herzgespann und Kamille folgen.

Scheitel-Chakra: wird überwiegend von der Energie der unteren Chakren ernährt
Stirn-Chakra: siehe Scheitel-Chakra
Kehlkopf-Chakra: Huflattich, Eibisch, Salbei, Thymian, Königskerze, Spitzwegerich, Lindenblüten

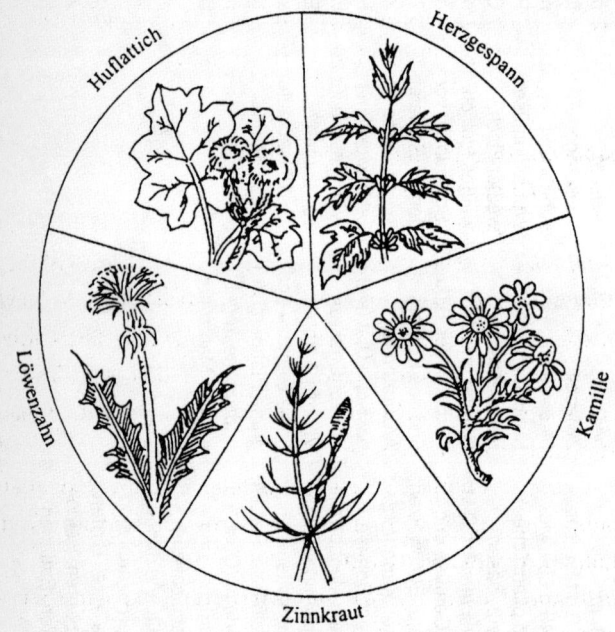

Chakren und Heilkräuter

Herz-Chakra: Herzgespann, Melisse, Rosmarin, Mistel, Weißdorn, Schlüsselblume, Adonisröschen
Solarplexus-Chakra: Löwenzahn, Wegwarte, Kurkuma, Odermennig, Quecke, Mariendistel, Kalmus
Milz-Chakra: Kamille, Kümmel, Koriander, Schafgarbe, Ringelblume, Ingwer, Angelikawurzel
Wurzel-Chakra: Zinnkraut, Heidelbeerkraut, Hauhechel, Goldrute, Bruchkraut, Brennessel, Teufelskralle

In diesem Text wurde nur eine kleine Auswahl der auf das jeweilige Chakra günstig wirkenden Heilkräuter aufgeführt. Bestimmte Pflanzen fallen durch ein intensives, reinfarbenes Chi sowie stärkere Durchstrukturierung ihres Ätherfeldes auf. Sie wehren daher Umweltgifte besser ab als andere.

Homöopathische Heilmittel und Metalle, die zu den Chakren passen

Scheitel-Chakra: Das Chi der Homöopathie wirkt sowohl über die fünf unteren Chakren als auch direkt auf das Scheitel-Chakra.
Stirn-Chakra: wie Scheitel-Chakra; und Argentum met. (Silber)
Kehlkopf-Chakra: Spongia, Jodum, Fucus vesiculosus, Tartarus emet., Marum verum, Kalium bichromicum, Hydrastis, Ignatia, Ferrum met. (Eisen)
Herz-Chakra: Kalmia, Crataegus, Spigelia, Cactus, Convallaria, Adonis vernalis, Naja tripudians, Kalium carbonicum, Secale cornutum, Aurum met. (Gold)
Solarplexus-Chakra: Lycopodium, Bryonia, Taraxacum, Cholesterinum, Myrica cerifera, Leptandra, Fel tauri, Chelidonium, Stannum met. (Zinn), Ferrum met. (Eisen)

Milz-Chakra: Condurango, China, Sedum repens, Lachesis (siehe Abb. S. 282), Nux vomica, Ceanothus americanus, Carduus marianus, Robinia, Dioscorea villosa, Natrium muriaticum, Plumbum met. (Blei)
Wurzel-Chakra: Berberis, Urtica, Solidago, Apis mellifica, Carbo vegetabilis, Ferrum met. (Eisen), Rhus toxicodendron, Plumbum aceticum, Causticum, Cuprum met. (Kupfer), Argentum met. (Silber)
Hier sind nur einige aus der Vielzahl der homöopathischen Mittel genannt. Die individuelle Behandlung muß durch einen geschulten Homöopathen erfolgen. Zum Thema Homöopathie siehe auch »Biologische und geistige Heilweisen« (Kap. 7)

Chakren – Vitamine – Spurenelemente – Aminosäuren

Zur Entgiftung und Vitalisierung der Chakren haben sich folgende Vitalstoffe, die man in der Nahrung oder in Nahrungsmittelzusätzen findet, besonders bewährt:

Kehlkopf-Chakra: Vitamine: A, B_5, B_6, B_{15}, C, E, Magnesium, Mangan, Kalium, Zink, Knoblauch, Meeresalgentabletten
Herz-Chakra: Vitamine: B_3, B_6, B_{12}, C, E, Lezithin, Magnesium, Selen, Zink, Eisen, Kalium, Bioflavonoide, Meeresalgentabletten
Solarplexus-Chakra: Vitamine: A, B_3, B_6, B_{12}, C, D, E, F, K, Karotin, Kalium, Magnesium, Mangan, Zink, Lezithin, Cholin, Lysin, Methionin, PABA, Azidophilus-Bazillus, Kleie, Folsäure, Olivenöl
Milz-Chakra: Vitamine: A, der gesamte B-Komplex – besonders B_3, B_5, B_6 –, C, E, F, Inositol, Taurin, Mangan, Magnesium, Chrom, Zink, Selen, Meeresalgentabletten

Wurzel-Chakra: Vitamine: A, alle B-Vitamine, besonders B_3, B_5, B_6, B_{12}, C. Kalzium, Magnesium, Lezithin, Bromelain, Selen, Zink

Die Versorgung mit Vitalstoffen wirkt sich über die fünf unteren Chakren auf die beiden oberen Zentren aus. Siehe auch zu diesem Thema »Gesundes Nahrungs-Chi als Hilfe gegen Umweltgifte und Krankheiten« (Kap. 7).

Chakren und Edelsteine

Scheitel- und Stirn-Chakren: weißer Opal, Morion, blauer Saphir, Zitrin, Jadeit, Topas, Amethyst und Diamant
Kehlkopf-Chakra: Bernstein, Amethyst, Staurolith, Aventurin, Chrysokoll, Azurit, Lapislazuli, Axinit, Chalcedon, Saphir, Perle, Pyrit, Vivionit, Uwarowit, Rutilquarz
Herz-Chakra: weißer Amethyst, Chiastolith, Diamant, Rosenquarz, Rhodochrosit, Pyrop, Chrysokoll, Goldberyll, Koralle, Orthoklas, Opal, Smaragd, Glasmeteorit, rosa Turmalin
Solarplexus-Chakra: Aquamarin, Spinell, Almandin, Grüner Chrysolith, Eläolith, Malachit, Olivin, Spodumen, Rubin, Chalcedon, Goldtopas, Mondstein, grüner Smaragd
Milz-Chakra: Moosachat, Heliotrop, Euklas, Azurit, Dioptas, Sardachat, Obsidian, gelber Karneol, Zirkon, Jaspis, Grossular, Hämatit, Goldener Edeltopas, grüner Turmalin
Wurzel-Chakra: Amazonen- und Aztekenstein, Beryll, Zitrin, Achat, Blutjaspis, Nephrit, roter Karneol, rosaroter Turmalin, Tigerauge, Demantoid, Heliotrop, Mondstein

Edelsteine lassen sich als Schmuck tragen, ziehen jedoch den oft negativen, kranken Äther des Trägers an sich und wirken dann

störend auf dessen Energiefluß ein. Ursprüngliches, reines Edelstein-Chi wird durch mehrstündige Sonnenbestrahlung wiederhergestellt.
Nicht immer ist die unsichtbare Ätherfarbe eines Steines mit der sichtbaren identisch. Ein grüner Stein kann zum Beispiel intensives rotes Chi abstrahlen.
Edelstein-Chi für die Hautpflege enthalten besondere Edelsteinöle (siehe Bezugsquellen am Buchende).

Chakren und Musik

Scheitel-Chakra: alle reinen Töne, harmonischen Klänge, siehe Herz-Chakra
Stirn-Chakra: siehe Herz-Chakra
Kehlkopf-Chakra: Töne: G = Hellblau, B = Violett, A = Indigo; Musik: kraftvolle Kompositionen. Die Musik von Händel strahlt intensivstes vitales Hellblau aus.
Herz-Chakra: die gesamte Tonleiter, die den Farben Weiß und Gold entspricht; Musik: die sakrale Musik der Barockzeit (Vivaldi, Telemann, J. S. Bach u. a.)
Solarplexus-Chakra: Töne: C= Rot, F = Grün; Musik und Klänge, besonders in der Natur (wie Rauschen des Waldes und Plätschern von Bächen)
Milz-Chakra: Töne: C = Rosa/Rot, E = Gelb, F = Grün, B/H = Violett/Purpur; C-Dur-Dreiklang; romantische und klassische Musik wirken hier regenerierend.
Wurzel-Chakra: Töne: C = Rot, D = Orange, E = Gelb, B/H = Violett/Purpur; auch Weiß; Musik: rhythmische Stücke wie Trommel- oder Militärmusik

Chakra-Brust- und -Bauchmassage

Diese darf nicht bei Magen-, Darm-, Blasen- und Unterleibsentzündungen durchgeführt werden. Um die Entgiftung anzuregen, sollte man sie zweimal pro Woche anwenden. Jedes Chakra hat bestimmte Reflexzonen im Bauchbereich (siehe Abb. 1, S. 217). Wenn man sich nach der Massage für 30 Minuten in Bauchlage entspannt, lösen sich größere Mengen krankes Chi und gehen über die Beine wolkenförmig nach unten ab. (Auch beim Einhalten der Vorform der Kobra-Stellung – siehe S. 271 – für 30 Minuten und mehr, d. h. in Bauchlage auf den Unterarmen ruhend, während man liest oder schreibt, sinkt schweres, krankes Chi in den Hara, um sich dann über die Beine zu lösen.)

Durchführung:

1. Man liegt morgens im Bett auf dem Rücken mit angewinkelten Knien und aufgesetzten Füßen. Mit der rechten Hand wird das Gebiet unter dem linken Schlüsselbein (Herzgegend) leicht kreisend massiert. Nach wenigen Minuten führt man dieselbe Massage mit der linken Hand auf der rechten Brustseite unter dem rechten Schlüsselbein aus (S. 217, Abb. 2, Ziffer 1.).
2. Mit leicht kreisender Bewegung und leichtem Druck massieren Sie die beiden Leisten, um den Abfluß der verbrauchten Energie zu erleichtern (Abb. 2, Ziffer 2.).
3a. Sie folgen dem Chi des Milz-Chakras, indem Sie mit den vier Fingern der rechten Hand unter dem linken Rippenbogen von der Außenseite auf die Bauchmitte zu ziehende Bewegungen ausführen (Abb. 2, Ziffer 3 a.).
3b. Dasselbe führen Sie auf der anderen Bauchseite mit der entgegengesetzten Hand aus (Abb. 2, Ziffer 3b.). Das nimmt insgesamt 5 Minuten in Anspruch.

4. Beide Hände liegen aufeinander und führen vom Bauchnabel ausgehend immer größer werdende Kreise aus, dabei massierend mit den Fingern drückend. Dauer: etwa 3–5 Minuten (Abb. 3, Ziffer 4.).
5. Das Wurzel-Chakra wird durch die knetende, rollende Massage von unten und den Seiten auf den Nabel zu angeregt. Dauer: 2–3 Minuten (Abb. 3, Ziffer 5.).
6. Sie schließen mit leicht rotierender, walkender Massage ab, die von unten rechts aufwärts nach oben rechts bis unter den Rippenbogen, dann quer von rechts nach links und absteigend von links oben nach links unten ausgeführt wird. Dauer: 3–5 Minuten (Abb. 4, Ziffer 6.).

Formen Sie Ihre rechte Hand, als ob Sie einen Apfel fast ganz umfassen würden, und klopfen Sie dann noch dreimal den eben beschriebenen Verlauf des Dickdarms von rechts unten nach links unten ab.

Chakren und Ohr-Reflexzonenmassage

Massieren Sie mit einem Kugelschreiber (mit eingezogener Mine) 2- bis 3mal pro Woche (vorzugsweise vormittags) ihr schwaches Chakra an der entsprechenden Zone beider Ohren für je etwa 3 Minuten.

Um herauszufinden, welche Punkte am schmerzhaftesten sind, massiert man, von innen nach außen gehend, pro Sitzung nur einen Punkt. Er wird sanft rotierend gedrückt. Die Massagestellen, die im Ohrzentrum angegeben sind, entsprechen dem zugeordneten Akupunkturfunktionskreis.

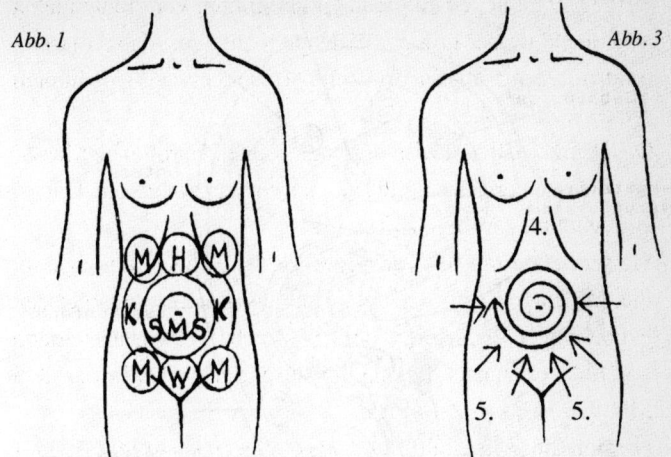

W = Wurzel-Chakra; M = Milz-Chakra;
S = Solarplexus-Chakra
H = Herz-Chakra; K = Kehlkopf-Chakra

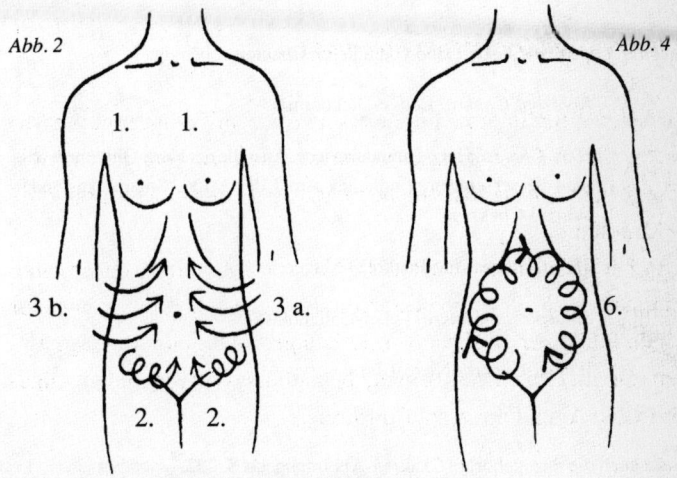

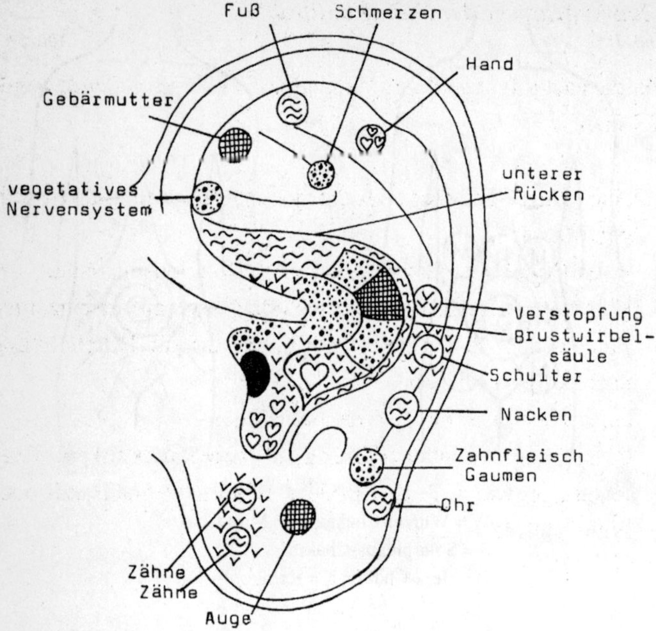

Scheitel- und Stirn-Chakra: sind von unteren Chakren abhängig.

 Kehlkopf-Chakra: Lunge-Dickdarm

 Herz-Chakra: Herz-Dünndarm usw. Anstelle der Herz-Ohrzone wählt man besser ein empfindliches Areal des Milz-, Solarplexus- oder Wurzel-Chakras.

 Milz-Chakra: Milz-Pankreas-Magen

 Solarplexus-Chakra: Leber-Gallenblase

 Wurzel-Chakra: Niere-Blase

Siehe auch die dazugehörige Chakren-Abbildung auf S. 222.

Chakra-Massage der Hände und Füße

Für die nachfolgende Energiemassage der Hände und Füße benötigt man:

1. einen Kugelschreiber mit eingezogener Mine zur punktförmigen Massage,
2. einen Holzlöffelstiel zur Druck- und Rotationsmassage,
3. Wäscheklammern, die für Sekunden/Minuten an einzelnen Fingern oder Zehen befestigt werden, um die Durchblutung nachhaltig anzuregen,
4. einen Plastikkamm zur Streichmassage;
5. Glasmurmeln (Kinderspielzeug). Diese legt man auf eine feste Unterlage, wie z. B. den Boden, und drückt mit Hand- oder Fußinnenflächen dagegen.

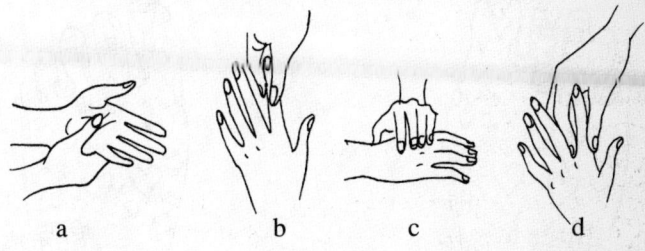

a   b   c   d

Bei der *Chakra-Handmassage* werden schmerzhafte Stellen erst einige Male sanft massiert, bis man nach Wochen kräftiger ans Werk geht. Weiterhin ist es wichtig, a) den Handteller, b) die Finger, c) den Handrücken und d) die Seiten der Finger zu massieren (siehe Abb.). Dies führt man auch bei der *Chakra-Fußmassage* durch.

– Anschließend wird jeder Zeh und jeder Finger zuerst *leicht*

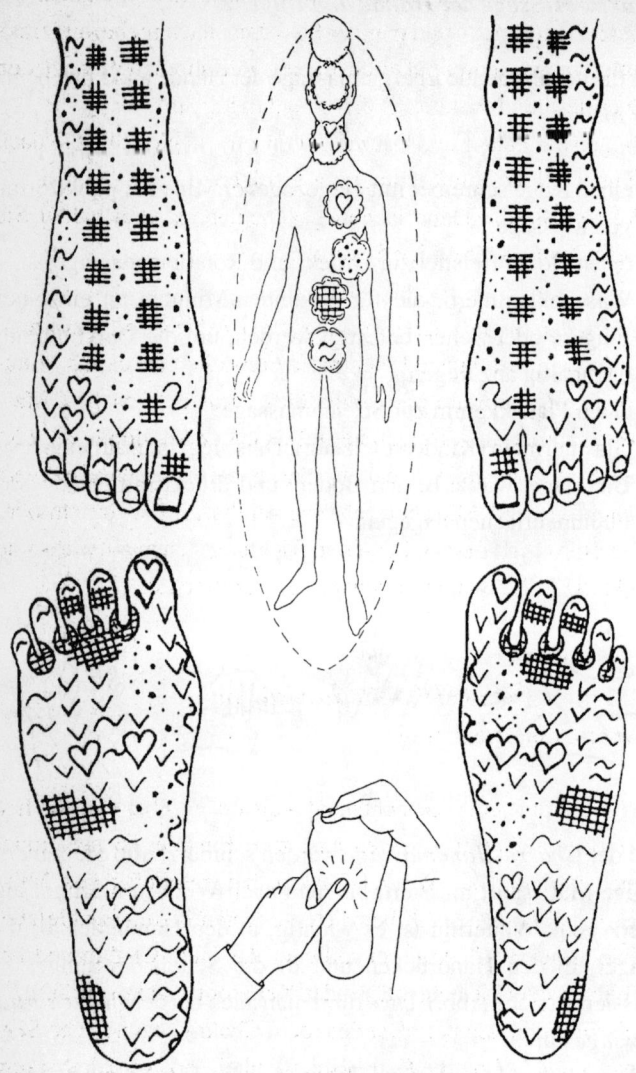

Chakra-Reflexzonenmassage der Füße

gezogen, danach gestaucht – also senkrecht nach innen ins Gelenk gedrückt – und dann 7- bis 10mal nach rechts und links rotiert bzw. gedreht. Durch dieses Verfahren regt man den Energiefluß im Vitalitätskörper nachhaltig an.
- Biegen Sie Finger und Daumen langsam und gleichmäßig nach hinten. All dies muß schmerzlos erfolgen.
- Pressen Sie die Handflächen gegeneinander, und halten Sie diese Position für einige Sekunden.

Bei der *Chakra-Reflexzonenmassage der Füße* werden zweimal pro Woche vormittags schmerzhafte Fußstellen für ca. 15 Minuten massiert (nachmittags durchgeführt, können durch diese Massagen Schlafstörungen entstehen). Das in der Abbildung (S. 220, unten Mitte) gezeigte Areal ist häufig bei gestreßten Nerven, Erschöpfung und Allergien sehr schmerzhaft. Man streicht oder massiert kräftig von den Fersen in Richtung Zehen aufwärts und drückt die Reflexzone mit dem Daumen rotierend.

Chakren und Schönheit – die kosmetische Chakra-Gesichtsmassage

Der Grundton jeder Gesichtshaut sagt etwas über Schwächen eines oder mehrerer Chakren aus, zum Beispiel ist bei grauer Gesichtsfärbung das Wurzel-Chakra, bei gelblicher das Milz-Chakra, bei blauer (auch beim Hervortreten bläulicher Gefäße) das Solarplexus-Chakra, bei rötlicher das Herz-Chakra und bei weißlicher oder Gesichtsblässe das Kehlkopf-Chakra anfällig. Auch sollten in den betreffenden, dem Chakra zugehörigen Segmenten (siehe Abb.) die Hautbeschaffenheit (ob normal, trocken,

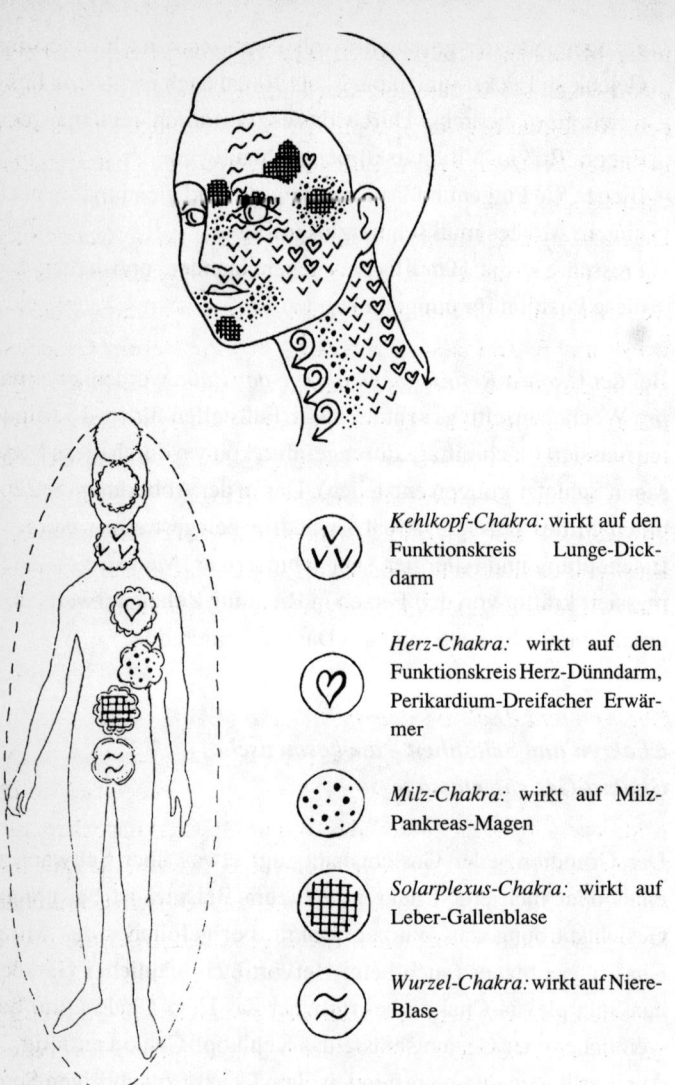

Die kosmetische Chakra-Gesichtsmassage

fettig, Mischhaut, Großporigkeit), Durchblutung, Leber- und Pigmentflecken sowie das Auftreten kleiner Gefäße beachtet werden. Auffällige oder ungewöhnliche Veränderungen eines oder mehrerer Sektoren zeigen Energieminderung des betreffenden Chakras an.

Die nachfolgende Chakra-Gesichtsmassage wirkt sich reflexartig auf die Funktion aller Chakren aus. Sie ist am wirkungsvollsten, wenn zusätzlich dreimal pro Woche die zuvor erklärte Chakra-Brust- und Bauchmassage durchgeführt wird. Bei der Gesichtsmassage wird zuerst der Lymphabfluß auf den Halsseiten freigemacht. Man streicht bei herausgestreckter Zunge von den Ohren sanft abwärts und massiert mit den Fingerspitzen zum Gesicht rotierend hin. Das Gesicht selbst wird leicht beklopft. Diese Prozedur läßt sich mit beiden Händen auf der rechten und linken Hals- und Gesichtsseite gleichzeitig durchführen. (Für intensive Hautpflege siehe Edelsteinöle in den Bezugsquellen.)

Chakren und Rückensegmente

Die Chakren mit den entsprechenden Organen lassen sich durch Abdrücken der sogenannten Zustimmungspunkte der Akupunktur auf dem Rücken ermitteln. Wenn diese Punkte, die im Chakrabereich liegen, auf Druck schmerzhaft reagieren, bestehen Schwächen oder Krankheiten der zugeordneten Organe (siehe Abb. S. 224).

Seit vielen Jahren beobachte ich, daß gerade an der Stelle oder ganz in der Nähe der schwächsten Organe sich Leberflecken bilden. Sie entstehen durch abgelaufene chronische Krankheitsprozesse, hierbei schieben sich Eiweißstoffe in die Haut. Schon

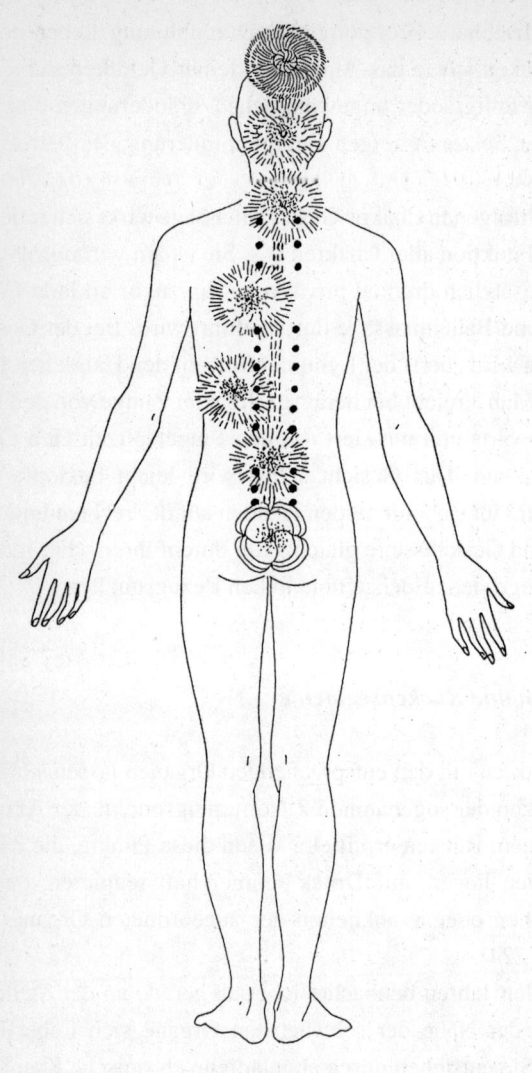

Die »Zustimmungspunkte« der Akupunktur

bei Kindern dienen Leberflecken auf dem Rücken diagnostischen Zwecken. Sie zeigen sowohl abgelaufene Krankheiten der entsprechenden Energiezentren als auch eine zukünftige Anfälligkeit an.

Mit einer Münze fährt man mit leichtem Druck beiderseits der Wirbelsäule, ca. 2 cm von der Rückenmitte entfernt, rasch den Rücken hinab oder herauf. Die Stellen, die weiß, also ohne Rötung bleiben, zeigen die korrespondierenden Organ- bzw. Chakraschwächen an.

Wenn man mit dem rechten Daumen Druck gegen die rechte Seite des Wirbels ausübt und dann mit dem linken Daumen den Gegendruck von außen nach innen auf denselben Wirbel zu, beweist Schmerzlosigkeit, daß der Wirbel in Ordnung ist. Bei Schmerzen überprüfe man zusätzlich das entsprechende Chakra durch den Gesundheitstest.

Eigentherapie der Chakren-Rückensegmente:
– Durch warmes und kurzes kaltes Duschen des Segmentes.
– Durch Einreiben mit Ölen oder Salben.
– Durch Massieren, also Rollen, Kneten oder kreisförmige Bewegung mit Münzen. Im Herzsegment unterbleibt jede Behandlung, um keinen Kollaps auszulösen.
– Durch die in diesem Buch angegebenen Sport- und Yogaübungen.

Farbmeditation für alle Chakren

Diese Übungen sollten zwei Wochen lang zweimal täglich jeweils ca. 15 Minuten durchgeführt werden, dann einmal pro Woche.

- Durch die verschiedenen Tests oder Schnelltests ermitteln Sie Ihr schwächstes Chakra. Für die Meditation gilt folgende zartere Tönung der Heilfarben (im Gegensatz zu den Chi-Farben für die körperliche Behandlung):
  Scheitel- und Stirn-Chakren: Gold, Weiß
  Hals- (bzw. Kehlkopf-)Chakra: Hellblau, Violett, Indigo
  Herz-Chakra: Weiß, Gold, Rosa
  Solarplexus- (bzw. Nabel-)Chakra: Grün
  Milz-Chakra: Rosa, Gelb, Grün, Blau, Violett
  Wurzel-Chakra: Weiß (Wachsamkeit u. a.); Rosa (Menschenliebe u. a.); Gelb (Objektivität u. a.); Violett/Purpur (Religiosität u. a.)
  In der Mittelspalte des psychologischen Tests (= Harmonie, gesundes Chi) finden Sie die positiven Meditationseigenschaften, von denen einige zum Beispiel beim Wurzel-Chakra angegeben wurden.
- Entspannen Sie sich aufrecht sitzend bei gerader Wirbelsäule, die Hände ruhen locker geöffnet auf den Knien. Bei der Entspannung in Rückenlage liegen die Arme entspannt seitlich des Körpers mit nach oben geöffneten Händen.
- Werden Sie gleichgültig gegen Ihre Gedanken, deren Kommen und Gehen, so wie Sie vorüberziehende Wolken beobachten. Ihre Aufmerksamkeit richtet sich auf die Ihrem schwächsten Chakra fehlenden Heilfarben. Diese stellen Sie sich an einen sympathischen Gegenstand gebunden vor, wie im Hellblau des Himmels, Grün der Wiesen, Wälder, Berge; Violett in verschiedenen Blumen usw.
- Fühlen Sie sich von der Farbe umhüllt, atmen Sie sie ein. Versetzen Sie sich in die der Farbe korrespondierenden positiven Charaktereigenschaften (siehe psychologischer Test), die

Sie erwerben wollen und die Sie mit der Einatmungsluft aufnehmen.
- Beim Ausatmen imaginieren Sie, wie sich in der Körpermitte oder auf der Körpervorderseite vom Kopf abwärts über die Füße hinweg giftiges Chi entfernt und alles Negative von Ihnen abfällt. Oder Sie stoßen dieses graue, verbrauchte Chi über die Nase aus.
- Zur seelischen und geistigen Erneuerung vergegenwärtigen Sie sich beim Einatmen weißes oder goldenes Licht, das in den Scheitel einströmt und aus reinem, glänzendem vibrierendem Chi besteht. Beim Ausatmen leiten Sie dieses durch das Herz-Chakra und verbreiten es nach allen Seiten, zum Wohle aller.

Der Erfolg der Farbmeditation wird erstens von der Intensität und Tiefe Ihrer Vorstellungskräfte und zweitens dem Grade der Aura-Intoxikation durch krankes Chi bestimmt. Letztere hat heute so global zugenommen, daß die Farbmeditation allein nicht nutzbringend ist. Nur wenn andere Gesundheitsmaßnahmen (wie Diät, Körperübungen, naturheilkundliche Maßnahmen der individuellen Entgiftung) regelmäßig und systematisch angewendet werden, ist die Macht der Vorstellungskraft auf längere Sicht erfolgreich.

Nach meiner Beobachtung wirken sich der Zustand des Chi und der Chakren nicht nur auf Farbmeditationen, sondern auch auf Konzentration, Denken allgemein und die Durchsetzungskräfte des Individuums aus. Verschiedene moderne Richtungen behaupten heute, daß der Mensch entweder allein von seiner Erbmasse oder von seiner Erziehung oder durch seine Denkkräfte bestimmt wird. Sicherlich sind alle diese Einflüsse stark formend.

Interesse, Ausdauer, Stärke, Beharrungsvermögen und Umsetzung geistiger Erkenntnisse in der Praxis werden m. E. überwiegend ursächlich von der Kraft und Reinheit des Wurzel-Chakras bestimmt. Störfaktoren, die auf dieses einwirken, wurden an den verschiedenen Stellen des Buches beleuchtet. Einer der wesentlichen ist die Metallvergiftung aus den Amalgamplomben, die alle Chakren, besonders aber das Wurzel- und das Stirn-Chakra (Hypophyse) irritiert und von der Mutter auf das ungeborene Kind übertragen wird. Schwarze Quecksilberdämpfe gleichen den »Mächten der Finsternis«, die den »Weg zum Licht« (zur Erkenntnis und Bewußtseinserweiterung) oft hemmen oder versperren können (siehe Wurzel-Chakra S. 59).

6 Harmonisierungsprogramme für die einzelnen Chakren

Einführung

Bitte beachten Sie folgende Hinweise:
1. Informieren Sie sich bei Ihrem Behandler, ob Sie Körperübungen, vorwiegend aus dem Hatha-Yoga, anwenden dürfen oder wegen eines Leidens gehindert sind.
2. Die Übungen sollten auf einer zusammengelegten Decke auf dem Boden oder auf einem dicken Teppich durchgeführt werden. Beginnen Sie nicht mit dem Programm, wenn Sie Schmerzen irgendwelcher Art, wie zum Beispiel an den Gelenken oder der Wirbelsäule, haben.
3. Führen Sie ein kleines Tagebuch. Notieren Sie sich in ein Heft mit Datum, welche Entspannungs- und Körperübungen Sie täglich absolviert haben.
4. Machen Sie in der ersten Woche nur zwei Übungen zu je 5 Minuten, dann steigern Sie die Zeit auf 20–30 Minuten. Jede neue Körperübung sollte einzeln hinzugenommen und erst einmal einige Tage praktiziert werden, bevor eine neue hinzukommt.
5. Sollten Sie eine Pause von mehr als einer Woche einlegen, fangen Sie danach langsam wieder an, wie dies unter 4. beschrieben wurde. Während der Periode sind für Frauen nur Entspannungs-, keine Körperübungen angezeigt.
6. Versuchen Sie, die Körperübungen regelmäßig, ohne Hetze, direkt vor oder ca. 3 Stunden nach den Mahlzeiten durchzuführen.

7. Diese sollten nur mit warmem Körper und vor allem warmen Füßen gemacht werden, da sonst Muskelverspannungen auftreten können. Nehmen Sie nötigenfalls ein Fußbad, auf Seite 236 beschrieben, oder laufen Sie sich auf der Stelle warm.
8. Sollten Schmerzen auftreten, gehen Sie bis zur Schmerzgrenze zurück und führen die Übung völlig ohne Anspannung durch. Halten Sie die Position, vor der die Schmerzen auftreten, Sekunden bis Minuten. Hiermit geben Sie Ihren durch physischen und psychischen Streß verspannten Muskeln Gelegenheit, sich langsam zu dehnen und zu entspannen. Ruckartige Bewegungen sind zu vermeiden. Schütteln Sie nach den Übungen immer wieder Arme und Beine, oder ruhen Sie in Bauch- oder Rückenlage.
9. *Entspannungsübung:* In Rückenlage, bei gewohnter Atmung und geschlossenen Augen lockern Sie sich von den Füßen aufwärts zum Kopf hin. Wenn Sie ein Wärme- und Schweregefühl spüren, versuchen Sie, Ihren Körper ohne innere Anspannung zu fühlen. Beobachten Sie Atmung, Gefühle und Gedanken, ohne sie beeinflussen zu wollen. Sprechen Sie Muskelbewegungen oder Muskelzuckungen laut an, indem Sie zum Beispiel sagen: »Mein Kiefer und meine Schultern werden sich wieder lösen«, und notieren Sie sich die auffallendsten wiederkehrenden Fehlhaltungen.

Wenn Sie sich selbst so aufmerksam gemacht haben, können Sie sich leichter während des Tages harmonisieren. Auch werden Sie durch diese Eigenbeobachtung erkennen, daß durch Denken und in Streßsituationen immer wieder ganz typische Muskelverspannungen auftreten. Erinnern Sie sich öfter daran, den Körper während des Tages zu entspannen, besonders Schultern, Rücken und Extremitäten.

10. *Schulterübung:* Ziehen Sie, im Sitzen oder Stehen, beide Schultern nach oben, und lassen Sie diese sanft hinabsinken, wenn sie müde werden. Wiederholen Sie dies zehnmal.
11. *Lockerung für Rücken- und Extremitätenmuskeln:* Nehmen Sie leichte Grätschstellung ein, die Füße sind ca. 40 cm auseinander. Heben Sie beide Arme langsam über den Kopf. Von der Taille aus beugen Sie sich nach vorne und unten und lassen den Kopf vornüber fallen. Sie rollen einen Wirbel nach dem anderen ab. Bei angegriffenem oder krankem Rücken sollten Sie das Vorwärtsbeugen bewußt vorsichtig ausführen. Es ist unwichtig, ob Sie mit den  Fingerspitzen den Boden berühren. Schütteln Sie Ihre herabhängenden Arme, Schultern, Nacken und Oberkörper aus, richten Sie sich dann langsam auf, und wiederholen Sie die Übung.
12. *Abnehmen:* Wünschen Sie an Gewicht zu verlieren, dann kontrollieren Sie einmal pro Monat Ihr Gewicht und die Körpermaße (Brust-, Taillen-, Hüft- und Oberschenkelumfang). Um abzunehmen, sollten Sie die Chakrenübungen für Ihr schwächstes Chakra viermal pro Woche je 30 Minuten lang durchführen, außer für das Herz-Chakra. Hier genügen

viermal pro Wochen mindestens 15 Minuten. Der Puls sollte dabei wenigstens einmal auf ca. 130 Schläge ansteigen (siehe den Pulstest S. 264).

Ein gezieltes Vorgehen bei der Körperertüchtigung für das zuvor individuell ermittelte schwächste Chakra wirkt sich unbedingt günstiger aus als Methoden, bei denen wahllos ganze Übungsprogramme durchexerziert werden.

Harmonisierung des Wurzel-Chakras

Allgemeine Ratschläge

Das Wurzel-Chakra wird u. a. durch Kälte, Unterkühlung, Streß, Angst und bestimmte Nahrungsmittel geschädigt. Die gesunde Ernährung ersehen Sie aus der Tabelle »Chakren und moderne Gesundheitskost« (S. 208). Als entgiftend und aufbauend für das Wurzel-Chakra (gegen Nierenschwäche, Haarwachstumsstörungen, Knacken in Gelenken, Arthrosen, Knochenentkalkung u. a. m.) hat sich die *Lebertrankur* sehr bewährt. Hierbei werden zur optimalen Resorption des Lebertrans jeweils im Frühjahr und Herbst für je zwei bis drei Monate ca. ¼–1 Teelöffel Lebertran 2 Minuten lang mit Apfel-, Möhrensaft oder biologischem Joghurt verrührt und vor dem Schlafengehen eingenommen. Eine sehr gute Wirkung für dieses Chakra zeigen auch schwach zubereitete Nierentees, wenn diese *nachmittags* getrunken werden.
Führende Professoren in der Dialysebehandlung (siehe Sarre/Kluthe in der Bibliographie) schlagen bei mäßig ausgeprägter Niereninsuffizienz, also geschädigtem Wurzel-Chakra, 0,5–0,6 g *Eiweiß* pro kg Körpergewicht vor, was für einen Erwachsenen

30–45 g täglich bedeutet. Vegetarier, die sogar weniger und nur pflanzliches Eiweiß zu sich nehmen, leiden im Vergleich zu Fleischessern nachweisbar geringer an Herz-Kreislauf-, Gefäß- und Krebskrankheiten und leben länger. Ausländische Tests zeigten weiterhin, daß Eiweiß aus ungekochter, frischer Rohkost von unseren Verdauungsorganen weitaus besser ausgenützt wird als aus der gleichen Menge gekochter Nahrung.

Einen kleinen Überblick über die in den Nahrungsmitteln enthaltene Eiweißmenge gibt folgende Aufzählung: 1–2 g Eiweiß sind in je 100 g Salaten, Gemüsen und Reis enthalten (bei Rosenkohl, Brokkoli, Champignons und grünen Erbsen etwas höher), 25 g Eiweiß in je 100 g trockenen Hülsenfrüchten (Ausnahme: Azukibohnen mit 38 g); 10 g Eiweiß erhalten wir aus je 40 g magerem Kalbfleisch/Huhn, 48 g gekochtem Rindfleisch, 48 g Schweineschnitzel, 67 g fettem Hammelfleisch, 36 g Salami, 100 g Bratwurst, 100 g Kabeljau/Scholle/Forelle, 83 g Schellfisch, 42 g Ölsardinen, 66 g Magerquark, 40 g Edamer/Tilsiter/Gouda, 200 g Joghurt, ½–1 Ei, 100 g Knäckebrot (10 Scheiben), 125 g Graham-Vollkornbrot (2 Scheiben), 71 g Haselnüssen, 66 g Walnüssen und 56 g Mandeln (= ca. 40 Stück).

Vollständiges Eiweiß – alle acht essentiellen Aminosäuren – ist ausschließlich in tierischen Produkten (Fisch, Fleisch) und Sojabohnen (auch Lysin und Methionin!) enthalten. Am hochwertigsten ist die rote Sojabohne (Azuki- oder Adukibohne) aus Bio- oder Asienläden. Sie wird im Fernen Osten traditionell gegen Nierenleiden eingesetzt. Nach meiner Beobachtung trägt sie u. a. auffallend zur Gedächtnis- und Herzkreislaufverbesserung bei. Wenn sie regelmäßig gegessen wird, reduzieren sich oder verschwinden oft sogar Hitzewallungen und andere klimakterischen Beschwerden.

Für die Zubereitung werden die Bohnen auf Steine hin verlesen, im Sieb durchgewaschen und etwa 12 bis 24 Stunden mit einem Teelöffel Obstessig eingeweicht und dann 90 Minuten mit oder ohne einige Knoblauchzehen oder Kümmel in reichlich Wasser weichgekocht. (Das Kochen im Dampfkochtopf wirkt sich generell auf verschiedene Nährstoffe nachweisbar negativ aus.) Nach dem Abkühlen halten sich die Bohnen problemlos für etwa 3 Tage im Kühlschrank, wobei täglich 1–4 Eßlöffel vor allem Gemüsemahlzeiten beigesetzt werden. Das Kochwasser sollte für Suppen verwendet werden. Die Bohnen können mit zuckerfreier Sojasauce gewürzt werden, das verbessert den Geschmack erheblich.
Bei leicht geschädigtem Wurzel-Chakra genügen täglich 3 g Vollmeersalz. Dieses enthält 95 % Natriumchlorid sowie 5 % Mineralstoffe und Spurenelemente und erstrahlt im Vergleich zu anderen Salzsorten in intensivem, vitalisierendem Hellblau. Fleisch- und Fischwaren, Fertigsoßen, Käse, Brot, Getränke u. a. m. enthalten oft hohe Mengen sogenannter versteckter Salze. Bei Wurzel-Chakra-Erkrankungen mit erhöhtem Blutdruck und mit/ohne Herzbeschwerden und Wasseransammlungen war bisher folgende *Entschlackungsdiät* – neben biologischen Behandlungen – sehr hilfreich: Es werden für 1–6 Wochen täglich 200–250 g Vollkornreis (Gesamtmenge auf einmal nach ca. zwölfstündigem Einweichen gar kochen) ausschließlich mit Salaten, Gemüsen und Obst in 3–5 täglichen Mahlzeiten gegessen. Der Vorzug wird Sellerie und Äpfeln gegeben. Bis 3 g Meersalz sind täglich zum Würzen erlaubt. Getrunken werden ausschließlich Kräutertees (z. B. Birkenblätter, Zinnkraut, Goldrute, Brennessel), ungesüßter, naturtrüber Apfelsaft sowie kochsalz- und nitratarmes Mineralwasser. Eine Tasse Kaffee oder Schwarztee ist morgens erlaubt.

Patienten, die nur noch mühsam und mit Atemnot Treppen steigen konnten, verloren weitgehend alle Beschwerden, inklusive ihrer Knöchelschwellungen, wenn sie diese Diät über vier Wochen durchführten.

Praktisch bewährt bei schon beachtlichen Nierenschäden mit/ohne Bluthochdruck, Übergewicht, Wasseransammlungen und Blähungen hat sich neben individuellen biologischen Maßnahmen die Haysche Trennkost (siehe in der Bibliographie Walb: Die Haysche Trennkost) als Dauerdiät. Hierbei gibt es in streng 4 ½–5stündigen Abständen zwei alternative Nahrungskombinationen:

1. *Eiweiß* und/oder saures Obst (Fleisch, Fisch, Eier, Hülsenfrüchte, Sojaprodukte, saure Äpfel, Beeren, Kirschen, Zitrusfrüchte, Nüsse, Samen usw.) werden nur zusammen *mit allen Salaten, Gemüsen* und neutralen Nahrungsmitteln (Milchprodukte, Butter, Öle, Nüsse, Samen) gegessen.
2. *Kohlehydrate* (Vollkorngetreide, Brot, Kartoffeln, Sirup, Honig, getrocknete Aprikosen, Rosinen usw.) werden nur *mit allen Salaten, Gemüsen* und neutralen Nahrungsmitteln zusammen verzehrt.

Beachtet werden muß, das insgesamt viermal soviel Salate/Gemüse wie Getreide gegessen werden sollten und daß als Brotbelag nur Rettich-, Radieschen- und Kohlrabischeiben in Frage kommen. Buchweizen (gekocht oder frisch geschrotet) ist eine Ausnahme. Als Knöterichgewächs kann er zu 1. und 2. hinzugenommen werden.

Atemübung
Die *Wurzelverschließung oder Mula-Bandha* energetisiert hauptsächlich dieses Chakra. Man atmet tief ein und zieht während des

Ausatmens den Afterschließmuskel, die Harnröhre und den Nabel nach innen. Den gesamten Unterleib preßt man so weit wie möglich an die Lendenwirbelsäule. Hierdurch wird das Chi, die Lebensenergie, die im Wurzel-Chakra ruht, nach oben die Wirbelsäule hinaufgestoßen und in den Kopf geleitet. Erst wenn sie ins Bewußtsein gestiegen ist, kann sie Veränderungen hervorrufen. Bitte mehrmals wiederholen.

Wasseranwendungen
Zu den wirkungsvollen Entgiftungsmethoden für dieses Chakra zählt das Behalten von normalem Leitungswasser im Mund während des Trockenbürstens, Duschens oder Haarwaschens. Anschließend wird der Mund mehrmals ausgespült. Bei dieser Wasseranwendung sättigt sich das im Mund behaltene Wasser fast unmittelbar mit dem aufsteigenden verbrauchten, grauen Chi aus dem Wurzel-Chakra.

Da die Energie des Wurzel-Chakras nur bei warmen Füßen wirksam ist, sorge man durch Laufen oder Fußbäder für deren Erwärmung.

Das Fußbad: Hierzu benötigt man ein oder zwei Plastikeimer. Das Wasser reicht ca. eine Handbreit unter das Knie, das Bad wird bei 37–38° C für 7–10 Minuten durchgeführt. Danach schreckt man die Füße und Unterschenkel für einige Sekunden mit kaltem Wasser ab. Bei vorhandenen Krampfadern oder einer Anlage dazu sollten die Fußbäder 37–38° C nicht überschreiten. Die Beine dürfen in diesem Fall auch nicht zum Sonnenbaden in die Sonne gelegt werden, da sich sonst die Venenwände erweitern.

Das ansteigende Fußbad: Ca. alle 1–3 Minuten läßt man die Wassertemperatur (anfangs etwa 36° C) mit der heißen Handdusche um ca. ein Grad ansteigen, solange es noch als angenehm empfunden wird. Abschließend Füße und Unterschenkel kalt abwaschen oder duschen.

Das Wechselfußbad: Beide Füße werden für 3–5 Minuten in einen Eimer mit warmem Wasser getaucht und dann mit Kaltwasser für wenige Sekunden abgeduscht. Diesen Vorgang wiederholt man zwei- bis dreimal. Immer mit der Kaltwasseranwendung abschließen.

Morgendliches Wassertreten: Anregend ist das morgendliche Wassertreten in der Badewanne. Kaltes Wasser wird ca. 1–5 cm hoch in die Badewanne eingelassen. Die Füße müssen unbedingt warm sein, bevor man einige Minuten in dem kalten Wasser herumgeht. Dann erwärmt man die Füße mit der warmen Handbrause und wiederholt diese Reiztherapie etwa zwei- bis viermal. Sollten sich die Füße nach dem Wassertreten in kaltem Wasser von selbst erwärmen, dann entfällt die abschließende warme Anwendung. In der warmen Jahreszeit (Frühjahr, Sommer, Herbst) ist morgendliches Tautreten auf ungedüngten Wiesen zu empfehlen. Es ist immer wieder erstaunlich, wie viele Nebenhöhlenbeschwerden, Unterleibserkrankungen sowie Periodenschmerzen und -krämpfe durch regelmäßige Fußbäder geheilt werden.

Meine Beobachtung zeigt mir immer wieder, daß sich beim Fußbad das warme Wasser mit grauem, verbrauchtem Chi anfüllt. Es zieht an den Energiebahnen des Wurzel-Chakras entlang nach unten ins Badewasser. Das Fußbad ist nicht nur ein Erwärmungsprozeß, sondern ein echter Entgiftungsvorgang, besonders für das unterste Energiezentrum.

Zusätzlich können wir unsere Füße vielfältig gebrauchen, mit ihnen läßt sich nicht nur gehen, laufen, springen und hüpfen, sondern auch trampeln, stampfen und auf den Zehenspitzen trippeln. Man kann mit ihnen Gegenstände wie z. B. Bälle ertasten, mit Schreibstiften schreiben und dicke Seile greifen. Leere Flaschen und der Besenstiel lassen sich mit der Fußsohle am Boden entlang wälzen. Nach den Übungen sollte die Wadenmuskulatur leicht nach oben, zum Knie hin, ausgestrichen und durchgeknetet werden (jedoch nicht bei Krampfadern).

Beklopfen der Nieren

Die Nieren filtern verbrauchte Stoffe aus dem Blut. Wenn zuviel Abfallmaterial anfällt, entstehen Ablagerungen. Durch das Beklopfen der Nierengegend lösen sich die Schlacken und gelangen zur Ausscheidung.

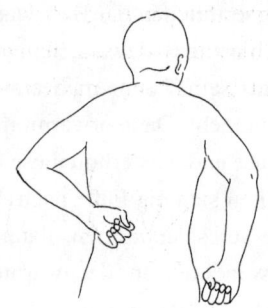

Haltungskorrektur

Durch eine ungesunde Haltung kann die feinstoffliche Energie nur langsam und gehemmt vom Wurzel-Chakra am unteren Teil der Wirbelsäule zum Kopf aufsteigen. Daher ist die richtige Körperhaltung für die Chi-Zirkulation so wichtig (siehe Abb. S. 239).

Bei der *korrekten Haltung* steigt die Lebensenergie ungehindert zum Kopf auf und versorgt alle Nerven, Muskeln und Organe in optimaler Weise. Beim *Flachrücken* und beim *Hohlkreuz* werden vor allem die Nieren mit zu wenig Vitalenergie versorgt. Sie sind die konstitutionelle Basis für das Energiefließsystem Mensch. Das Nieren-Chi ist grundlegend wichtig für unser Nerven- und Hormonsystem, den Muskelapparat und alle sonstigen Organe, wie Herz, Lunge, Leber, Bauchspeicheldrüse und Magen. Beim Flachrücken kommt es u. a. zu Verlagerungen des Schulter-Arm-Gürtels, während beim Hohlkreuz Senkungen verschiedener Art entstehen.

Auffallend ist, daß bei jedem Beckenschiefstand im feinstofflichen Vitalkörper ein Abbau im Nackenbereich, an der Halswirbelsäule, zu sehen ist. Diese Veränderung kann nur durch richtige Haltung ausgeglichen werden, was oft mit Eigenkorrektur und Körperübungen möglich ist oder durch eine spezielle Chiropraktik (die kranio-sakrale Integrationstechnik), bei der vor allem das Kreuzbein-Darmbein-Gelenk korrigiert wird.

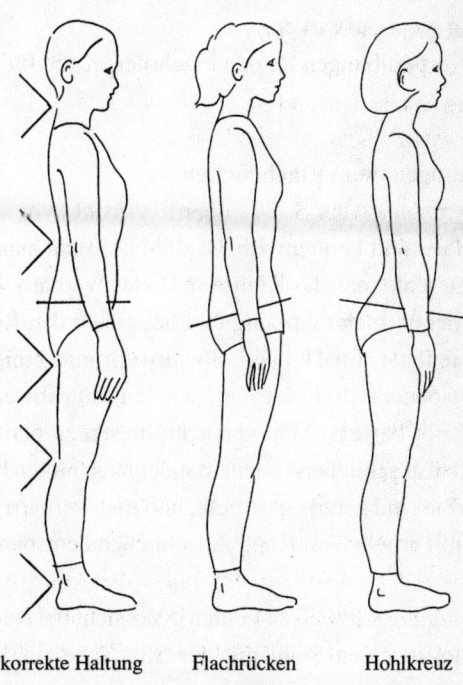

korrekte Haltung   Flachrücken   Hohlkreuz

Die korrekte Haltung erkennt man u. a. an folgendem: Wenn man sich gegen eine Wand lehnt oder gegen die Kante der geöffneten Tür, dann sollten fünf Zwischenräume vom Körper zur Wand entstehen (siehe die »korrekte Haltung« auf der Abb. 239). Der obere Beckenkamm steht waagerecht.

Beim *Flachrücken* wird das Becken nach hinten gekippt. Dadurch verändert sich die gesamte Statik bis zu den obersten Nackenwirbeln.

Das *Hohlkreuz* zeigt ein nach vorne gekipptes Becken. Häufig wird dies durch einen überfüllten Darm und/oder chronisch veränderte Unterleibsorgane sowie schwache Rückenmuskeln verursacht. Genauso wie beim Flachrücken können sich Beschwerden bis zum Kopf auswirken.

Es folgen Körperübungen für den Flachrücken und für das Hohlkreuz.

Körperübungen beim Flachrücken

Die Katzenübung (Abb. S. 241 oben)*:* Vorsicht vor Überstreckung der Hals- und Lendenwirbelsäule! Nachdem man auf allen vieren kniet, senkt man das Kinn zum Boden, verharrt dort einige Sekunden bei normaler Atmung und hebt dann den Rücken mit einem Katzenbuckel nach oben. So verweilt man einige Sekunden und entspannt sich. Beide Knie werden dann abwechselnd in Richtung Kopf bewegt. Man versucht, diesen zu berühren. Die Beine werden anschließend nacheinander nach hinten hochgehoben, die Arme sind gerade gestreckt, und man verharrt für einige Sekunden mit erhobenem Kopf. Anschließend entspannen.

Die Muskelübung (Abb. S. 241 unten)*:* Vorsicht bei Rückenschäden! Sie stellen einen Stuhl mit der Sitzfläche zur Wand und

Katzenübung

Muskelübung

beugen sich vornüber mit gestreckten Beinen. Die Füße haben einen Abstand von 30–40 cm voneinander. Normal atmen und das Gesäß nach oben strecken. Man bleibt einige Sekunden in dieser Stellung; abwechselnd die Knie beugen und strecken. Anschließend entspannen.

Beugeübung im Knien: Diese Übung ähnelt der Yogaübung *Ustrasana* (Kamelübung). Sie knien mit aufgerichtetem Körper auf dem Boden. Die Hände liegen seitlich, etwas mehr hinten, an den Oberschenkeln. Sie atmen ein, indem Sie den Kopf, 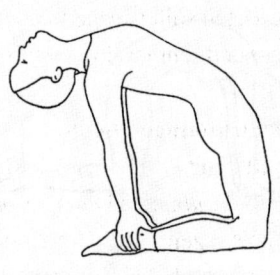 den Hals und Oberkörper so weit wie möglich nach hinten biegen, während die Hände sich auf den Füßen abstützen. Sie atmen aus, wenn Sie in die ursprüngliche aufrechte Kniestellung zurückkommen. Dies sollte zehnmal hintereinander durchgeführt werden. Anschließend entspannen.

Hüftrotationsübung: In Rückenlage, auf einem dicken Teppich oder einer Decke, wird jeweils ein Knie angezogen und mit ihm zehnmal eine Innenrotation und zehnmal eine Außenrotation durchgeführt. Der Rotations- 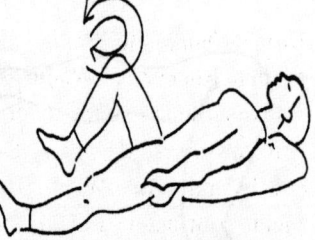 kreis soll einen Durchmesser von etwa 30–50 cm haben, abhängig davon, wie leicht und frei sich die Hüften bewegen lassen. Anschließend entspannen.

Kniebeugeübung liegend: Die zweite Übung macht man auch in Rückenlage. Nach dem Ausatmen umfaßt man jeweils ein Bein, führt es langsam, vorsichtig zum Rumpf und verharrt in dieser Stellung einige Sekunden.
Diese Zeit sollte ausgedehnt werden. Alle diese Übungen müssen leicht und schmerzlos ablaufen. Anschließend entspannen.

Körperübungen beim Hohlkreuz

Balancierübung: Gehen Sie auf Zehenspitzen mit erhobenen Armen durch das Zimmer. Balancieren Sie dann nacheinander ein Sofakissen, eine halbgefüllte Wärmflasche oder einen leeren Papierkorb auf dem Kopf. Sie können Ihre Haltung im Spiegel korrigieren.

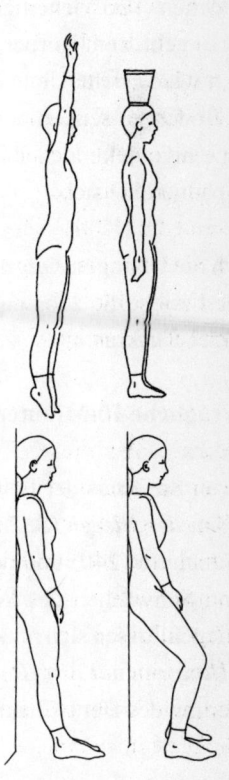

Muskelübung: Stellen Sie sich mit dem Rücken zur Wand, und drücken Sie mit dem unteren Teil desselben dagegen. Der Fußabstand zur Wand, bei leicht geöffneten Füßen, beträgt ca. 20 cm. Beugen Sie dann die Knie, und bewegen Sie sich langsam nach unten. Spannen Sie dabei die Bauchmuskeln an, damit der Rücken flach bleibt. Diese Stellung wird für einige Minuten gehalten. Dann geht man ganz hinunter in Hockstellung und wiederholt diese Übung mehrmals. Anschließend entspannen.

Die Knie- und Schenkelstreckung (Baddha Konasana): Sie sitzen auf dem Boden, legen die Fußsohlen aneinander und beugen die Knie seitlich. Umfassen Sie die Zehen, und ziehen Sie die Füße, so weit es geht, zum Körper. Versuchen Sie, durch wiederholte Übungen die Knie auf den Boden zu senken und in dieser Stellung einige Sekunden auszuharren. Dann entspannen Sie sich.

Auch die Übungen *Kobra* (siehe S. 271), *Fisch* (siehe S. 275) und *Bogen* (siehe S. 256) eignen sich für die Harmonisierung des Wurzel-Chakras.

Das tägliche 10-Minuten-Programm für das Wurzel-Chakra

Führen Sie eines der Fußbäder (S. 236) mit gleichzeitigem *Beklopfen der Nieren* (S. 238), im täglichen Wechsel mit der *Katzenübung* (S. 240) und der *Hüftrotationsübung* (S. 242), durch. Wenn Schwächen des Wurzel- und Herz-Chakras gleichzeitig vorliegen, lassen sich mit den Fußbädern für das unterste Zentrum die *Übungen mit den Händen* kombinieren, die bei der »Harmonisierung des Herz-Chakras« (S. 262) angegeben sind.

Harmonisierung des Milz-Chakras

Allgemeine Ratschläge

Das Milz-Chakra wird u. a. durch Treibhausklima, nasses Wetter (hohe Luftfeuchtigkeit, Nebel, Regen, Schnee), kalte Getränke, kalte, unregelmäßige Mahlzeiten und bestimmte Nahrungsmittel (Zucker, alle Süßstoffe, oft auch Honig, Weißmehl, tierische Fette im Übermaß und Vollmilch) geschädigt. Nachweisbar entstehen heutzutage beispielsweise 66 % des juvenilen Diabetes (d. h. der irreparablen Zuckerkrankheit bei Kindern und Jugendlichen) durch angeborene Fehlreaktionen von Bauchspeicheldrüse und Immunsystem auf Kuhmilcheiweiß. Ernährungshinweise siehe Tabelle »Chakren und moderne Gesundheitskost« im 5. Kapitel.

Ein häufig unterschätztes Problem sind die diesem Chakra eigenen Blutzuckerschwankungen. Blutzuckerkrisen können sich u. a. durch ein oder mehrere der folgenden Symptome zeigen: plötzlicher Leistungsabfall, Nervosität, Zittrigkeit, Konzentrationsschwäche, Vergeßlichkeit, Benommenheit, Depressionen, Verhaltensstörungen, Krämpfe, Herzklopfen, Schwindel, Kopfschmerzen, Durchschlafstörungen, Hungeranfälle tags und nachts sowie die Sucht nach Süßigkeiten, Bohnenkaffee, Alkohol, Nikotin und Rauschgift. Weiterhin fand man, daß der abgefallene Blutzuckerspiegel sich regulieren läßt, wenn alle 3 Stunden ca. 1 Eßlöffel an tierischem oder pflanzlichem Eiweiß gegessen wird (z. B. Ei, Fleisch, Käse, Tofu, Sojabohnen, Nüsse und Samen) und zusätzlich zweimal pro Tag rohe Möhren mit Pflanzenöl oder Sesamsamen und außerdem Sport oder Yoga (mindestens zweimal täglich 20 Minuten lang) getrieben wird. Bei Beachtung *aller* dieser Hinweise läßt sich der Blutzuckerspiegel erfahrungsgemäß normalisieren.

Ein energiebildendes Frühstück ist für die Leistungsfähigkeit und für den Blutzuckerspiegel äußerst wichtig. Vermeiden Sie ein kaltes oder süßes Frühstück (z. B. Quarkbrot oder kalten Getreidefrischkornbrei mit Trockenfrüchten), da diese die Energie des Milzzentrums stark schwächen. Bewährt hat sich ein auf Körpertemperatur erwärmter Frischkornbrei oder bei dessen Unverträglichkeit eine warme Suppe aus Vollkorngetreide mit Wurzelgemüse. (Siehe auch Frühstücksvorschläge im »Ernährungsplan für eine Woche«, S. 307.) In einem ungekochten oder nur bis auf 37° C erwärmten Frischkostbrei finden wir alle Enzyme unverfälscht. Vor jeder Mahlzeit sollten generell deshalb auch roher Salat und frische, selbstgezogene Keimlinge gegessen werden. In jeder Körperzelle spielen zumindest 100 000 Enzymanteile eine Rolle, und 75 % von ihnen werden durch Hitze zerstört.

In diesem Buch tauchte im »Gesundheitstest für das Milz-Chakra« unter Nr. 15 die Frage nach »Krebs in der Familie oder bei der eigenen Person« auf. Die Tatsache, daß das Milz-Chakra (dem Magen, Bauchspeicheldrüse und Milz unterstehen) bei der Krebserkrankung die ausschlaggebende Rolle spielt, wurde durch moderne Forschungen in den USA bewiesen. Dort fand Dr. W. Ermer, Direktor des International Health Council, nach jahrelangen Laboruntersuchungen heraus, daß bei einer bösartigen Krebserkrankung nur noch Spuren des aktiven Bauchspeicheldrüsenenzyms Chymotrypsin vorhanden sind und ausnahmslos ein Mangel an allen Pankreasenzymen und vor allem an Magensäure vorliegt. Letztere ist überhaupt die Voraussetzung für den Aufbau der Enzyme. So stellte man fest, daß beim Krebskranken, der zu wenig Verdauungssäfte aufweist, eine nur noch ungenügende Resorption aller zugeführten Nahrungsbestandteile, aller Mineralstoffe und Vitamine möglich ist.

Weiterhin bewiesen Forscher in den USA durch medizinische Tests an Tausenden von Patienten über Jahre, daß jeder zweite Patient über 32 Jahren zuwenig Magensäure aufwies und daß dies auch schon häufig bei Kindern vorkam. Auch fand man durch weitere Laboruntersuchungen, daß jedem Magensäuremangel-Patienten besonders folgende Mineralstoffe weitgehend fehlen: Kalzium, Magnesium, Natrium, Kalium, Kupfer, Eisen, Mangan und Chlor. Künstliche Zufuhr von Enzymen oder verdünnter Salzsäure führt erfahrungsgemäß nicht zu einer echten, ursächlichen Kräftigung und Neubildung von Magensäure und Verdauungsenzymen. Sie macht zudem lebenslänglich abhängig. Alternativ bieten sich Methoden der Naturheilkunde an. Reduzierte Säuren und ungenügende Verdauungssäfte aus dem Milz-Chakra spielen jedoch nicht nur beim Krebs, sondern auch bei vielen weiteren Krankheiten eine ausschlaggebende, heute oft unterschätzte Rolle. Generell konnte ich immer wieder feststellen, daß bei einem schwachen Milz-Chakra immer eine verstärkte Veranlagung zu allen degenerativen und bösartigen Leiden vorliegt.

Atemübung

Diese Reinigungsatmung aus dem Hatha-Yoga, genannt *Kapalabhati*, beeinflußt Bauch-, Brustraum und Blut günstig. Sie aktiviert den Energiefluß im Körper und verhilft zum besseren Denken.

1. Nehmen Sie die Meditationshaltung ein, wie bei der Atemübung des Wurzel-Chakras beschrieben. Setzen Sie sich aufrecht, ohne sich anzulehnen, auf einen Stuhl oder in den Schneider- oder Fersensitz auf den Boden. Drücken Sie bei der tiefen Einatmung den Bauch so weit heraus, wie es geht. Atmen Sie soviel Luft ein wie möglich.

2. Dann ziehen Sie den Bauch mit aller Kraft an die Wirbelsäule zurück. Schlagen Sie sich hierbei leicht auf den Bauch. Die Atemluft wird währenddessen durch die Nasenlöcher herausgestoßen. Sie brauchen nicht länger als zusammen 1 ½ Minuten für einmal Ein- und Ausatmen. Wiederholen Sie diese Übung laut und geräuschvoll. Horchen Sie in den Körper hinein, und achten Sie auf Ihren eigenen Atemrhythmus.

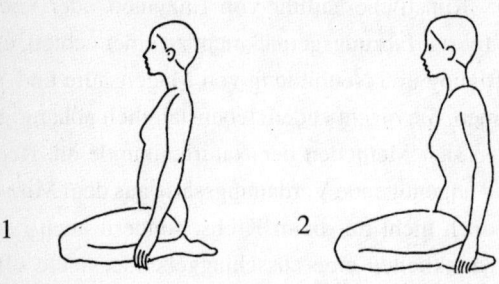

Körperübungen für das Milz-Chakra
Übung 1: Sie legen sich auf den Rücken auf eine feste Unterlage. Ein Fuß liegt auf dem anderen. Mit dem oberen Fuß drücken Sie nach unten und mit dem unteren nach oben. Dann wechseln Sie die Füße.

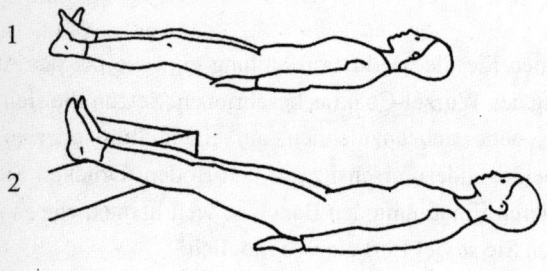

Übung 2: In Rückenlage unterstützen Sie die Füße mit einem Stoß Bücher oder legen die Fersen auf eine Couch oder ein dickes Polster. Nun drücken Sie beide Füße nach unten und gegeneinander, jeweils für dreimal 7 Sekunden, mit Pausen dazwischen.

Der Fersensitz (Vajrasana): Setzen Sie sich auf oder zwischen die Fersen. Ihr Oberkörper ist gerade aufgerichtet. Die Hände ruhen auf den Knien oder Oberschenkeln. – Diese Übung kann ausnahmsweise sofort nach dem Essen ausgeführt werden, sie hilft gegen Blähungen und Völlegefühl. Eine noch wirksamere Variante dieser Übung ist das *Zusammengerollte Blatt* (S. 252).

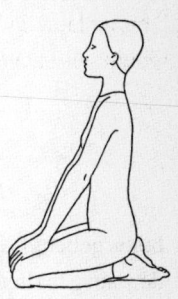

Chi-Stabilisierungsübung für Milz, Bauchspeicheldrüse und Magen: Hier wird der Fluß der Energie in den Akupunkturbahnen der Bauchorgane maximal gestärkt, die Oberschenkel und Kniehaltemuskeln werden gekräftigt, und Krampfadern wird vorgebeugt. Auch wenn man Kniebeschwerden hat, ist diese Übung gut durchführbar.

1. Sie stellen sich aufrecht hin und führen einen Schritt von ca. 1 Meter aus. Einen Fuß, z. B. hier den linken, stellt man etwas einwärts und dreht das rechte Bein nach außen. Beide Beine bilden eine Linie. Durch das Anspannen der vorderen Oberschenkelmuskulatur werden die rechte Kniescheibe und der Fußspann nach oben gezogen. Die Zehen werden hierbei gespreizt. Dann bitte entspannen.
2. Die rechte Kniescheibe ziehen Sie wieder nach oben (wie bei 1.), wobei das rechte Knie gegen den Widerstand des Schien-

beins gebeugt wird. Nachdem Sie diese Position einige Sekunden ausgehalten haben, beugen Sie das Knie weiter und entspannen sich. Diese neue Stellung wird noch einige Sekunden beibehalten. Anschließend ziehen Sie die Kniestrecker wieder hoch. Bitte entspannen.

3. und 4. Führen Sie diese Übung stufenweise weiter, bis der Oberschenkel eine Parallele mit dem Boden und das Knie einen rechten Winkel bildet. Machen Sie diese Übung langsam, und vergewissern Sie sich, daß Knie und Fuß sich immer in einer Linie befinden. Dann mit dem anderen Bein üben.

Die Pumpe (Urdhva Prasarita Padasana): Diese Übung fördert die Verdauung, stärkt die Bauchmuskulatur, regt die Bauchspeicheldrüse zur Fermentbildung an, beugt Senkungen von Verdauungstrakt und Unterleib vor und baut Fettpolster ab.

1. In Rückenlage bringen Sie Ihre Hände mit den Handflächen nach unten dicht an die Hüften. Drücken Sie die Handflächen gegen den Boden, und gleichzeitig heben Sie langsam Ihre geschlossenen ausgestreckten Beine.

2. Nach etwa 10–20 Sekunden sollten Ihre Beine einen rechten Winkel zum Boden bilden.
3. Ruhen Sie sich aus, und senken Sie dann Ihre Beine sehr langsam wieder. Wiederholen Sie diese Übung. Sie kann auch in mehreren stufenweisen Etappen ausgeführt werden. Man hebt die Beine um 20 Grad, bleibt in dieser Stellung für 10 Sekunden, hebt sie um weitere 20 oder 30 Grad und verweilt auch in dieser Stellung. Beim Herunterbringen der Beine auf den Boden verfährt man genauso. Atmen Sie dabei normal, und lassen Sie die Beine immer vollkommen gestreckt. Diese Übung ist anstrengend und kann Muskelkater verursachen, wenn sie anfangs übertrieben wird.

Übung für die Bauchmuskulatur: Sie stärkt die Muskeln und den Bandapparat des Verdauungstraktes und des Gesäßes und läßt das Chi in den Bauchorganen kräftig zirkulieren.
1. In Rückenlage winkeln Sie Ihre Knie so weit an, daß Ihre Fußsohlen noch flach auf dem Boden stehen. Legen Sie Ihre Hände auf die Vorderseite der Oberschenkel.
2. Nun heben Sie ganz langsam Kopf und Oberkörper, bis diese

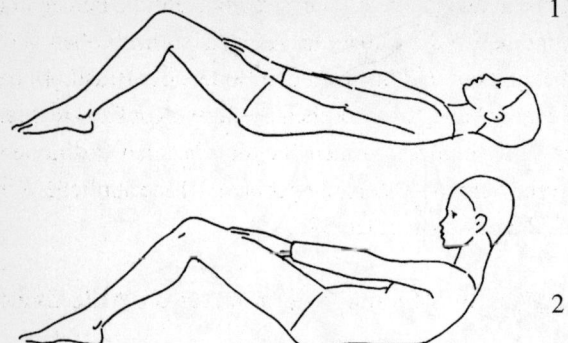

einen Winkel von ca. 30 Grad zum Boden bilden. Die Hände bewegen sich hierbei an den Oberschenkeln, bis Ihre Fingerspitzen knapp die Kniescheiben berühren. Bleiben Sie bis zu ½ Minute in dieser Stellung. Bringen Sie Ihren Oberkörper wieder langsam in die Ausgangslage zum Boden zurück, und entspannen Sie sich. Diese Übung sollte zwei- bis fünfmal wiederholt werden.

Zusammengerolltes Blatt: Diese Übung preßt nach meiner Beobachtung kranken Äther aus dem Bauch, fördert die Durchblutung, verhilft zu einer starken Chi-Zirkulation im Milz-Chakra, beugt Krampfadern vor und läßt klarer denken. Sie ist eine ausgezeich-

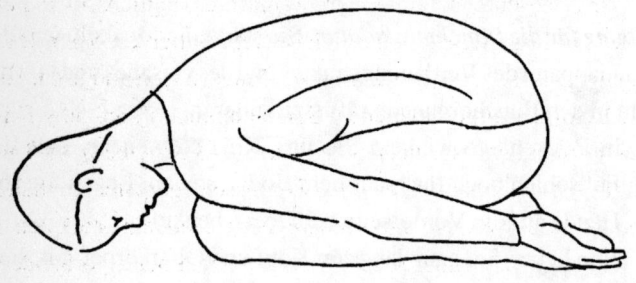

nete Entspannungsübung. Man setzt sich auf die Fersen und legt die Arme neben die Füße. Die Hände sind nach oben geöffnet. Man beugt Kopf und Stirn auf den Boden, der Brustkorb berührt Oberschenkel und Knie. Drehen Sie Ihren Kopf zur rechten und linken Seite, und entspannen Sie sich in allen Positionen. Bei Kniebeschwerden ist Vorsicht geboten. – Eine ähnliche Wirkung hat auch der *Fersensitz* (S. 255).

Das tägliche 10-Minuten-Programm für das Milz-Chakra

Führen Sie die *Chi-Stabilisierungsübung* (S. 249) und die *Pumpe* (S. 250) im täglichen Wechsel mit Übungen Ihrer Wahl aus diesem Programm durch.

Harmonisierung des Nabel- oder Solarplexus-Chakras

Allgemeine Ratschläge
Das Solarplexus-Chakra wird vor allem durch Wind, Luftzug, aufgestaute Emotionen, Alkohol, Bohnenkaffee und zu saures und fettes Essen geschädigt (siehe Ernährungstabelle »Chakren und moderne Gesundheitskost« im 5. Kapitel).
Ein Erwachsener benötigt durchschnittlich täglich 50 g Fett, wobei ca. 15 g in 2 gestrichenen Eßlöffeln Butter, ca. 5 g in 150 g rohem Fischfilet oder in 125 g rohem Putenfleisch und je ca. 10 g in 1 Eßlöffel kaltgeschlagenem Sonnenblumenöl, 30–50 g Käse (wie Emmentaler, Tilsiter), 50 g Wurst (1–3 Scheiben), 1/3 Tafel Vollmilchschokolade oder 20 g Erdnüssen (geröstet) enthalten sind. Versteckte, also unsichtbare Fette sind am stärksten in Wurst, Backwaren aller Art, Nüssen und Schokolade vorhanden.

Handelsübliche kaltgeschlagene, nichterhitzte Sonnenblumen- und Olivenöle strahlen reines, heilsames Chi aus. Wegen der in ihnen enthaltenen – zur Cholesterinsenkung und Herz- und Gefäßsystem schonenden – Linolsäure sind täglich ca. 2–4 Eßlöffel lebensnotwendig. In kaltgeschlagenem Olivenöl wurden in großangelegten Studien lebensverlängernde und krebsabwehrende Substanzen nachgewiesen. Jedoch traten bei der Erforschung des Olivenöls auch negative Ergebnisse auf, die möglicherweise durch bisher unkontrollierbare Schadstoffbelastungen ausgelöst wurden.

Schlafstörungen zwischen 1 und 3 Uhr nachts deuten auf ein beeinträchtigtes Nabel-Chakra hin. Aber nicht nur die Abendmahlzeit, sondern auch das Mittagessen kann es nachhaltig beeinflussen. Der Dünndarm ist stark mit diesem Zentrum verbunden und läßt sich mittags energetisch aufladen. Durch unpassende und zu reichliche Nahrung entstehen in ihm Gärungen, die beispielsweise bei Darm- und Magensenkungen Schlafstörungen und schwere Träume nach Mitternacht auslösen können. Weiterhin sollten Menschen, deren gesundes Chi in diesem Chakra reduziert ist, die Augen nicht überanstrengen, was besonders vor Computern und dem Fernseher geschieht.

Regelmäßige Bewegung – zumindest viermal pro Woche je 40 Minuten – und Atemübungen, wie nachfolgend angegeben, regenerieren dieses Chakra. Auch Leberwickel vor oder nach dem Mittagessen helfen hierbei:

Ein zusammengelegtes, auf ca. 20 × 20 cm reduziertes Handtuch wird in gut warmes, jedoch nicht zu heißes Wasser getaucht, ausgewrungen und für ca. 20–40 Minuten auf den unteren rechten Rippenbogen gelegt. Darauf plaziert man eine nicht zu heiße Wärmflasche und ein Sofakissen.

Ein gesundes Solarplexus-Chakra läßt einen starken, ausgeprägten Unternehmungsgeist und eine wahre Arbeitswut entstehen. Schwierig ist es für die Beteiligten, in allen Dingen Maß zu halten, wie in der Arbeit, dem Essen und den Emotionen.
Bei Erkrankungen der Nebennieren, die diesem Chakra zugeordnet werden, ist auch die Harmonisierung des Wurzel-Chakras angezeigt.

Atemübung
Sie wird im Hatha-Yoga als *Sama Vrtti Pranayama* bezeichnet. Ich beobachte immer wieder, daß bei lebergeschädigten Menschen durch diese Übung die grünen, regenerierenden Energiepartikel schneller im Körper zirkulieren. Die Entgiftung über den Verdauungstrakt wird gefördert. Weiterhin beugt diese Tiefatmung Depressionen vor und verbessert das Gedächtnis.
1. Setzen Sie sich aufrecht auf einen Stuhl oder in den Fersen- oder Schneidersitz auf den Boden. Die Einatmung geschieht

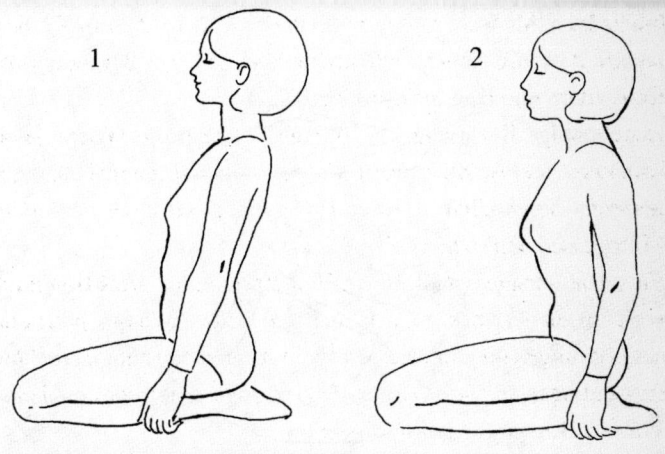

bewußt und langsam durch die Nase. Hierbei muß der Brustkorb gerade und absolut aufrecht sein. Ihr Bauch sollte sich beim Einatmen, welches insgesamt 10 Sekunden dauert, ganz ausdehnen. Die ersten 5 Sekunden füllen Sie den unteren Teil der Lungen mit Luft, und in der restlichen Zeit wird der obere Brustkorb mit ihr angereichert.
2. Das Ausatmen erfolgt langsam. Der letzte Rest der Luft wird schnaufend ausgestoßen. Wiederholen Sie diese Übung einige Male.

Körperübungen für das Solarplexus-Chakra
Alle folgenden Übungen stimulieren die Chi-Kräfte der Leber und aktivieren ihre Regeneration und Dynamik. Auch sind sie wirksam gegen Müdigkeit und helfen Depressionen abbauen.

Der Bogen: Er wirkt, wie auch andere rückwärtsbeugende Übungen, anregend auf den Leber-Gallenblasen-Stoffwechsel, die Nebennieren und die Bauchspeicheldrüse.

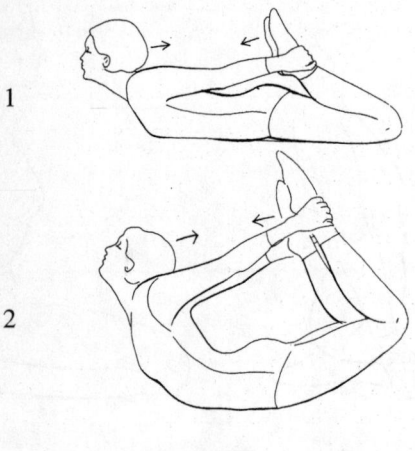

1. In Bauchlage winkeln Sie die Knie an, fassen Ihre Fußknöchel.
2. Diese ziehen Sie nach vorne und heben Ihr Kinn nach oben. Bleiben Sie in dieser Stellung anfangs nur einige Sekunden, und steigern Sie diese Übung über Wochen auf ½ bis 1 Minute. Gehen Sie langsam in die Bauchlage zurück, und entspannen Sie sich, bevor Sie die Übung wiederholen.

Isometrische Übungen:
1. In Bauchlage wird bis zu 5 Sekunden ein dickes Kissen oder eine niedrige Couch mit dem Fußrücken nach unten gedrückt.
2. In Rückenlage ruhen beide Unterschenkel auf einem schmalen Polster oder auf einem Stuhl. Die Unterschenkel drücken bis zu 5 Sekunden maximal nach unten.

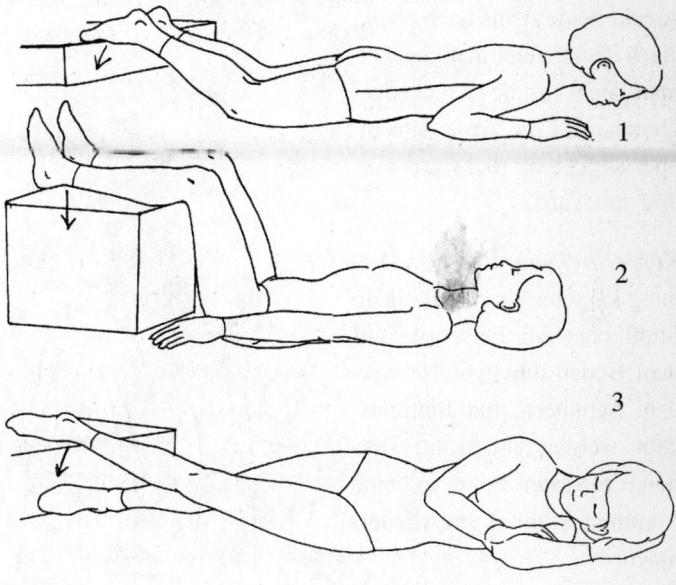

3. In der Linksseitenlage preßt die Fußaußenkante bis zu 5 Sekunden lang die Couch hinunter. Dieselbe Übung führt man auch in der Rechtslage aus.

Rumpfkreisen: In leichter Grätschstellung mit auf die Hüften gestützten Händen lassen Sie den Rumpf je siebenmal in beide Richtungen aus der Taille kreisen.

Strecken und Beugen: Aus leichter Grätschhaltung stellt man sich auf die Zehen und streckt beide Arme nach oben. Nach dem tiefen Einatmen läßt man sich in die Kniebeuge gleiten, läßt die Arme sinken oder streckt sie rückwärts aus und atmet aus.

Körperdrehung: Diese Drehung kann im Sitzen auf einem Stuhl oder im Fersensitz auf dem Boden durchgeführt werden. Schultern und Beinmuskeln werden entspannt. Drehung zu jeder Seite ca. eine Minute ausführen und wiederholen.

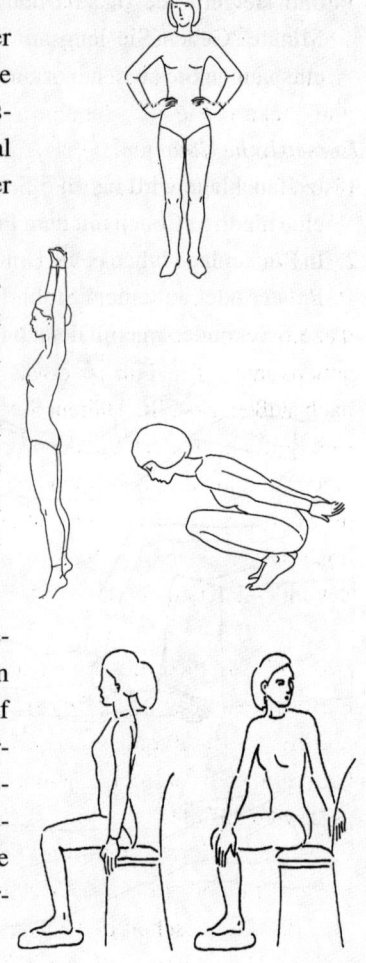

Körperdehnung: Die Körperdehnung hat als Ausgangslage die weite Grätsche. Richten Sie Ihre Füße nach vorne, im Abstand von 1 bis 1,30 Meter. Strecken Sie die Arme weit nach beiden Seiten und lockern Sie die Schultern. Diese Übung führt man zweimal bis zu einer Minute Dauer durch.

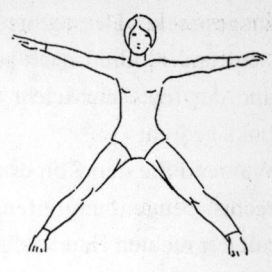

Dehnung der Körperseiten: Beim Grätschen verlagern Sie das Körpergewicht auf die Fußaußenkanten. Ein Fuß ist etwas nach außen gestellt. Halten Sie sich seitlich an der Wand oder einem Stuhl fest. Entspannen Sie die Schulterpartien, und heben Sie den Kopf seitlich gedreht nach oben. Diese Dehnungsübung sollten Sie nach jeder Seite einige Sekunden lang ausführen.

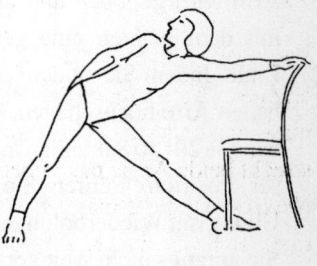

Das Dreieck: Leberbeschwerden, Periodenstörungen, schlaffe Hüft- und Beinmuskeln und auch Rückenschmerzen werden dadurch positiv beeinflußt.
1. Nehmen Sie eine Grätschstellung mit bis zu einem Meter Abstand zwischen den Füßen ein. Die Arme sind seitlich

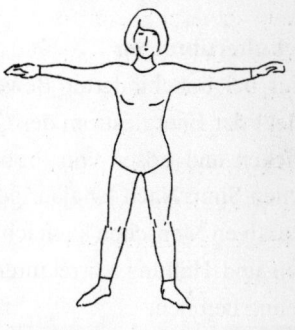

ausgestreckt. Der rechte Fuß wird um 90 Grad nach außen und der linke nur leicht nach links gedreht.

2. Während Sie den Körper nach rechts beugen, ergreifen Sie mit der rechten Hand die Außenseite Ihres rechten Beines möglichst weit unten. Der linke Arm wird gehoben und bildet mit dem rechten eine gerade Linie. Indem Sie zu dem erhobenen Arm hochschauen, bleiben Sie 20–30 Sekunden in dieser Position. Führen Sie die

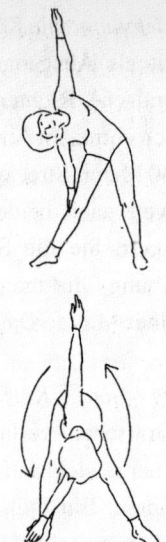

Übung mit Wiederholungen zur anderen Seite aus. Auch wenn Sie anfangs nicht weit kommen, halten Sie diese Stellung für einige Zeit.

3. Die Übung läßt sich verändern, indem Sie den linken Arm so nahe wie möglich an die Außenseite Ihres rechten Fußes bringen (ohne Abb.).

Schulterübungen

Nur bei unbehinderter Bewegungsfähigkeit unserer Schultern fließt der Energiestrom des Chi frei und ermöglicht aktives Zupacken und Lösen von Problemen im physischen und psychischen Sinn. Nach langjähriger Beobachtung von müden, häufig inaktiven Menschen kann ich die Wichtigkeit von Schulterübungen und Haltungskorrekturen (siehe S. 239 und S. 261) nicht genug betonen.

Die Stellung der Schultern weist auf eine Reihe von Emotionen hin, die mit dem Leberstoffwechsel eng verknüpft sind. So zeigt sich eine eingeschränkte Tatkraft an schmalen Schultern. Zurückgestaute Emotionen, vor allem Aggressionen, verursachen ein Zurückziehen, ein Rückwärtsfallen der Schultern. Bei Schuldgefühlen wird der Kopf gesenkt und der Schultergürtel nach oben und vorne hochgehoben. Wenn häufig starke Emotionen zurückgehalten werden, fällt der obere Brustkorb ein, die Atmung verflacht, und die Schultern werden dadurch nach vorne gezogen. Nachfolgende und auch die bereits empfohlenen vorherigen Übungen helfen, diesen Zustand ins Bewußtsein zu bringen und zu korrigieren. Sie steigern die Energie und Tatkraft.

Schulterübung I: Hierbei verhaken Sie Ihre Finger und drehen die Handflächen nach außen. Dann strecken Sie die Arme nach oben. Streckung und Dehnung sollten einige Sekunden gehalten werden, während man leicht nach hinten wippt. Bitte wiederholen.

Schulterübung II: Auf der Zeichnung erkennen Sie die Übung, die nach beiden Seiten ausgeführt wird. Mit einem Lineal läßt sich der Erfolg während einer Übungszeit von Monaten nachmessen. Bitte schmerzfrei und geduldig durchführen.

Das tägliche 10-Minuten-Programm für das Solarplexus-Chakra

Führen Sie den *Bogen* (S. 256) und das *Dreieck* (S. 259) im täglichen Wechsel mit Übungen Ihrer Wahl durch.

Harmonisierung des Herz-Chakras

Allgemeine Ratschläge

Das Herz-Chakra läßt sich um die Mittagszeit und durch einen tiefen, erholsamen Schlaf vor allem von 23 bis 3 Uhr günstig beeinflussen. Schädlich wirken auf dieses Zentrum heißes Wetter, Hetze, Streß, Bewegungsmangel und falsche Ernährung. In der Tabelle »Chakren und moderne Gesundheitskost« im 5. Kapitel finden Sie Hinweise für die gesunde Nahrung. Da sich das Herz-Chakra zwischen 12 und 14 Uhr stark beeinflussen läßt, sollte mittags nur eine kleine Mahlzeit eingenommen und generell die Gesamtmenge der Tagesflüssigkeit den echten Bedürfnissen angepaßt werden. Ich sah u. a., daß Müdigkeit, Kurzatmigkeit, Wasseransammlungen und Herzasthma sich verminderten, wenn die tägliche Flüssigkeitseinnahme von 2 Litern für Patienten mit geschädigtem Herz-Chakra reduziert wurde. Auffallend ist, daß sich viele Herzkranke gerne neue Verantwortung und damit Arbeit aufbürden. Oft lassen sie auch den Urlaub zur Hetze werden.

Dreimal täglich, zu einer ruhigen Stunde, und auch in Streßsituationen, sollten Sie sich einige Formeln des autogenen Trainings vergegenwärtigen wie:

»Ruhig und ohne Eile bewältige ich meine Probleme.«
»Ich stehe klar denkend und entspannt über der Situation.«
»Durch meine gute und tiefe Konzentration löse ich diese Aufgabe spielend.«

Auch ähnliche positive Formulierungen sind zu empfehlen. Wichtig ist, den Streß frühzeitig zu erkennen und bewußtzumachen. Einen weiteren Vorschlag zur Beruhigung von Körper und Seele finden Sie im Abschnitt »Farbmeditation für alle Chakren« (siehe S. 225). Es genügt, nur die anfängliche Entspannungsübung – ohne Farbmeditation – durchzuführen.
Bei Erkrankungen der Thymusdrüse, die diesem Chakra zugeordnet wird, ist auch die Harmonisierung der Milz- und Kehlkopfzentren angezeigt.

Atemübung
Diese Hatha-Yoga-Übung heißt *Uddiyana Bandha* oder »der Baucheinzieher«. Sie durchblutet und massiert den gesamten Bauch von innen und wirkt über den Dünndarm auf das Herz. Auch wenn Ihr Bauch dick sein sollte, werden Sie diese Übung mit Geduld und Ausdauer schaffen, und Ihr Umfang wird sich dabei verkleinern.
Knien Sie sich hin, und legen Sie die Handflächen auf den Boden (siehe Zeichnung S. 264). Verlagern Sie dabei Ihr ganzes Gewicht auf die Hände. Nun atmen Sie tief ein und etwas verlängert aus. Während der ganzen weiteren Übung sollte dann nicht mehr geatmet werden.
Entspannen Sie jetzt den Bauch vollständig, und ziehen Sie ihn tief ein und nach oben. Versuchen Sie ihn so nah wie möglich an die Wirbelsäule zu bekommen. Verharren Sie eine Sekunde lang in dieser Stellung, und lassen Sie den Bauch dann herausschnellen.
Ziehen Sie ihn daraufhin ganz schnell wieder ein und hoch. Das Hochziehen sollte so stark sein, daß es die Halsmuskulatur anspannt. Lassen Sie nach einer Sekunde den Bauch wieder heraus-

schnellen. Wiederholen Sie Herausschnellen und Einziehen dreimal, während die Luft angehalten wird. Entspannen Sie sich danach, und holen Sie Luft. Steigern Sie ganz langsam über  Wochen diese Übung auf zehnmaliges Herausschnellen und Einziehen. Sollten Sie nach der Übung ausatmen müssen, dann wurde diese falsch durchgeführt.

Körperübungen für das Herz-Chakra
Das Herz-Kreislauf-Training: Morgendliches kreisförmiges *Trockenbürsten* von Armen und Beinen, immer dem Herzen zu, fördert die Durchblutung. Es ist schonender als Wechselduschen. Längere Wasseranwendungen entziehen dem Körper lebensnotwendige Energien und erschöpfen den Vitalitätskörper. Nur wenn gute Regenerationskräfte – eher beim Pykniker als beim schlanken, blassen Astheniker – vorhanden sind, erscheinen die längeren kalten oder auch warmen Wasseranwendungen angebracht.
Das Minimum an Training, wie z. B. Laufen, für das gesunde Herz beträgt drei Minuten und sollte in dieser Zeit 120–130 Pulsschläge pro Minute erzeugen.

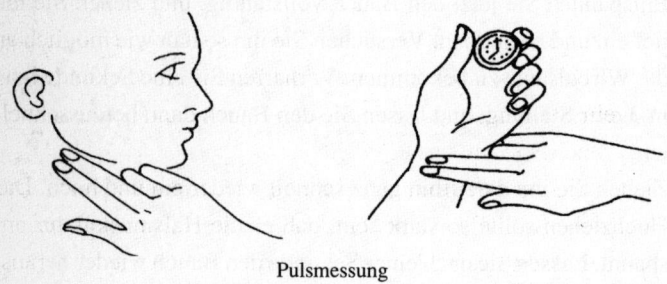
Pulsmessung

Ab dem 50. Lebensjahr wird eine Trainings-Pulsfrequenz von 180 minus Lebensalter pro Minute, also 130/Min. für einen 50jährigen, empfohlen. Messen Sie Ihren Puls nach einigen Minuten des Trainings. Ein 60jähriger gesunder Mensch sollte eine Pulsfrequenz von 120/Min. und ein 70jähriger eine von 110/Min. aufweisen.

Wenn keine Möglichkeit zum Üben auf weichem Waldboden gegeben ist, empfehle ich das Laufen auf der Stelle, auf einem dicken Teppich für ca. zweimal 3 Minuten oder einmal 7 Minuten. Bei angegriffenem Herz-Kreislauf-System versuche man viermal pro Woche für 20–40 Minuten rasch zu gehen.

Von den nachfolgenden Übungen sollten diejenigen täglich gemacht werden, die am schwersten durchzuführen sind. Da die Hauptenergiebahnen für das Herz im Vitalitätskörper an den Armen verlaufen, beginnt man zuerst ein schonendes Armtraining, bevor man zu anspruchsvolleren Übungen übergeht. Bei Bettlägrigkeit kann man einen Teil der Armübungen sogar morgens im Bett ausführen.

Verschiedene isometrische Übungen für das Herz-Kreislauf-Training:

1. Sie beugen den Rumpf um 90 Grad, während Sie auf einem Wäscheseil stehen, welches Sie mit den Händen festhalten. Die Arme sind gestreckt. Sie versuchen, den Rumpf aufzurichten.

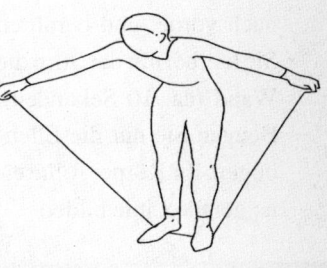

2. Sie stehen auf dem Wäscheseil, das Sie um beide Hände geschlungen haben. Winkeln Sie die Arme in den Ellenbogen ca. 90 Grad an. Spannen Sie einige Male die Unterarme an.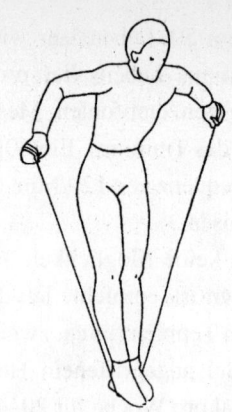
3. Sie stehen auf dem Wäscheseil. Ihre Arme sind seitwärts ausgestreckt. Das Seilende ist um beide Handgelenke geschlungen oder fest in den Händen. Ziehen Sie das Seil gegen den Widerstand Ihrer Füße nach oben (ohne Abb.).
4. In der gleichen Körperstellung nehmen Sie die Arme nach hinten und bewegen sie dann nach oben (ohne Abb.).
5. Sie stehen aufrecht mit dem Gesicht zur Wand, die Fingerspitzen zeigen nach innen und berühren sich. Wippen Sie langsam von der Wand ca. 70 cm nach rückwärts, dann wieder nach vorne, und berühren Sie hierbei mit der Stirn die Wand (ca. 10 Sekunden). Beugen Sie nur die Ellenbogen, Ihr Körper sollte eine gerade Linie bilden.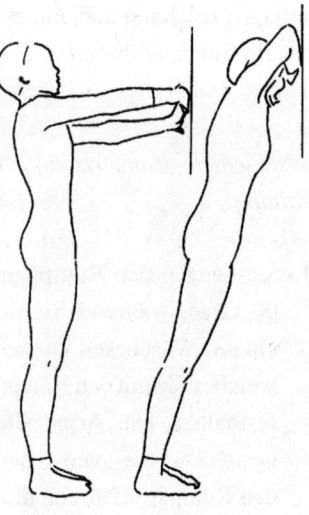

Übungen mit den Händen:

6. Biegen Sie jeden Finger einzeln und dann alle zusammen vorsichtig nach vor- und dann rückwärts. Schütteln Sie die Hände danach aus.

7. Die Handflächen werden ineinandergelegt und die Arme so nahe wie möglich an den Körper gebracht, dann preßt man die Hände für 3–5 Sekunden gegeneinander.

8. Die Ausgangslage ist wie bei der vorherigen Übung. Die Arme werden nach vorne geschoben. Wenn der Winkel beider Ellenbogen 180 Grad ergibt, preßt man die Hände ineinander.

9. Bei seitlich ausgestreckten Armen drücken Sie die Hände für 3–7 Sekunden zusammen. Die Arme stehen hierbei waagerecht.

10. Sie verhaken die Finger beider Hände und ziehen die Arme auseinander. Heben Sie wechselweise jeweils einen Ellenbogen

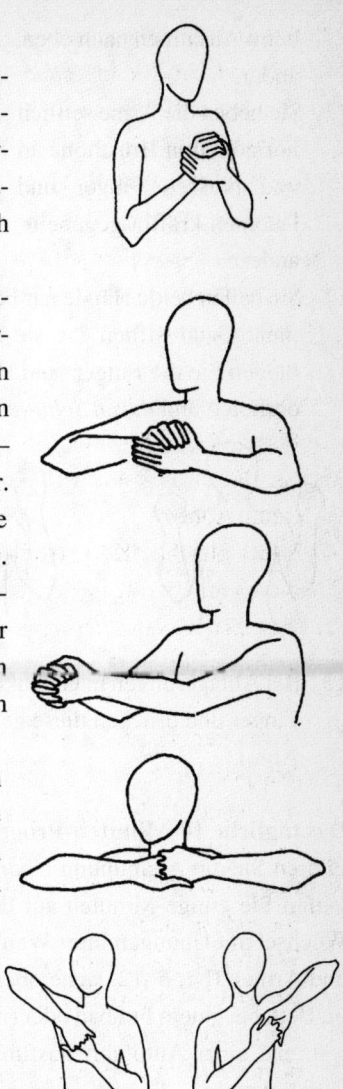

beim Ausatmen nach oben, und ziehen Sie die Arme auseinander.

11. Sie heben die Arme seitlich horizontal in Brusthöhe an und pressen Finger und Daumen kräftig gegeneinander.

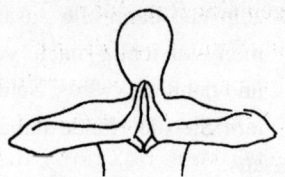

12. Sie ballen beide Hände zur Faust und drücken sie fest zusammen. Dann öffnen Sie sie langsam wieder. Anschließend biegen Sie die Finger zum Handrücken hin. Bitte öfter wiederholen und *durch Schütteln anschließend entspannen*.

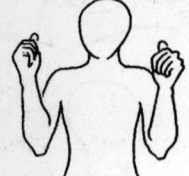 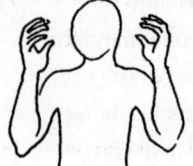 

13. Bei Ablagerungen in Gelenken und Arthrose spreizen Sie die Finger und drücken diese gegen die Handinnenfläche (ohne Abb.).

Das tägliche 10-Minuten-Programm für das Herz-Chakra
Führen Sie die Atemübung *Uddiyana Bandha* (S. 263) aus, und laufen Sie einige Minuten auf der Stelle (S. 264) im täglichen Wechsel mit Übungen Ihrer Wahl. Die Übungen mit den Händen und Armen (Nr. 6–12, siehe oben) lassen sich bequem morgens im Bett, bei einem Fußbad oder (mit etwas Vorsicht) als Beisitzer während einer Autofahrt ausführen. Sie wirken deutlich kreislaufstärkend.

Harmonisierung des Kehlkopf- oder Hals-Chakras

Allgemeine Ratschläge

Beeinträchtigt wird das Kehlkopf-Chakra durch trockenes Wetter, negative Lebenseinstellung und bestimmte Nahrungsmittel (zur richtigen Ernährung siehe Tab. »Chakren und moderne Gesundheitskost« in Kap. 5). Schlafstörungen in den frühen Morgenstunden zwischen 3 und 7 Uhr sind auf ein geschädigtes Hals-Chakra zurückzuführen. Dem Kehlkopfzentrum unterstehen Schilddrüsen-, Lungen- und Dickdarmerkrankungen. Für diese werden auf den nachfolgenden Seiten Übungen aufgeführt. Bei Erkrankungen der Nebenschilddrüsen ist auch die Harmonisierung des Wurzel-Chakras angezeigt.

Atemübung

Die Atemübung *Ujayi Pranayama* (auch »Schlafatmung«, ohne Abb.) dient der Beruhigung des Gemütes und dem Ruhigstellen der Gedanken. Durch diese Übung kommt es zur Entspannung. Legen Sie sich in Rückenlage auf ein Bett, Sofa oder den Boden. Konzentrieren Sie sich auf Ihren Kehlkopf, der leicht geschlossen werden sollte. Hierbei wird er so geformt, als ob man »a« sagen wollte. Beim sehr langsamen Einatmen bewegt man kaum die Nasenflügel. Man stellt sich vor, daß die Luft nicht durch die Nase, sondern durch ein Loch in die Kehle einströmt. Hierbei entsteht ein Geräusch ähnlich einem leichten Schnarchen, welches sich zum tatsächlichen Schnarchen steigert. Sie konzentrieren sich auf das Atemgeräusch ohne Anspannung oder Anstrengung und entspannen sich dadurch.

Körperübungen für das Kehlkopf-Chakra

Bei Schilddrüsendysregulationen ist ohne Behandlung oder Reduzierung des Stresses, Entfernen und systematische Entgiftung der Zahnherde und meist des Amalgams kaum eine Heilung möglich.

Bei *Schilddrüsenüberfunktion* dienen die im Abschnitt »Harmonisierung des Milz-Chakras« aufgeführten Übungen *Zusammengerolltes Blatt* (S. 252) und der *Fersensitz* (S. 255) als vorzügliche Entspannungsmaßnahmen. Auch die »Farbmeditation für alle Chakren« (S. 225) ist anzuraten, wobei sich die übererregte Schilddrüse durch blaue und grüne Farbtöne beruhigt.

Bei *Schilddrüsenunterfunktion* können Farbvorstellungen in den warmen Tönen Rot, Orange und Gelb anregend wirken (siehe oben »Farbmeditation für alle Chakren«). Hilfreich sind auch die folgenden Übungen:

Der vereinfachte Schulterstand: **Vorsicht bei Halswirbelsäulenschäden!**

1. Nachdem Sie einen Stuhl oder Schemel gegen eine Wand gestellt haben, legen Sie sich auf den Rücken und heben beide Unterschenkel auf den Sitz.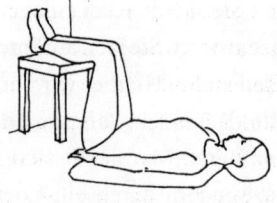

2. Halten Sie sich an den vorderen Stuhlbeinen fest und ziehen Sie die Füße bis an die Stuhlkante.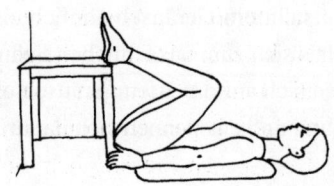

3. Stellen Sie die Füße nun flach auf den Stuhl, und heben Sie langsam den Rücken, während das Gesäß eingezogen wird. Verharren Sie in dieser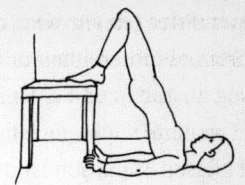
Stellung anfangs einige Sekunden, dann steigern Sie diese Zeit auf Minuten.

Die Kobra (Bhujangasana): Sie regt die Schilddrüse zu vermehrter Tätigkeit an, stärkt Nieren, Nerven, Rücken- und Bauchmuskeln und lindert Rückenschmerzen. Vorsichtig angewandt (Kopfbeugung nach hinten nicht so stark betonen), kann diese Übung auch bei Schilddrüsenüberfunktion ausgeführt werden.

1. Sie befinden sich in Bauchlage; die Handflächen liegen auf der Unterlage, unter den Schultern.
2. Drücken Sie Ihr Kinn nach vorne, und beugen Sie *ganz langsam* den Kopf nach hinten. Versuchen Sie, sich mit der Kraft der Rückenmuskeln aufzurichten. Das Becken bleibt auf dem Boden. Sollten irgendwelche Schmerzen im unteren Rücken, in der Brustwirbelsäule oder im Nacken entstehen, so gehen Sie langsam in die schmerzfreie Position zurück. Halten Sie die Stellung, die Ihnen bequem ist (evtl.

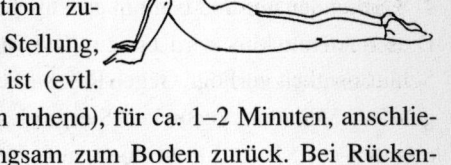

auf den Unterarmen ruhend), für ca. 1–2 Minuten, anschließend gehen Sie langsam zum Boden zurück. Bei Rückenschmerzen jeden Wirbel abrollen.

Während der Übung wird normal geatmet. Man sollte sie zwei- bis dreimal hintereinander ausführen und sich in den Zwischenpausen ausruhen und entspannen.

Eine weitere wichtige Übung zur Stärkung der Schilddrüsen- (und Nieren-)funktion ist der *Bogen* (siehe S. 256).

Sollte man die oben beschriebene »Atem-Entspannungsübung (Schlafatmung, S. 269) nicht durchführen können, so versuche man folgende:

Wechselseitige Nasenatmung (Surya Bhedana Pranayama):
Diese Übung hilft unter anderem bei Schilddrüsendysregulation, gegen Schlaflosigkeit, Nervosität und Aufregung und fördert die Verdauung.

Man sitzt aufrecht auf einem Stuhl oder im Schneidersitz auf dem Boden und verschließt mit dem *rechten* Ringfinger das *linke* Nasenloch. Während man 4–5 Sekunden zählt, atmet man tief durch das rechte Nasenloch ein. Nun verschließt man dieses mit dem Daumen und hält den Atem 1–4 Sekunden an. Dann öffnet man das linke Nasenloch und atmet 4–8 Sekunden lang aus. Längeres Ausatmen verbessert die Entspannung. Die Lungen sollten vollkommen entleert werden. Atmen Sie durch das linke Nasenloch wieder ein und zählen dabei langsam bis 4. Es wird dann mit dem Ringfinger verschlossen und der Atem bis zu 4 Sekunden angehalten. Man atmet durch das rechte Nasenloch in 4–8 Sekunden aus und beginnt anschließend wieder rechts.

Dieser Atemzyklus wird bis zu 10 Minuten wiederholt, wenn Schlaflosigkeit vorliegt. Gegen Reizbarkeit und Nervosität genügen 5–7 Minuten. Versuchen Sie, im Laufe vieler Monate von einem 4 : 4 : 8-Atemrhythmus, auf einen 8 : 4 : 8- und dann auf 8 : 8 : 8-Rhythmus überzugehen.

Bei Lungenerkrankungen

Atemübung: Man setzt sich mit senkrecht erhobenen Armen auf einen Stuhl. Während des verlangsamten Ausatmens auf einen »S«-Ton werden die Arme aus der senkrechten Haltung in die Horizontale gesenkt. Die Lippen sind beim »S«-Laut leicht gespitzt. Mehrmals durchführen.

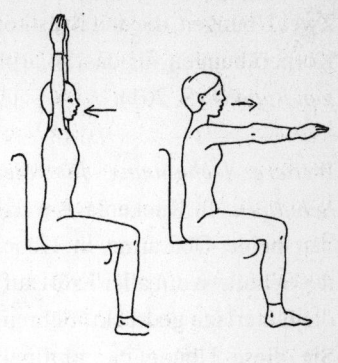

Bauchatmung: Man legt sich auf den Rücken. Beim Einatmen beobachten Sie, wie sich der Bauch wölbt. Während Sie langsamer ausatmen, heben Sie Ihre angezogenen Knie und und versuchen diese gegen Bauch und Brust zu drücken. Diese Übung öfter durchführen. Anschließend entspannen.

Entspannungsübung: Sie sind in Bauchlage, wobei die Arme verschränkt unter dem Kinn liegen. Sie entspannen bewußt Ihre Füße, Unter- und Oberschenkel, Gesäß und Rücken. Diese Übung kann auch im Bett für zweimal täglich 20 Minuten durchgeführt werden.

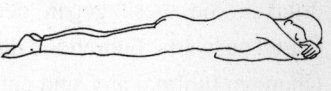

Zwei Übungen, die den Brustkorb erweitern, finden Sie unter den Körperübungen für das Solarplexus-Chakra: die *Schulterübungen I und II* (S. 261).

Weitere Dehnübung für die Schultern: In Rückenlage werden beide Oberarme in Höhe der Schultern mit aller Kraft auf die Unterlage gedrückt. Führen Sie diese Übung ca. fünfmal durch, und entspannen Sie sich danach.

Dehnübung mit Hilfe eines Gürtels: Stellen Sie sich aufrecht hin, und legen Sie einen Gürtel um die Mitte beider Unterarme, näher zum Ellenbogen. Beim Drücken der Arme nach auswärts sollen diese in Schulterbreite sein. Die Handflächen zeigen aufeinander zu. Heben Sie beide Arme mit gestreckten Ellenbogen senkrecht hoch, und drücken Sie diese gegen den Gürtel auswärts. Führen Sie die Übungen fünfmal aus, und entspannen Sie sich dazwischen.

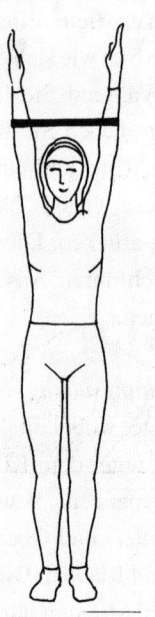

Der Fisch (Matsyasana, vereinfacht): Durch die Dehnung des Brustkorbes verbessert sich die Atmung, was sich auf alle Erkrankungen der Atemwege wohltuend auswirkt. Kopfdurchblutung und Verdauung werden gefördert. Der gesamte Lymphfluß im Körper wird angeregt.
1. Nehmen Sie die Rückenlage auf dem Boden auf einer Wolldecke ein.
2. Stützen Sie sich auf die Handflächen und Unterarme, indem Sie den Brustkorb anheben, also ein Hohlkreuz machen. Scheitel oder Hinterkopf beugen Sie auf dem Boden nach rückwärts. Die Hauptlast des Körpers ruht auf Gesäß und Unterarmen. Bleiben Sie bis zu einer Minute in dieser Stellung, während Sie normal atmen, und entspannen Sie sich anschließend.

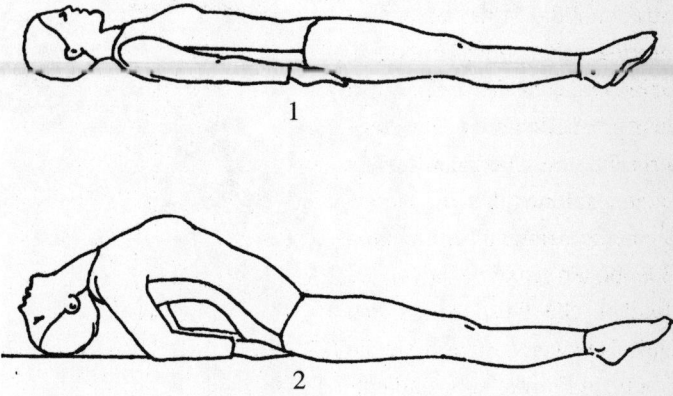

Bei Dickdarmerkrankungen
Methoden zur Anregung des Dickdarmes: Um Verstopfung wirkungsvoll zu begegnen, wird die Atemübung *Uddiyana Bandha* (S. 263) ausgeführt. Auch die *Kobra* (S. 271), der *Bogen* (S. 256) und die *Pumpe* (S. 250) wirken sich segensreich auf die Dickdarmentgiftung aus.

Das tägliche 10-Minuten-Programm für das Kehlkopf-Chakra
Führen Sie die *Kobra* (S. 271) und den *Fisch* (S. 275) für je ca. 3 Minuten mit Entspannungspausen aus und hierzu im täglichen Wechsel Übungen Ihrer Wahl.

7 Aktuelle Ratschläge für die Gesundheit – hellsichtig ermittelt

Biologische und geistige Heilweisen

In meiner langjährigen Naturheilpraxis habe ich sehr verschiedene Methoden zur Stärkung, Entgiftung und Regeneration der Chakren und der feinstofflichen Körper ausprobiert. Unter anderem experimentierte ich mit Wasser-, Farb-, Pflanzentherapie, Akupunktur, Heilmagnetismus, Chiropraktik, Homöopathie und geistiger Heilung. Ich bin mehrmals nach China gefahren, um dort in traditionellen Krankenhäusern die Wirkung fernöstlicher Methoden an Ort und Stelle hellsichtig zu prüfen. Nachdem ich über lange Zeit viele Heilverfahren an Patienten beobachtet hatte, kam ich zu folgenden Ergebnissen:
Wenn die Auren wenige graue oder schwarze Ablagerungen von verbrauchten, abgestorbenen Partikeln aufweisen und die Energiezentren nur schwach dunkel verfärbt sind, helfen leichtere Maßnahmen wie eine geringe Ernährungsumstellung, etwas Sport, Atemübungen und mehr Ruhe und Entspannung. Bei Menschen mit gesundem Wurzel-Chakra beobachtete ich durch diese Methoden eine relativ rasche Heilung. Heute jedoch sind das elektromagnetische Feld des Durchschnittsmenschen und dessen Chakren stark mit dunkelfarbigem Chi blockiert. In diesen Fällen habe ich bisher festgestellt, daß nur eine individuell angepaßte Ernährung und eine gezielte Behandlung, das heißt Auflösung der krankmachenden Chi-Ansammlungen, hilft.
Im folgenden Text beschreibe ich einige Heilmethoden unter feinstofflichen Gesichtspunkten.

Die Wassertherapie: Die Wirkung von Fußbädern wurde auf Seite 236 beschrieben. Bäder, richtig angewandt, leiten dunkelfarbenes, toxisches Chi aus dem Körper in das Badewasser ab, was oft eine echte Gesundheitsverbesserung bedeutet.

Die Farbtherapie: Sie läßt reines Chi in den Vitalitäts-, Emotions- und Denkkörper einfließen und durchsetzt den giftigen feinstofflichen Nebel der geopathischen und elektromagnetischen Felder mit gesundem, kosmischem Äther (ausführlich beschrieben S. 191 und S. 335)

Die Pflanzenheilkunde: Sie kann Ansammlungen von krankem Chi auflösen. Kräutertees lassen gröberen, stagnierenden, giftigen Äther abfließen. Die gezielte Homöopathie entfernt feineres und tieferliegendes krankes Chi. Im Abschnitt »Chakren und Heilkräuter« (S. 210) wurden Pflanzen angegeben, die auf das jeweilige Chakra verbessernd einwirken.)

Die Akupunktur: In der Akupunktur führt der Behandler durch stimulierende Nadelbewegungen hellblaue, »unsichtbare Materie« zu. Sie bildet einen Kreis von etwa 20–30 cm Durchmesser über und um die Einstichstelle. Bei der sedierenden (beruhigenden) Nadelbewegung wird dunkelfarbenes, unreines Chi freigesetzt, das oft, dem feinen Strahl einer Düse oder einem Springbrunnen ähnlich, aus dem angestochenen Akupunkturpunkt hervorquillt.
In der Hand des Könners ist diese Heilmethode ein besonders wirksames Werkzeug. Weniger zeitaufwendig, schneller, tiefer und wesentlich individueller ist die Anwendung der Hochpotenz-Homöopathie.

Der Heilmagnetismus: Hier zieht der Behandler grauschwarzen, ungesunden Äther durch die Mitte seiner Handinnenfläche aus den feinstofflichen Körpern des Patienten, wobei Reiki die moderne Form des altbekannten Heilmagnetismus ist. Der Therapeut sollte alle drei Minuten seine Hände unter einem kalten Wasserstrahl abspülen, damit sich das unreine Chi nicht in seinen unsichtbaren Körpern festsetzt. Bei unterlassenen Vorsichtsmaßnahmen habe ich wiederholt gesehen, daß sich die Aura des Magnetiseurs stark verunreinigte. Ein anderes Problem ist, daß der Heilende während jeder biomagnetischen Behandlung eigenes Chi an den Patienten abgibt, sei es durch seine Hände oder durch seinen Ätherkörper. Deshalb läßt mich diese Beobachtung Zurückhaltung empfehlen, um Schäden sowohl beim Behandler als auch beim Patienten zu vermeiden. Wer durch Biomagnetismus/Reiki heilt, sollte gesund sein und keinen Süchten unterliegen, andernfalls ist eine Übertragung von negativem Chi auf den Patienten möglich. Diese Behandlung wirkt schnell, aber ihre Wirkung hält meist nicht lange an, so daß Wiederholungen notwendig sind. Die Konstitution des Kranken und die eigentliche Krankheitsursache werden leider bei dieser Methode nicht tief genug beeinflußt. Ebenso ist es bei verschiedenen Massagearten.

Massagearten: Die Fußreflexzonenmassage kann wie jede andere Massageart vorübergehende Besserung verschiedener Beschwerden bringen. Beispielsweise sind sie – wie auch andere biologische Heilweisen – in der Lage, Nierensteinchen zum Abgang zu bewegen. Jedoch besteht die eigentliche Ursache, die zur Steinbildung führt und die tief im individuellen Stoffwechsel verankert ist, unbeeinflußt weiter. Daher ist es bei jeder Krankheit neben einer Massage unbedingt nötig, durch andere Methoden, zum Beispiel durch die homöopathische Konstitutionsbehandlung, das feinstoffliche Chi gründlich zu reinigen. Der gesamte Stoffwechsel wird hierdurch umgelenkt.

Die kranio-sakrale Integrationstechnik: Diese moderne, schmerzlose, sanfte, chiropraktische Heilmethode beseitigt Schädel-, Wirbel- und Beckenfehlstellungen sowie viele andere Beschwerden. Bei dieser Behandlungsart sah ich häufig nach Korrektur von Liquorblockaden, verursacht durch Wirbelverlagerungen, eine Harmonisierung aller Chakren mit explosionsartiger Entladung von krankem, dann gesundem Chi. (Mit Liquor wird die Gehirn- und Rückenmarksflüssigkeit bezeichnet.) Das Freisetzen des gestauten Äthers bringt meist nicht nur Schmerzfreiheit, sondern auch ein auffallendes Gefühl der körperlichen Leichtigkeit. Chiropraktik hilft auf lange Sicht oft nur, wenn keine Energieblockaden (z. B. durch nervtote oder wurzelbehandelte Zähne oder durch nichtausgeleitetes, krankmachendes Chi aus Amalgamfüllungen) vorliegen.

Die Homöopathie: Die homöopathischen Medikamente bestehen aus energiegeladenen Atomen, die eine ihnen innewohnende Dynamik besitzen, um graue und sonstige unreine Vitalitätsatome aus dem Körper zu vertreiben. Bildhaft gesprochen, gleichen diese Heilmittel einem reißenden Gebirgsbach aus reinem dynamischem Chi, der in trübes Wasser (den kranken Vitalitätskörper) einfließt und aus diesem Verunreinigungen und Schlacken (dunkles, krankes Chi) herausreißt und fortspült. Jedes dieser Heilmittel weist eine ganz bestimmte Farbe und ein typisches feinstoffliches Muster auf. Das hochpotenzierte Heilmittel gleicht einem Nebel von kleinen wirbelnden Rosetten, die den Rundfenstern der Ka-

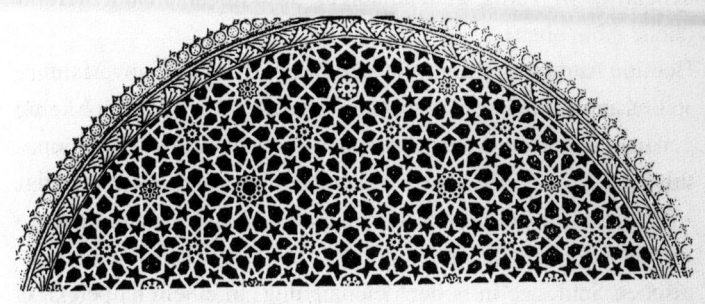

Zwei Beispiele für geometrische Baumuster in der arabischen Architektur. Aus M. Bourgoin: »Arabic Geometrical Pattern & Design«, Dover Publications, N. Y.

Feinstoffliche Struktur des homöopathischen Mittels Lachesis C 1000

thedralen ähneln. Sie zeigen starke Parallelen zur dekorativen arabischen Architektur. Unzählige blumenförmige Gebilde sind nebelartig in völlig gleichmäßiger Struktur aneinandergereiht (siehe Abb. oben).

Heutige Aurafotografien, wie zum Beispiel das Kirlianverfahren, stellen annähernd die Tönung des farbigen Chi, jedoch noch keine genauen Strukturen dar. Colorplate-Aufnahmen von homöopathischen Arzneien zeigen – wahrscheinlich durch Filter bedingt – völlig andere Aurafarben, als ich sie beobachte. Wenn beispielsweise einige Kügelchen Lachesis C 1000 (Gift einer südamerikanischen Schlange in hoher Potenzierung) in einem halben Glas Quellwasser aufgelöst werden, sehe ich einen hellblauen Nebel mit einem Durchmesser von etwa einem Meter um das Glas. Darin erkenne ich winzige, schnell wirbelnde Teilchen, die die angegebenen blumenähnlichen Strukturen bilden (siehe oben).

Wenn der Kranke nun von dieser Arznei trinkt, dann breiten sich die hellblauen Partikelchen in seinen feinstofflichen Körpern aus, bringen die unreinen, grauen und giftfarbenen Chi-Massen in Bewegung und treiben sie hinaus. Bei anderer Gelegenheit kreisen sie den unreinen Äther ein und schieben ihn langsam in Richtung zu den Füßen, von wo er ausgeschieden wird.

Homöopathische Mittel verfügen über die bewegenden und zerteilenden Eigenschaften des Chi (siehe hierzu am Buchanfang: »Das Wirken des bipolaren Chi«, S. 20). Viele Generationen von Homöopathen beobachteten, daß zum Beispiel hochpotenzierte Gaben von Arnica die »blauen Flecken« bei Verletzungen um mindestens eine Handbreit in das Körpergewebe unterhalb des ursprünglichen Blutergusses verschieben. Wird der vielfarbene, besonders dynamische Äther der Bergpflanze Arnica über einige Stunden alle zehn Minuten eingenommen, benötigt das feinstoffliche Chi nur etwa 24 Stunden zu diesem Heilprozeß.

Manche der homöopathischen Mittel wirken vom Zentrum der Brust, des Bauches oder sonstiger Körperstellen aus und treiben kreisförmig, in gleichmäßigen Wellen das unreine, krankmachende Chi aus den feinstofflichen Körpern. Oft ähnelt der verbrauchte oder toxische Äther spitzen, scharfkantigen Teilchen. Im Falle von akuten Beschwerden, aber sonst relativ gesunder Aura tritt Erleichterung durch homöopathische Medikamente schon nach 20 Minuten auf.

Bei chronischen Leiden, für welche die Mittelwahl noch zeitaufwendiger ist, hängt die Heilung genauso von der individuellen »Giftlage« der unsichtbaren Auren ab. Ein spürbarer, positiver Heileffekt sollte sich hier schon nach etwa vier Wochen anbahnen. Im Laufe von langer Zeit (oft von Jahrzehnten) hat sich hier toxisches Chi sehr verschiedener Konsistenz und Färbung in den

Chakren und vor allem im Kopfbereich zusammengeballt. Das Lösen der dunklen Äthermassen kann mit Reaktionen (Durchfällen, Müdigkeit, vermehrtem Schlafbedürfnis, grippeähnlichen Erscheinungen usw.) verbunden sein. Hierbei können Lawinen von mehreren Kubikmetern giftiger Chi-Massen ins Rollen kommen.

Der Homöopath wählt seine Heilmittel unter Tausenden von natürlichen Substanzen aus. Ein einziges dieser Medikamente kann unzählige, völlig voneinander unabhängige Leiden oder Krankheitssymptome beseitigen. Es wirkt nicht auf die Organe, sondern auf die Auren, das menschliche Energiefließsystem. Die Mittelwahl wird für die Behandler dadurch erschwert, daß das giftige Krankheits-Chi sich an jeder Stelle der unsichtbaren Körper absetzen kann. Oft helfen auf den ersten Blick nicht angezeigte Heilmittel, die sich erst durch intensive Befragung des Patienten herauskristallisieren.

Interessanterweise gibt es eine Reihe von homöopathischen Medikamenten, die in ihrer Farbe genau den unreinen Chi-Substanzen der feinstofflichen Körper entsprechen. Zum Beispiel hatte ich kürzlich einen Patienten mit starken Herzkrämpfen, dessen Nadis im Herzen und im Umkreis von ca. 30 cm um das Herz mit giftgrünen, kristallsplitterähnlichen Partikelchen gefüllt waren. Das Mittel Nux vomica (Brechnuß) zeigt genau dieselbe toxischgrüne Färbung und Struktur, die ursprünglich in einem kranken Solarplexus-Chakra auftritt. Eine Gabe dieses Mittels löste den Herzkrampf innerhalb von Minuten. Ernährungsfehler, wie in diesem Fall einige fetttriefende Pfannkuchen, hatten das Nabelzentrum geschädigt, und der giftgrüne Äther war von dort aus in das Herz-Chakra aufgestiegen.

Das passende Heilmittel kann meistens durch gezielte Fragen

ermittelt werden. Hierzu ein Fall eines Kollegen: Bei einem kindlichen Kopfschmerzpatienten hatte die Computertomographie einen Gehirntumor entdeckt, der operiert werden sollte. Die homöopathische Befragung der Mutter des siebenjährigen Patienten führte zu einer Substanz, die bei geschwächtem Mineralstoffwechsel hilft. Nach deren Einnahme verschwanden die chronischen Kopfschmerzen schon nach wenigen Tagen und tauchten auch nach Jahren nie mehr auf.

Aber auch ohne Befragung gibt es viele bewährte homöopathische Mittel. Bei einem schon betagten Pferd, das fünf Meter tief in einen Abgrund stürzte und einen Monat lang bewegungslos dalag, zeigte dieses selbst sowie sein Foto typisches, nach Verletzungen entstehendes schwarz-rötliches Chi der Wirbelsäule. Das feinstoffliche Heilmittel wurde in das Trinkwasser des Tieres geschüttet. Nach einer Woche erhob es sich, und nach vier Wochen trabte es wieder vergnügt umher.

Gewisse Behinderungen in ihrer Wirkung erfahren homöopathische Mittel durch das dunkle, zähe Chi der mit Nebenwirkungen behafteten Medikamente der offiziellen Medizin. Nach vielen homöopathischen Gaben weicht erst der belastende Äther der Antibiotika, Cortisone, Schmerz-, Hormon- und anderer Mittel. Das Energiegleichgewicht in den unsichtbaren Körpern ist bei ca. 80 % aller Patienten, die Naturheilpraxen aufsuchen, durch dieses negative Chi gehemmt. Beispielsweise denke ich an eine 52jährige, sensible Patientin, die nach kurzer homöopathischer Behandlung alle Beschwerden verlor, bis auf ihren Geschmacks- und Geruchsverlust, der nicht behoben werden konnte. Als die Patientin von der Krebsgefahr durch Hormonmedikamente hörte, stellte sie die Einnahme ihres Hormonmittels ein. Sie vermochte daraufhin schon nach ein bis zwei Wochen wieder normal zu schmecken und zu riechen. Homöopathische Mittel wirken auch gut bei hormonellen Beschwerden und Störungen.

Der grundlegende Unterschied zwischen niedrigen Potenzen und den hohen (über der D 30, C 30 und allen höheren Potenzen der LM) dieser Heilmittel – wobei der Urheber der Homöopathie persönlich vorwiegend die hohen C-Potenzen und gegen Ende seines Lebens ausschließlich die LM benutzte – besteht in der Geschwindigkeit der Partikelbewegung. Bei den hohen Potenzen sind die »unsichtbaren« Schwingungen deutlich schneller. Wenn man zum Beispiel Silicea (Kieselsäure) D 12 in Wasser auflöst, so rotiert das überwiegend silbergraue Chi dieses Mittels träge. Dieselbe Substanz in C 30 oder einer höheren Potenz setzt ein schnell wirbelndes, sich versprühendes Chi frei, welches bestimmte rosettenartige Muster bildet. Die höhere Geschwindigkeit der feinstofflichen Teilchen bewirkt eine weitaus effektivere Durchschlagskraft in der Beseitigung des unreinen Äthers aus den Auren. Dies wiederum führt zu einem tieferen Eindringen in Gewebe und Knochen, zu einer beschleunigten Heilung und auch zur längeren Wirkungsdauer des Mittels.

Die Ausscheidung des unreinen, krankmachenden Chi, und damit die echte Heilung, erfolgt immer von oben nach unten, also vom Kopf zu den Füßen. Selten habe ich sehen können, daß eine gründliche Reinigung über die Arme erfolgte. Nach Einnahme des homöopathischen Medikamentes erfolgt die Ausleitung unreiner Energie oft innerhalb von 15 Minuten bis zu 12 Stunden.

Im Ätherkörper sitzen in Chakren und an bestimmten Stellen energietote Massen von grünlicher, gelber, brauner, beiger, grauer oder schwarzer Farbe. Bei Gaben von Nosoden (homöopathischen Mitteln, die aus Krankheitsstoffen hergestellt werden und die auf die Erbgifte einwirken) lösen sich besonders seltsame

Gebilde (Wurzel-, Moos- und Pflanzenformen) aus den feinstofflichen Körpern. Ist die biologische Medizin zu schwach, zu niedrig potenziert oder nicht ganz richtig gewählt, so löst sich die toxische Energie oft zwar aus der Aura des Kopfes, bleibt aber auf ihrem Weg in Richtung Füße beispielsweise in Brust oder Bauch stecken. Hier muß also nach einer passenderen oder höher potenzierten Medizin gesucht werden.

Den Säuberungsvorgang des kranken Chi beobachte ich verstärkt von 5 bis 7 Uhr morgens (zur »Dickdarm-Nieren-Zeit«, siehe »Chakra-Tageszeit-Test«, S. 149). Nach amerikanischen Statistiken treten die meisten Herzinfarkte morgens um 6 Uhr auf. Die Naturheilkunde behandelte diese Leiden schon immer als Stoffwechselkrankheit. Oft sah ich, daß die morgendliche Dämmerung, die aufgehende Sonne oder das elektrische Licht wie ein zündender Funken durch die Augen auf die Hypophyse übersprang und von dort aus die eigentliche morgendliche Entschlackung des giftigen Chi in Gang setzte. Jedoch kann die morgendliche Reinigung schon früher erfolgen. Den Entgiftungsprozeß der unsauberen Energie sehe ich häufig wie das Häuten einer Schlange. Der Patient hat oft das Gefühl, als sei etwas Schweres von ihm abgefallen. Die Intensität der Ausscheidung von krankem Äther ist im Laufe des 24-Stunden-Rhythmus verschieden. Sie kann zu gewissen Zeiten durch biologische Maßnahmen besonders gesteigert werden. Betrachten Sie hierzu den »Chakra-Tageszeit-Test«. Biologische Medizin wirkt schneller und tiefer, wenn sie den Tageszeiten entsprechend eingenommen wird, zum Beispiel zeigen die zur Mittagszeit eingenommenen Herzmittel ihre beste Wirkung. Aber Medikamente mit Nebenwirkungen richten entsprechend auch stärkeren Schaden zu ihren korrespondierenden Tageszeiten an.

Von ausschlaggebender Wichtigkeit für die Heilung ist immer wieder, daß vor allem im Kopfbereich, in den Zähnen, Ohren sowie den Kiefer- und Stirnhöhlen, die dunkelsten, giftigsten und hartnäckigsten Chi-Ablagerungen weichen. Solange diese Anhäufungen nicht durch Sanierungsmaßnahmen zur Auflösung kommen, kehrt jedwede Krankheit zurück (siehe hierzu »Allergien und Amalgam«, S. 318). Oft kommen heutzutage richtig gewählte Homöopathika nicht zur vollen Wirkung, weil die Überlastung der feinstofflichen Körper mit Metallen aus den Amalgamplomben zu schwerwiegend ist. Wie die tägliche Erfahrung zeigt, müssen Quecksilber und andere Metalle sehr gründlich ausgeleitet werden.

Weiterhin machte ich auch die Beobachtung, daß – entgegen der Erfahrung von Generationen klassischer Homöopathen – das Einsetzen der sogenannten Reaktionsmittel zeitlich verlängert werden müßte und diese in einer höheren Dynamisierung oft wochenlang eingesetzt werden sollten.

Übermäßige Nahrungsaufnahme führt zur Stagnation des Energieflusses. Es ist deshalb ratsam, neben der biologischen Behandlung auf eine knappe, ausgewogene Ernährung zu achten (siehe u. a. »Chakren und moderne Gesundheitskost«, S. 208, und »Gesundes Nahrungs-Chi als Hilfe gegen Umweltgifte und Krankheiten«, S. 290). Darüber hinaus löst selbsterzeugte – nicht von außen zugeführte – Erwärmung des Körpers, wie u. a. durch Fieber oder aktiven Sport, vermehrt toxischen Äther und bringt ihn schneller zur Ausscheidung.

Geistheilen: Echte geistige Heilungen konnte ich über die Jahre immer wieder beobachten. Jeder Behandler, der sich ernsthaft um das Wohl des Leidenden bemüht, erhält unsichtbare Hilfe von

Jenseitigen. In der Praxis von Kollegen und auch in meiner eigenen konnte ich bei Kindern auffallend mehr geistige Heilungen als bei Erwachsenen feststellen. Bei letzteren beobachtete ich oft, wie versteckte negative Gefühle (wie Nachtragen, Kränkung, Verbitterung und Gedanken des Pessimismus und Mißtrauens) einen dicken, dichten, grauen Chi-Mantel um alle Auren und auf die Chakren legen, so daß die reine Heilstrahlung nicht in sie einzudringen vermag. Bei Kindern fallen diese Hindernisse meist weg. So bemerkte ich häufig, wie Kindern nach Unfällen sogar durch verstorbene Heiler geholfen wurde.

Beim Hellsehen spielt die Entfernung keine Rolle. Vorgänge und Wechsel im farbigen Chi des Patienten können über viele Kilometer wahrgenommen werden. Auch weiße oder hellblaue Engel, die farbiges Heil-Chi aussenden, lassen sich an den Betten der Leidenden beobachten. Auf Hilferufe verzweifelter gläubiger Eltern, Freunde und Heiler öffnen sich oft die »Schleusen des Himmels«, und strahlendes, überwiegend weißes oder hellblaues Chi wird sichtbar, das aus hohen geistigen Ebenen auf den Leidenden herabströmt wie ein Wasserfall. Zu den geistigen Heilweisen gehört auch die Befragung des individuellen höheren Selbst (der göttlichen Persönlichkeit des Menschen, siehe S. 37) nach Fehlverhalten sowie das Bitten um Ratschläge und um die rechte Führung.

Jede Krankheit ruft zur Besinnung, Einsicht und Demut auf. Der Leidende sollte sich fragen, was er in diesem oder einem vorherigen Leben falsch gemacht hat. Die geistige Welt läßt sich durch Forderungen nicht bezwingen. Durch Eingestehen eigenen Verschuldens und Selbstverantwortlichkeit ebnet sich der Kranke den Weg zu ihr.

Niemand sollte sich auf die geistige Heilung ausschließlich, ohne eine fachkundliche Unterstützung verlassen. Der schnellste Weg zur Gesundung erfolgt normalerweise über den Verzicht auf krankmachende Gewohnheiten und durch biologische Maßnahmen. Schon der Volksmund sagt: »Hilf dir selbst, so hilft dir Gott.« Wenn Heilung durch unsichtbare Wesen eintritt, ist es Gnade. In der Bibel lesen wir in den Heilungsberichten: »... und sündiget fortan nicht mehr ...«, was wirkliches eigenes Bemühen um ganzheitliches Heilwerden und moralische Umkehr bedeutet.

Gesundes Nahrungs-Chi als Hilfe gegen Umweltgifte und Krankheiten

Körperliches Wohlbefinden wird hauptsächlich durch energiereiche Nahrung erzeugt. Bei *Unausgeglichenheit des Nahrungs-Chi* versucht der Körper, dessen Instinktsystem hierdurch fehlgeleitet wurde, den Mangel an vitaler Nahrung durch ihn schädigende Stoffe auszugleichen. Er wird oft nach Nikotin, Alkohol und Süßigkeiten süchtig. Bei dieser Gefahr hat sich das strikte Verbot von folgenden Nahrungsmitteln im praktischen Leben oftmals bewährt: Kaffee, koffeinhaltige Produkte (auch koffeinfreier Kaffee), Mate, Schwarztee, Schokolade, Zucker in jeglicher Form, Süßstoffe, Marmelade, Honig aller Sorten und weißes Auszugsmehl in Backwaren aller Art. All dies sollte gemieden und die Ernährung auf Vitalkost umgestellt werden. In den USA erzielten Dr. Oswald und Dr. Hoffer nach 30jähriger Forschungsarbeit mit Alkoholikern einen Heilungserfolg von 80 % durch Verbot obiger Nahrungs- und Genußmittel, Ernährungsumstellung auf gesunde Kost und Zusätze von bestimmten Vitaminen und Mineralstoffen.

Krankmachender Pilzbefall der Nahrung oder des Körpers zeigt sich durch dessen giftgrünes elektromagnetisches Feld. Ein pilzgeschädigter Darm ist oft an weichem Stuhl, Afterjuckreiz und hohem Verbrauch von Toilettenpapier erkenntlich. Meistens macht sich der Pilzbefall jedoch nicht selbst bemerkbar, sondern verursacht viele anderweitige Störungen und Leiden. Hilfreich wirkt sich hier die »Antipilzkur« (S. 309) aus. Bei Krebserkrankungen zeigt die supraphysische Schau vor Ausbruch der Krankheit immer, daß sich im Stirn-Chakra, in und um die Hypophyse sowie zuerst im Wurzel- und Milz-Chakra langsam graues, unvitales Chi absetzt. Das Stirn-Chakra wird überwiegend durch Schock und Streß belastet, während die beiden unteren Chakren besonders durch biologisch tote Nahrung, fehlende Vitalstoffe und Vitamine sowie geopathische Störzonen, wie Wasseradern und elektromagnetische Felder, geschädigt werden.

Wie können wir trotz der Umweltvergiftung noch Spannkraft und Leistungsvermögen aus der täglichen Nahrung gewinnen? Wir alle leben heutzutage in einem Umfeld, welches viele Kilometer vom Erdboden in die Atmosphäre hinaufreicht und mit toxischen Chi-Teilen unterschiedlicher Größe und Färbung erfüllt ist. Vor allem in den Großstädten und ca. 15 km um dieselben können sich diese Partikel bis zu Untertassengröße zusammenballen. Zum Beispiel sehe ich schon in geraumer Entfernung eines Flughafens rechts und links der Straße diese Formationen auf Wiesen und Feldern. Der Regen läßt sie in den Boden sickern, der die Qualität unserer Nahrung bestimmt. Sicherlich ist es nicht überall so schlimm, aber ich finde keine unbelasteten Böden mehr. Leider ist daher auch biologisch angebaute Nahrung nicht mehr ganz einwandfrei.

Ein Gang durch die Supermärkte zeigt Regale, die mit überwiegend grauer und giftgrüner, energietoter Nahrung überladen sind. Aber auch biologisch relativ gesunde und mit vitalerem Äther durchdrungene Nahrungsmittel, die beispielsweise im grauschwarzen Nebelfeld einer geopathisch gestörten Reizzone oder in der mausgrauen Strahlung des Elektrosmogs liegen, haben kaum mehr regenerierende Energie. Der Elektrosmog schlägt uns aus Kühlschränken, Gefriertruhen, Fernsehgeräten, elektrischen Schaltkästen, Mikrowellenherden, Fernsehtürmen, Satellitenanlagen und Überlandleitungen entgegen. Fernsehgerät und Mikrowelle beispielsweise brauchen hierzu nicht in Betrieb zu sein, sondern nur am Stromnetz zu hängen.

Schon das Kochen in Dampfkoch- oder Edelstahltöpfen und auf einem Elektroherd erfüllt Nahrung und Küche mit negativem Chi. Wasser, für kurze Zeit in diesen Töpfen aufbewahrt, durchsetzt sich schnell mit avitalem Äther. Zu empfehlen ist, in Emailletöpfen, herdplattenfesten, hitzebständigen Glasgefäßen oder Glaskeramik und vorzugsweise auf Gas zu kochen, besser wäre noch mit Holz und Kohle.

Leitungswasser läßt sich energetisch aufladen, wenn es in grünen Flaschen, die mit einem ungefärbten Baumwoll- oder Leinenläppchen und Gummiring verschlossen sind und außerdem einen kleinen, runden Gegenstand aus reinem Gold sowie ein Stück klaren Rosenquarz oder Bergkristall enthalten, für mindestens drei bis sieben Stunden von der Sonne beschienen wird. Das graue, undynamische Feld des Leitungswassers verwandelt sich hierdurch in ein vitales, ätherisch feinstrahlendes weißes und hellblaues Feld. Nitrate und andere Umweltgifte weichen hierdurch natürlich nicht. Der Nitratgehalt unseres Trinkwassers läßt sich mit Prüfstäbchen des Nitrat-Testes Merckoquant Nr. 10020 (aus der Apotheke) überprüfen. In Deutschland werden zur Zeit

Nitratgrenzwerte von 50 mg/Liter toleriert (Europa: 10 mg/Liter). Zum Kochen und für Getränke empfehle ich nitrat- und kochsalzarmes Mineralwasser, das weniger als 20 mg Natrium pro Liter enthält.

Da der größte Teil des normal käuflichen *Gemüses, Salates und Obstes* giftgrün und grau sprüht, sollte man dieses vor dem Verzehr für ca. 15 Minuten unzerkleinert in eine Schüssel legen, die mit kaltem Leitungswasser und einer Prise grobkörnigem Meersalz gefüllt wird. Anschließend spült man die Nahrungsmittel einige Male durch. Da sich dunkelfarbener, giftiger Äther in der Schüssel absetzt, ist es ratsam, diese am gleichen Tag nicht mehr zu benutzen (er läßt sich nicht allein durch Ausspülen entfernen). Die Prise Meersalz könnte auch durch einen oder mehrere Petersilienstengel ersetzt werden. Diese ziehen das krankmachende Chi an sich, werden schwarz und giftgrün und sollten danach weggeworfen werden. (Nebenbei bemerkt, sollte man täglich nicht mehr als einen Eßlöffel gehackte Petersilie essen, mehr kann zu Nierenreizungen führen.)

Da nach zweitägigem Gebrauch viele *Zahnbürsten* und manche Zahnprothesen bakteriendurchsetzt sind und giftgrün sprühen, steckt man diese jeden zweiten Tag für einige Stunden in Wasser, dem man eine kleine Prise Meersalz beigibt. Gegen Pilzbefall werden *Kühlschränke* nach jedem Abtauen mit Wasser ausgewaschen, dem etwas Essig oder Zitronensaft zugesetzt wurde. Abgestandenen Kühlschrankgeruch, das heißt Verdacht auf Pilze, bekämpft man, indem man eine rohe, alle ein bis vier Tage ausgewechselte Zwiebelscheibe in einer offenen, jeweils frischen Tasse in den Kühlschrank stellt, bis zum Verschwinden des schlechten Geruches. Die Zwiebelscheibe wegwerfen, da im Feinstofflichen hochgiftig!

Auch im Energiefeld vieler *Milchprodukte* sehe ich ein avitales, graues Chi. Ebenso sind *Fleisch- und Wurstwaren* oft mit giftgrün sprühendem und schwarzem, zähem Chi durchsetzt. Aber solange die Ausscheidung über die Chakren funktioniert, werden auch »unbiologische« Nahrungsmittel gesundheitlich toleriert.

Wie bekannt ist, werden in Deutschland viele Gemüse, Salate und Obstsorten aus dem Ausland eingeführt, die durch *radioaktive Bestrahlung* konserviert sind, beispielsweise fast alle Kartoffeln und Zwiebeln. Die Niederlande stehen an der Spitze der Ausfuhr von auf diese Art konservierten Lebensmitteln. In folgenden europäischen Staaten ist radioaktives Bestrahlen von Nahrungsmitteln verboten: Deutschland, Griechenland, Portugal und Irland (Stand 1993). In allen anderen Staaten ist es also erlaubt. Bis heute kann man die radioaktive Lebensmittelbestrahlung nicht wissenschaftlich nachweisen. Jede größere Stadt verfügt über eine Verbraucherzentrale (siehe Telefonbücher), die u. a. auch Auskunft über radioaktive Lebensmittelbestrahlung gibt. Hilfreich ist auch die Verbraucherinitiative in Bonn, die über die neuesten Gesundheitsinformationen verfügt. Merkblätter über »Lebensmittelbestrahlung« und »Lebensmittelzusatzstoffe« (mit E-Nummern) werden an Mitglieder abgegeben. Auch das Buch von Webb/Lang: »Bestrahlte Nahrung« (siehe Bibliographie am Buchende) ist informativ.

Die Kunststoffverbrennung erzeugt grünen, schwarzen und vor allem braunen Äther. In Teilen der Nordschweiz und im südlichen Schwarzwald, von Basel bis zum westlichen Bodensee, breitet sich ein solches Chi aus. Es handelt sich wahrscheinlich um »minimale« Restmengen von Belastungsstoffen, die wissenschaftlich noch nicht erfaßbar sind.

Auch die *Radioaktivität* zeigt sich durch ein dunkelbraunes, nebelhaftes Energiefeld. Nicht nur Atomreaktoren mit ihren Emissionen, sondern ganze Landstriche sind heute davon eingehüllt. Der menschliche Egoismus mit seinen Ausdrucksformen der Nachlässigkeit, Gleichgültigkeit und Verantwortungslosigkeit führte u. a. bereits zu weltweiten öffentlichen und vor allem versteckten radioaktiven Mülldepots, wie sich hellsichtig feststellen läßt. Diese verseuchen nicht nur touristisch interessante und einsame Gegenden, wie beispielsweise weite Strecken der Mittelmeerküsten. Das Überhandnehmen von negativen, selbstsüchtigen Kräften auf diesem Planeten – durch welche sich die Menschheit selbst den Untergang bereitet, war m. E. von der Vorsehung höherer Mächte eingeplant worden. Beim möglichen dritten Untergang der Menschheit – auch die beiden ersten wurden durch Egoismus erzeugt (Lemuria ging unter durch Feuer aus Vulkanen und Atlantis durch Sintfluten) – werden die braunen radioaktiven Strahlungen die physischen und Vitalitätskörper zersetzen und selbsterzeugte Gifte den größten Teil irdischen biologischen Lebens auslöschen. Ausschlaggebend für den Aufstieg in höhere Sphären ist die Reinheit (d. h. die Leichtigkeit des hellen Chi) aller übrigen unsichtbaren Körper.

Das menschliche Bewußtsein im Emotions- und Denkkörper und im höheren Selbst (siehe S. 35) ermöglicht weiterhin den Aufenthalt in unsichtbaren Bereichen. Dieses Bewußtsein ist in den gerade erwähnten feinstofflichen Körpern konzentriert. Sie unterliegen ständigen Veränderungsprozessen, gehen jedoch – wie jede andere Art des Chi – nicht verloren. Sie wandeln sich, wie zum Beispiel Wasser in den Formen von Dampf, Nebel oder Eis auftreten kann. Das Gedankengut und die Erfindungen vieler Zivilisationen und Kulturen bleiben bildhaft und unverlierbar dem Feinstofflichen (in der Astral- und Mentalwelt) eingeprägt.

Es kann »jederzeit« – auch »körperlos« – abgerufen werden. Vielleicht werden dann auch einmal heutige geniale Erfindungen (z. B. preiswerte und umweltfreundliche Energieerzeugung ohne schädigende Atomenergie), die von den Kartellen der Industrie unterdrückt werden, zum Segen der Menschheit eingesetzt.

Nicht nur der Reaktorunfall in Tschernobyl, sondern unbemerkt verlaufende atomare Zwischenfälle, bei denen ganze Kontinente in braunes Chi eingehüllt sind, zeigen mir, daß man Schäden durch Antikrebsernährung vorbeugen muß. Diese wird auf den nächsten Seiten beschrieben. Nach japanischen Forschungen helfen Meeresalgen (als Pulver, Tabletten oder zerschnitten und gekocht), Radioaktivität und auch Schwermetalle aus dem Körper auszuscheiden.

Seit Jahren bemerke ich, daß gesundes Chi, welches unsere feinstofflichen Körper maximal regeneriert, am intensivsten im ganzkörnigen, *unzermahlenen Getreide* und besonders in *Hafer, Hirse und Dinkel* vorhanden ist, was nicht heißt, daß man kein geschrotetes Getreide essen kann. Leider hat die vitale Energie der anderen Getreide im Vergleich zu den oben erwähnten abgenommen. In frisch gemahlenem Vollkorn bleibt gesunder Äther unverfälscht bis etwa 4 Stunden erhalten. Schon Hafer- und Hirseflocken aus biologischem Anbau sind industriell behandelt und zeigen nur noch graue, unvitale Energien.

Chi-erhaltend bei der Zubereitung ist auch die Verwendung einer *Kochkiste*. Viele Gerichte, wie zum Beispiel Getreidebrei, Gemüse oder Pellkartoffeln, können in ihr fertig garen. Sie benötigen dann nur die halbe Kochzeit, sind besser ausgequollen und damit leichter verdaulich, und sie brennen nicht an. Dazu muß der Topf mit dem kochenden Inhalt in einen Pappkarton gesetzt werden, dessen Wände mit zusammengepreßten Schaumstoffresten oder

Holzwolle 3–5 cm dick gepolstert sind. Mit einem schweren, festen Kissen wird der Topf luftdicht abgedeckt. Die benötigte Quelldauer des Essens in der Kochkiste beträgt 2½ bis 5 Stunden. So können Mittags- und Abendmahlzeiten ebenso schonend wie zeit- und energiesparend zubereitet werden.

Weiterhin sind *Möhren, Lauch, Knoblauch, Sellerie, Sesamsamen* aller Sorten, *Meeresalgen,* gekeimte *Hülsenfrüchte* (besonders gewöhnliche Linsen) noch mit aufbauendem, gesundem, vielfarbigem Chi ausgestattet. Auch *Olivenöl* (fast jeder Marke) verfügt über strahlenden Äther. Von allen Ölen hat es während seiner Reife am längsten Zeit, die Sonnenenergie aufzunehmen. Ihm folgt das Sonnenblumenöl. *Puten- und Hammelfleisch, Forellen* und der größte Teil des *frischen Fisches* sind ebenfalls annehmbar. Individuelle Nahrungsmittelunverträglichkeiten kann der interessierte Leser im Abschnitt »Erfolgreiche Allergiediagnose« (S. 330) selbst testen.

Ein *Chlorophylltrunk* mit überwiegend hellblauem Chi, den man täglich morgens frisch aus Blättern aller eßbaren Pflanzen, wie Spinat, Brennesseln, Löwenzahn, Spitzwegerich und dem kalkreichen Kraut von Rettich, Sellerie und Möhren, im Entsafter zubereitet, zeigt ein vitales Energiefeld. Man beginnt mit 1 EL (Eßlöffel) reinem Pflanzensaft, den man mit etwa 10 EL Wasser oder abgekühltem Kräutertee verdünnt. Über Wochen steigert man den Anteil von reinem Pflanzensaft bis auf 7 EL täglich. Die Beigabe von 1 TL (Teelöffel) Joghurt aus rechtsdrehender Milchsäure und lebenden Kulturen, wie Lactobacillus acidophilus und L. bifidus, – ohne Zuckerzusatz – mildert den Geschmack. Wenn dieser frisch zubereitete Pflanzensaft über Stunden aufbewahrt wird, verflüchtigt sich sein hellblaues und rotes Chi, verdrängt durch farblosgraues. Selbstverständlich lassen sich auch Wildkräuter wie 1–2 EL Löwenzahn- und Spitzwegerichblätter täglich frisch in Salate schneiden.

Hilfreich ist es, sich das regenerierende Chi aus den *Bitterpflanzen,* wie Löwenzahn- und Schafgarbenblättern, und aus Wermut- und Tausendgüldenkraut zunutze zu machen. ½–1 TL des frischen oder getrockneten Krautes werden mit einer kleinen Tasse kochenden Wassers übergossen. Nachdem der Tee 10–15 Minuten gezogen hat, trinkt man ihn – vorzugsweise während des Frühjahrs und Herbstes vor dem Frühstück oder/und Mittagessen. Durch diese Bitterpflanzen werden Verdauungssäfte regeneriert, die wiederum der vermehrten Aufnahme von Mineralstoffen und Vitaminen dienen.

Viele Umwelt- und Stoffwechselgifte, die jeder heutzutage angesammelt hat, werden durch Tees, die nachmittags getrunken werden, ausgeschieden. In vier- bis sechswöchigem Wechsel bereitet man sich diesen Aufguß aus je einer einzigen Pflanze. Er sorgt für den Abfluß des grau-schwarzen Chi über die Harnwege. Während Brennesselkraut und Birkenblätter nur mit kochendem Wasser aufgegossen werden, sollten Goldrute (Blüten, Blätter, Stengel der Pflanze benutzen) und Zinnkraut 3–5 Minuten kochen, wobei 1 TL Pflanzenmaterial auf eine große Tasse genügt.

Bevor wir uns mit dem täglichen Ernährungsplan zur Abwehr von Umweltgiften und Krebs befassen, wollen wir uns das Vorkommen einiger wichtiger Vitamine in der Nahrung vergegenwärtigen:

Bei *Vitamin A* ist der Tagesbedarf 750–1500 µg (2500 bis 5000 I. E.). Nach Forschungen werden zur Krebsvorbeugung an Vitamin A (welches Abszisin-Säure, Retinol und Beta-Karotin enthält) täglich zwischen 10 000 und 20 000 I. E. gebraucht. Alle dunkelgrünen Blattgemüse und gelben Gemüse enthalten Vitamin A. Da das Vitamin fettlöslich ist, sollten zu diesen Gemüsen Fett, Öl, Nüsse oder Samen (Sesamsamen) gegessen werden. Vitamin-A-Mangel zeigt sich an trockener Haut, Hautschrunden, mangelhaftem Haarwachstum, verstärkter Infektanfälligkeit, häufigen Infekten des Atmungs-, Verdauungs- und Nieren-Blasen-Systems, Nachtblindheit u.a.m. Jedes der folgenden frischen, rohen Nahrungsmittel enthält 1000 I.E. Vitamin A (T = Tasse), 1 T Rosenkohl, ¼ T Brokkoli, ⅓ einer 5 cm langen Möhre, 1 T Kopfsalat, ¼ T Spinat, 1 ½ T grüne Bohnen, 1 ½ T große, grüne Paprikaschoten, ½ EL Kürbis, 1 T gelbe Pfirsiche usw.

25 000 I.E. Vitamin A sind im Saft von 60 g Spinat, 50 g Möhren oder in 30 g frisch gekeimten Weizensprossen. Hohe Mengen des Vitamins weisen Löwenzahnblätter, Blätter der roten Bete, Petersilie, Aprikose, Feldsalat, Grünkohl, Nektarinen, Kirschen und Erdbeeren auf; höchste Mengen sind in Lebertranöl, fetten Meeresfischen, Leber, Butter, Eigelb u. a. (Unter »Harmonisierung des Wurzel-Chakras« in »Allgemeine Ratschläge«, S. 232, finden Sie die Anleitung zur optimalen Resorption von Lebertran. – Der Autorin ist bekannt, daß Lebertran, wie leider fast jedes heutige Nahrungsmittel, umweltbelastet ist.)

Bei *Vitamin C* liegt der Tagesbedarf zwischen 75 und 2000 mg. Kochen, Warmstellen und Lagerung an Licht und Luft reduzieren den Vitamingehalt des Gemüses schwerwiegend. Je weniger das Gemüse zerkleinert wird, desto mehr Vitamin C bleibt erhalten. Bei eingefrorenem und gekochtem Gemüse ist der Gehalt gleich niedrig. Früherkennungszeichen eines Vitamin-C-Mangels ist das häufige Auftreten von »blauen Flecken«, Zahnfleischbluten, Zahnzerfall, häufigen Erkältungen und Infekten, Allergien, Schwäche, Gelenkschmerzen usw. Jedes der folgenden Nahrungsmittel enthält 20 mg Vitamin C, wenn es ganz frisch und roh, also unerhitzt ist: (T = Tasse) ¼ T Rosenkohl, ⅛ T Brokkoli, ½ T Kohl, ¼ T Blumenkohl, 2 EL zerkleinerte grüne Paprikaschote, ½ T Erbsen, ¼ T Erdbeeren, ⅔ T rote Bete, ⅔ T Spinat, 2 T Kopfsalat, 1 T Kirschen und 3 etwa 20 cm lange Möhren. Auch frischgekeimte Hülsenfrüchte und Getreide, Kresse, Meerrettich, frische Hagebutten, schwarze Johannisbeeren und Zitronensaft enthalten viel Vitamin C.

Von *Vitamin E,* welches genau wie A und C ein Zellschutzvitamin ist, werden täglich etwa 100 bis 400 I. E. zur Krebsvorbeugung benötigt. Vitamin E findet sich in kaltgeschlagenen Pflanzenölen, Sesamsamen, Kürbiskernen, Nüssen, Mandeln, Lauch, Kohl, Spinat, Lattich, Blattsalaten und vor allem Hülsenfrüchten- und Getreidekeimlingen. Diese gewinnen maximal gesundes Chi durch Keimen in einem mit Mulläppchen geschlossenen Marmeladenglas bei ca. 20° C, sonnen- und zugluftgeschützt – jedoch gut ventiliert –, und dreimalig täglichem handwarmem Spülen, wodurch sie immer feucht bleiben. In den ersten zwölf Stunden sollten Keimlinge jedoch im Dunkeln stehen. Auch wenn Keimdauer und -länge einzelner Sorten variieren, so ist meistens am dritten Tag – bei 9–19 mm Keimlänge – der Vitamingehalt mit 400 % Zunahme am höchsten.

Mehrere Forscher sind der Ansicht, daß keines der Vitamine im Körper richtig funktionieren kann, wenn *Vitamin D* fehlt oder in zu geringer Menge vorhanden ist. Der Tagesbedarf liegt bei etwa 400 I. E. Hervorragende Quellen für dieses Vitamin sind: Lebertran, Eier, Butter, Sardinen, Makrele, Heringe, Thunfisch usw.

Zusammenfassend läßt sich sagen, daß sich meine hellsichtigen Beobachtungen weitgehend mit den neuesten ernährungswissenschaftlichen Erkenntnissen decken. Daraus resultieren folgende Ratschläge:

Krebsvorsorge durch das tägliche Essen

Empfohlen werden:

1. 125 g rohe *Möhren* täglich mit kaltgeschlagenem Pflanzenöl oder 1–2 TL Sesamsamen. (Rote Bete scheint ungesundes Chi und Umweltgifte in sich zu sammeln, während die Möhren wesentlich vitaler sind.) Möhren enthalten nur im rohen Zustand die einzelnen wertvollen Bestandteile des Vitamins A und andere Vitalstoffe. Das immer größer werdende Ozonloch steigert vor allem den Vitamin-A-Bedarf. Dieses Vitamin beugt Augen- und Hautschäden vor.
2. 125 g eines *frischen Rohkostsalates*, der hauptsächlich aus grünen Blättern besteht und die Vitamine A, C usw. enthält.
3. Zink aus Kürbiskernen, Zwiebeln, grünen Gemüsen und Vollkorngetreide und ca. ¼ bis 2 *frische, rohe Knoblauchzehen* (germaniumhaltig). Man beginnt mit einem Scheibchen feingehacktem Knoblauch. Dieses wird nicht gekaut, sondern während der Mahlzeit mit etwas Wasser hinuntergespült. Auf diese Weise ist der Genuß weitgehend geruchsfrei; auch das Essen von Rohkost, Sauerkraut oder Petersilie nach dem Kauen von Knoblauchstückchen verhindert den Geruch. Gerade bei Fernreisen ist es sehr empfehlenswert, Knoblauchpillen schon beim Hinflug (täglich bis 4 pro Mahlzeit) zu schlucken. Sie verhindern zuverlässig das Aufkommen von Müdigkeit und Beschwerden. Vor bakteriellen Infekten geschützt waren in Reisegruppen immer wieder diejenigen Teilnehmer, die entweder regelmäßig Knoblauchpillen einnahmen oder rohe geschälte Zehen über Stunden oder evtl. auch Tage im Mund – bis zum Abklingen der Infekte – beließen.

4. 60 g oder mehr von *gekochtem, dunkelgrünem Blattgemüse*. Die Gemüsebrühe, die alle Mineralstoffe enthält, sollte unbedingt mitgegessen werden.
5. 1 TL *Meeresalgen* (Salzwasseralgen), 20 Minuten einweichen und ebensolange kochen. (Auch zu empfehlen als Pulver oder Tabletten.) Meeresalgen sollten bis spätestens mittags genommen werden, da der Jodgehalt anregen und den Schlaf verzögern kann.
6. 3–5 EL eines *frischgeschroteten Vollkorngetreidebreies*. Er enthält Magnesium, Vit.-B-Komplex, Vit. E, Selen u. a. m.

Dr. G. N. Schrauzer, ein amerikanischer Spezialist in der Mineralforschung, bewies, daß eine vorbeugende Menge von täglich 0,15 bis 0,5 mg *Selen* in organischer Form die Krebstodesrate im Tierversuch um 90 % herabsetzt. 100 g unerhitztes Getreide (vor allem Hafer, Weizen, Gerste) enthalten nach Forschungen 0,019 mg Selen, 100 g mageres Fleisch 0,014 mg, 100 g Hering, Sardinen, Krabben 0,016 mg Selen. Weiterhin ist viel in Meeresalgen, Knoblauch, Zwiebeln, Linsen, Eiern usw. Blei aus Büchsennahrung und hoher Fleischkonsum hemmen die Selenaufnahme des Körpers.

Das gesündeste Chi strahlen, wie bereits erwähnt, Hirse, Dinkel, Hafer (und auch Gerste) aus, wenn sie mit der Getreide- oder Kaffeemühle frisch geschrotet und etwa 4, maximal 9 Stunden in Mineralwasser oder Milch eingeweicht werden. Geschroteter Hafer benötigt etwa 1 Stunde Einweichzeit. Bei Milchunverträglichkeit nimmt man eine Mischung aus ¼ süßer Sahne und ¾ Wasser oder auch ungesüßtem Apfelsaft. Biologischer Joghurt, saurer oder süßer Rahm, Obst der Jahreszeit, Nüsse, Mandeln, Kürbiskerne und Sesamsamen werden zugesetzt. Besser verträglich ist der Frischkornbrei, wenn er vor dem Verzehr im Wasserbad bis

maximal 37° C erwärmt wird, wobei die Enzyme erhalten bleiben. Leichtes Erwärmen des Breis regeneriert auch das Milz-Chakra nachhaltiger. Bei Unverträglichkeit des rohen Müslis verzehre man nur teelöffelweise in ansteigender Menge ungekochtes Getreide. Hier kocht man (evtl. zuvor eingeweichtes) Getreide mit Wurzelgemüse, Brennesselspitzen, Tofuwürfeln und Sojasauce.
Eine *Getreide-Gemüse-Mahlzeit* kann auch als Suppe oder Brei zubereitet werden. Besonders als Abendessen, ohne Salate oder sonstige Beilagen, verhilft sie älteren Menschen zu einem ruhigen, erholsamen Schlaf.
Bei Babys beobachtete ich immer wieder bessere Infektabwehr und höhere Intelligenz durch den täglich frisch gemahlenen und frisch zubereiteten Getreidefrischkornbrei, der ab sechstem Monat problemlos neben der Muttermilch gegeben wurde. Um Unverträglichkeiten von Getreiden bei Kleinkindern herauszufinden, wird jede Sorte allein für jeweils eine Woche verabreicht. Mischungen folgen nach dieser Testzeit. Kuhmilcheiweiß kann bei Ihrem Kind Diabetes auslösen (siehe S. 208, 245)
Gesunde Vollwertnahrung läßt in kindlichen feinstofflichen Körpern und den Kopfauren reines, regenbogenfarbenes Chi zirkulieren. Allein dieses ermöglicht optimale körperliche und geistige Leistungen sowie seelisches Wohlbefinden. Ungesunde Kost hingegen füllt die unsichtbaren Körper der heutigen Kinder und die Aura des Kopfes mit trübem, dunklem Äther. Das Resultat sind gesundheitliche Schwächen und auch bei guter Intelligenz geringe Ausdauer, Konzentrationsschwierigkeiten, leichte Ablenkbarkeit und Verhaltensstörungen, wie sie zur Zeit unter Kindern weit verbreitet sind.
Meine heutigen Beobachtungen stimmen mit neuen Statistiken überein, die parallel zur vitamin- und mineralstoffarmen, »chaoti-

schen« Kinderernährung sinkende Schulleistungen und – direkt im Zusammenhang mit der ungesunden Ernährung – proportional ansteigende Süchte und sogar Kriminalität beweisen!
7. 1 EL *Sesamsamen* jeder Art, der reich an Vitamin E, Kalzium und Mineralstoffen ist. (Übrigens haben sich 1–2 EL Sesamsamen, vor dem Schlafengehen genommen, als Schlafhilfe bewährt.) *Sonnenblumenkerne,* die seit Jahren nur noch geringe vitalisierende Energien ausstrahlen, kann ich nicht unbedingt empfehlen.
8. *Vollmeersalz* (enthält viel hellblaues Chi) sollte der Nahrung beigefügt werden, ebenso täglich 4–6 EL *Hülsenfrüchte- oder Getreidekeimlinge.*
9. Weiterhin wäre zweimal pro Woche *rohes Sauerkraut* oder/ und ein *roher Salat aus Weiß- oder Rosenkohl* anzuraten. Das feingeschnittene Gemüse wird ca. 4–7 Stunden vor der Mahlzeit nur mit Meersalz, Olivenöl, Zitrone und Wasser bedeckt. Abdecken und Dunkelstellen zerstören weniger Vitamin C. Der Salat verfügt nach Stunden immer noch über sein gesundes Chi.

Zur Eiweißfrage: Fast zwei Jahrzehnte lang behandelte ich eine große Anzahl von Waerlandisten, Ovo-lacto-Vegetariern (ohne Fleisch und Fisch) und Lacto-Vegetariern (ohne Fleisch, Fisch und Eier) aller Altersklassen eines bekannten Allgäuer Waerland-Ferienheimes. Die rein vegetarische Ernährung erwies sich eindeutig hilfreich und heilsam beim überwiegend wurzelchakra-belasteten, eiweißüberernährten und zu Übergewicht, Gicht und Herz-Kreislauf-Krankheiten neigenden Patienten meist in den mittleren Jahren. Sie befähigte diese Leute zu hohen geistigen und körperlichen Leistungen. Der Stoffwechsel bei seit Jahrhunderten

Die moderne, gesunde Ernährung

	Chi-harmonisierende Nahrung	Nahrung mit negativem Chi
Getränke	ungesüßter Apfelsaft, Kräutertees, täglich 1/4 l Möhrensaft mit 1 TL Sesamsamen (oder rohe Möhren), Mineralwässer werden im folgenden Text angegeben	Bohnenkaffee (bis 2 Tassen täglich erlaubt), Kola-Getränke, Alkohol, Schwarz- und Pfefferminztee (zerstört Magensäfte), Fruchtsäfte
Salate und Gemüse	zu Mahlzeitbeginn täglich frische Rohkostsalate mit ca. 3–5 EL Keimlingen; frische gelbe und dunkelgrüne, milchsaure und biologisch-dynamisch angebaute Salate und Gemüse stets mit Gemüsebrühe	Salate/Gemüse aus Büchsen, Gläsern, Treibhäusern (letztere sind nitratfördernd), Tiefkühlware (vitaminarm); radioaktiv bestrahlte, genmanipulierte (aus mehreren Ländern, ohne Kennzeichnung, Verbraucherzentralen anfragen!) Gemüse; Pilze, Gurken, Auberginen, Tomaten einschränken – da nervenschwächend
Obst	frisches Obst, besonders Äpfel, Aprikosen, Kirschen, Erd-, Him-, Brom-, Heidel-, Stachelbeeren, schwarze Johannisbeeren, Bananen	jegliches konservierte, geschwefelte Obst, Orangen, Pampelmusen, Kiwis, Avocados, Ananas und andere tropische Früchte
Getreide und Suppen	Vollkorngetreide (besonders Hirse, Dinkel, Hafer), ganzkörnig oder frisch geschrotet	Weißmehlprodukte, Teigwaren aus Auszugsmehlen, Fertigsuppen, Brotaufstriche, Brühwürfel und Würzmittel auf Hefebasis

	Chi-harmonisierende Nahrung	Nahrung mit negativem Chi
Brot- und Süßstoffe	Brot aus frisch gemahlenem Getreide mit Sauerteig/Backferment, Knäckebrot; Gerstenmalz; reiner Apfelsaft, Möhren, Aprikosen	Brot mit Backpulver oder Hefe; weißer und brauner Zucker; Süßstoffe (Traubenzucker, Fruktose, Saccharin; Melasse, Schokolade), teils Honig
Fette	kaltgeschlagenes Oliven-, Sonnenblumen-, Sesam-, Maiskeimöl, Sauerrahmbutter	alle gew. Margarinen u. gehärt. Fette wie z.B. Palmin; fett. Fleisch (kochen, kurz tiefkühl., dann Fett abschöpfen)
Nüsse und Samen	Nüsse, mögl. frisch a. d. Schale, tägl. 1–3 TL Sesam-, Kürbissamen, Mandeln, Haselnüsse	Erdnüsse, Pistazien, geröstete, gesalzene Nüsse und Samen
Eiweiß	gekochtes oder gegrilltes mageres weißes Fleisch/Fisch, Azukibohnen (rote Sojabohnen), Krabben	in Mikrowellen zubereitetes, geräuchertes, gepökeltes Fleisch, Wurstwaren, Schweinefleisch (gekochtes Fleisch ist als Aufschnitt gesünder als Wurstwaren)
Milch	Joghurt mit rechtsdrehender Milchsäure und lebenden Kulturen, Ziegen-, Schafskäse	Voll-, Büchsen-, Buttermilch, Früchtejog., Fett-, Hartkäse, Speiseeis, Pudding
Kartoffeln	gekochte o. im Ofen gebackene Kart.	gebratene Kartoffeln oder Chips
Gewürze	alle frischen Küchenkräuter, Zitronensaft, Knoblauch roh, Meeresalgen o. Meeresalgentabletten, Shoyu, Miso	Pfeffer, Curry, Paprika, getr. Küchenkräuter, handelsübl. Essig (kleine Mengen Obstessig erlaubt)

Ernährungsplan für eine Woche

Tag	Frühstück: täglich Kräutertee oder Getreidekaffee	Mittagessen	Abendessen
Mo	Fastentag: *oder:* wie Abendessen *oder:* Vollkornmüsli (im Wasserbad auf Körpertemperatur erwärmt)	Fastentag: frischer oder gekaufter Gemüsesaft (z. B. Möhren), 1 Teil Saft und 7 Teile Mineralwasser *oder:* wie Donnerstag	Fastentag: Gemüsebrühe (von gekochten Gemüsen) oder Kräutertees oder Saft *oder:* wie Mittwoch
Di	Saft von Möhren oder Sauerkraut, Blitz-Getreideschrot: 1 l Wasser und 3 gehäufte EL frischgeschrotetes Getreide, 2 Minuten kochen (mit Schneebesen rühren), Sojasauce oder Butter, Zimt, Obst, Nüsse, Samen, auch Ingwer	Blatt- und Wurzelsalat (roher Rosenkohl, Brokkoli, Sellerie, Feldsalat, Möhren usw.), Forelle, Pellkartoffeln, Spinat	Gemüsesuppe mit Dinkeleinlage (ganzkörniger Dinkel oder andere ganzkörnige Getreide, zuvor 4–9 Stunden einweichen). Auch Knäckebrote mit Auflage wie beim Frühstück am Mittwoch
Mi	weiches Ei, Vollkorn oder Knäckebrot mit Putenwurst, Rettich-, Kohlrabi-, Radieschenscheiben, Schafskäse, Sesam-, Mandelmus	2 Wurzel- und 2 Blattsalate, Vollkornreis, Tofu, Porreegemüse	Pellkartoffeln mit Butter oder Leinöl, Möhrengemüse

Tag	Frühstück: tägl. Kräutertee oder Getreidekaffee	Mittagessen	Abendessen
Do	Brei aus ganzkörnigem Hafer, Dinkel oder Hirse (vorher 4–9 Stunden eingeweicht), im Wasserbad auf Körpertemperatur erwärmt, würzen wie Dienstagfrühstück	Mischsalate, Meerfisch oder Kichererbsen, Gemüse-Roggen-Gericht	Gemüsesuppe m. Buchweizeneinlage, evtl. Knäcke- o. Vollkornbrot mit Aufstrich aus geriebenem Meerrettich, mit Apfelmus gemischt (evtl. mit Sahne und Meersalz)
Fr	Getreideschrotsuppe wie Dienstag mit Einlage von Wurzelgemüse, mit Sojasauce gewürzt	Salate wie Mittwoch, Hirse-Linsen-Gemüsegericht	Gemüsesuppe mit Dinkeleinlage, auch Knäckebrot wie Donnerstag
Sa	Salate (wie Dienstag mit Sesamsamen), 3–5 EL Azukibohnen (zuvor bis 24 Stunden eingeweicht), 70–90 Minuten kochen, mit Sojasauce würzen	Salate wie Dienstag, Gerste, Schwarzwurzeln, Tofu	Reis- oder Polentabrei mit Gemüse, Knäckebrot wie Donnerstag
So	Pfannkuchen aus Vollkorngetreide mit Apfel- oder Aprikosenmus	grüner und Wurzelsalat, Putenschnitzel, Vollkornreis	Pellkartoffeln wie Mittwoch abend

Salate werden mit Zitrone, Olivenöl und Meersalz, Suppen und Getreidegerichte mit Sojasauce gewürzt (z. B. Shoyu). Nach wissenschaftlichen Untersuchungen ist es gesünder, zuerst die Rohkost und dann gekochte Nahrung zu essen. Viele Menschen schlafen wesentlich besser, wenn sie ab 15 Uhr keine Rohkost, keine scharfen Gewürze oder Salz, kein tierisches Eiweiß oder Brot mehr essen.

rein vegetarisch lebenden Völkern (z. B. Indern) nützt pflanzliches Eiweiß optimal – ohne Gesundheitsschäden – aus. Bei solarplexus-belasteten Menschen im Wachstumsalter und Asthenikern (schlanken Menschen mit schwachem Muskel- und Knochenbau) beobachtete ich allerdings durch die rein vegetarische Ernährung Wachstums- und Konzentrationsstörungen, Haar-, Nägel-, Knochen-, Muskel-, Leber- und Augenschäden. In diesen Fällen empfehle ich durchschnittlich wöchentlich bis zu 100 g Meeresfisch, drei Eier und ca. 75 g Fleisch. Bei den heute üblichen Belastungen oder leichten Erkrankungen des Wurzel- Chakras genügen sonst täglich 3 g Meersalz und ca. 25 bis 40 g überwiegend pflanzliches Eiweiß. Dieses ist zur Genüge in Hülsenfrüchten (gekochte Azukibohnen enthalten 38 % Eiweiß!), Tofu, ungekochtem Frischkornbrei, frischen, rohen Salaten und Gemüsen sowie Pellkartoffeln vorhanden. (Zur Eiweißfrage siehe auch anfangs des 6. Kapitels in »Allgemeine Ratschläge« unter »Harmonisierung des Wurzel-Chakras«.) Auch auf Reisen ist es möglich, überwiegend vegetarisch zu essen. (Siehe hierzu: »Wo speisen wir auf Reisen – Vegetarische Gaststätten im In- und Ausland« in der Bibliographie.) Empfehlenswerte Nahrungsmittel, die den Vitalitätskörper aufbauen und regenerieren, können Sie der Tabelle auf den vorangegangenen Seiten entnehmen. Anschließend finden Sie einen Ernährungsplan für eine Woche und eine Antipilzkur (Frühjahrskur zur Chakrenregeneration).

Antipilzkur – Frühjahrskur zur Chakrenregeneration

Die heute übliche allopathische und meist auch biologische Medizin berührt bei Pilzerkrankungen nicht die eigentliche indivi-

duelle Veranlagung. Meistens liegen hierbei erworbene Milz-, Leber- und konstitutionelle Wurzel-Chakren-Schwächen zugrunde, wobei feinstoffliche Heilmittel die Pilzabwehr steigern. Die nun folgende Antipilzkur ist eine gemilderte Fastenkur von 2–6 Wochen Länge bei 2–3 täglichen kleinen Mahlzeiten. (Siehe auch »Erfolgreiche Allergiediagnose«, S. 330.)
Die hier beschriebene Frühjahrskur beeinflußt günstig und behebt u. a. Energielosigkeit, Nachwirkungen von Antibiotikabehandlung, Pilzbefall des Darmes und anderer Körperstellen, Allergien, Gedächtnisschwäche, Alterung der Haut und weitere Leiden. Auch zur besseren Verträglichkeit des Milz- und Herz-Chakra belastenden Treibhausklimas geeignet.

Die Kurmahlzeiten bestehen ausschließlich aus:
1. Kräutertees (ohne Honig oder sonstige Süßungsmittel, auch ohne Traubenzucker und Diabetikersüßungsmittel), verdünntem Apfel, Möhren-, Quittensaft (zuckerfreie Säfte im Bioladen/Reformhaus erhältlich), selbsthergestellten, zuckerfreien Zitronensaftgetränken und Mineralwässern. Bis zu drei rohe, säuerliche Äpfel pro Tag sind erlaubt;
2. ca. 5–30 % (alle angegebenen Prozente sind auf die Gesamtnahrungsmenge bezogen) rohen und gekochten Brennesselspitzen, als Saft, Rohsalate oder gekocht zubereitet. Im frisch hergestellten Brennesselsaft ist mehr regenerierendes Chi zu beobachten als im käuflichen. Sollten keine frischen Brennesseln zur Verfügung stehen, wie im Winter oder im Sommer nach der Blüte, dann ersetzt man sie durch frische Salate;
3. ca. 30–40 % frischen Salaten und 10–20 % gekochtem Wurzel- und Blattgemüse. Vom Frühjahr bis Herbst behält es wesentlich länger gesundes Chi, wenn es sonnen- und regen-

geschützt in halboffenen, braunen Papiertüten im Freien (Balkon) lagert. Verstärkt wird die Kur durch tägliche kleine Mengen Gartenkresse und 3× 4 Radieschen oder 3× 3 EL geriebenen weißen Rettich (mit biologischem Joghurt vermischt) vor jeder Mahlzeit;

4. ca. 20–30 % Dinkel, Hafer, Hirse, Gerste und Vollkornreis, ganzkörnig und ungekocht oder frisch geschrotet. Für das Mahlen der ersten drei angegebenen Getreidearten genügt eine einfache, althergebrachte, handbetriebene oder moderne elektrische Kaffeemühle. Als Würze wird ausschließlich Meersalz und zuckerfreie Sojasauce verwendet. Täglich sind 2 Scheiben Vollkornknäckebrot oder hefefreies Vollkornbrot mit Butter und zum Beispiel Schnittlauch, Radieschen-, Rettich-, Kohlrabischeiben oder dünnem Meerrettichbelag erlaubt. An bis zu drei Wochentagen kann Getreide für alle täglichen Mahlzeiten durch Pellkartoffeln oder Kartoffel-Brennessel-Salat ersetzt werden. Eingeweichtes, geschrotetes Getreide muß immer (vor allem in den häufig bakterien- und pilzverseuchten Kühlschränken) mit einem sauberen, mit leichter Salzlösung durchfeuchteten Küchentuch abgedeckt werden. Bei ganz hartnäckigen Pilzerkrankungen müssen selbst die Vollkorngetreide und -produkte entfallen;

5. ca. 1–5 % Meerrettich (selbsthergestellter oder ungeschwefelter Tafel-Meerrettich aus dem Bioladen) und/oder rohen Zwiebeln, Lauch, Knoblauch, Schnittlauch und Blättern der gelb-orange- und rotblühenden Kapuzinerkresse. Meerrettich und rohe Zwiebelgemüse sind bei Magen-Darm-Geschwüren und Nierenentzündung verboten.

Nähere Angaben zu den einzelnen Nahrungsmitteln:
Zu 1: Getränke sollte man ca. 20 Minuten vor dem Essen zu sich nehmen. Bei Kräutertees bevorzugt man die für das schwächste Chakra geeignetsten (siehe Übersicht: »Chakren und Heilkräuter«, S. 210). Säfte aus Obst und Gemüse werden etwa 1:5 bis 1:10 mit Mineralwasser verdünnt. Viele dieser Wässer enthalten gesundes, überwiegend hellblaues Chi, zum Beispiel Apollinaris, Fachinger, Gerolsteiner Stille Quelle, Dauner Dunaris Eifelquelle, Hirschquelle, Valser Kaiserquelle, Passugger Theophil u. a. m. Das Chi – die energetische Qualität – des Mineral-, Quell-, Leitungs- und levitierten Wassers wird stark von seiner eventuellen Lagerung in geopathischen Zonen und Elektrosmog bestimmt.
Zu 2: Verwendet werden die oberen 2–7 cm der Brennessel vor dem Ansetzen der kleinen, grünen Blüten. Wenn untere Blätter und Stengel noch weich sind, können diese auch gebraucht werden. Nach dem *Entsaften* wird der reine Saft 1:10 mit Mineralwasser oder abgekühltem Tee verdünnt. Zur Geschmacksverbesserung kann man wahlweise 1–2 Löwenzahnblätter oder Möhren zufügen. Saft, genau wie Salate, wird vor der gekochten Mahlzeit getrunken. Zerkleinerter *Brennesselrückstand* nach Entsaften enthält noch gesundes Chi. Er kann getrocknet, in Gläsern oder braunen Papiertüten aufbewahrt und später wie andere getrocknete Küchenkräuter benützt werden. Als *Salat* (nur aus ganz jungen Pflanzen) mit 1–2 EL Löwenzahnblättern, rohen Zwiebeln, einer Messerspitze Meerrettich, Zitrone, Meersalz und kaltgeschlagenem Pflanzenöl muß er gründlich gemischt werden und einige Minuten durchziehen. Als Zusatz zu Getreide*suppen* oder -*breien* benötigt die Brennessel nur ein einmaliges Aufkochen. Auch an Pfannkuchen kann man zerkleinerte Brennesselblätter geben.

Zu 3: Salatzubereitung siehe unter 2.

Zu 4: Gemüse-*Getreide-Suppen* oder *-Breie* können aus ganzkörnigem, rohem (vorher bis zu 24 Stunden – z. B. für Zahnprothesenträger – eingeweichtem) oder frisch geschrotetem (vorher bis ca. 4 Stunden eingeweichtem) Getreide hergestellt und evtl. im Wasserbad auf Körpertemperatur erwärmt werden. Für *Pfannkuchen* wird geschrotetes Getreide in kohlensäurehaltigem Mineralwasser für ca. 1–3 Stunden eingeweicht und ohne Eier zubereitet.

Zu 5: Zwiebelgewächse werden zunächst gekocht, später jedoch in kleinsten, ansteigenden Mengen auch roh gegessen. Fein gehackt und während des Essens mit Wasser hinuntergespült, sollten sie zu Beginn der Kur bis ca. 14 Uhr verzehrt werden. Man kann mit 1–2 Scheibchen rohen Zwiebeln/Knoblauch fortfahren und mit einer Messerspitze Meerrettich (je nach individueller Verträglichkeit) steigern. Schließlich sollten *alle* Mahlzeiten kleine Mengen dieser Nahrungsmittel enthalten. Unverträglichkeiten nach dem Genuß von Zwiebelgewächsen vergehen häufig, wenn bis zu drei Tagen vor und nach dem Genuß keinerlei Süßigkeiten, Schokolade oder Honig gegessen werden. Diese Kur läßt auch häufig Appetit auf Süßes und Alkohol verschwinden.

Pilzinfektionen können immer wieder vom Mund (z. B. durch Zahnbürsten und Prothesen) in den Verdauungstrakt und die Bronchien gelangen. Daher ist nach jedem Essen der Mund mit ganz schwachem Zitronenwasser oder einer Meersalzlösung zu spülen. Am besten auch Zahnbürsten und Prothesen täglich für einige Stunden darin stehenlassen.

Chakren und Allergie

Von der supraphysischen Schau der feinstofflichen Körper ausgehend, sehe ich die Allergie als ein Problem von Energieblockaden im Chakra selbst oder in den Energiebahnen. Sie ist oft die Auswirkung eines individuell behinderten oder gehemmten unsichtbaren Entgiftungsmechanismus im Vitalitätskörper.

Allergien, die man auch als »Chamäleon in der Heilkunde« bezeichnen könnte, treten immer auf, wenn der Vitalitätskörper besonders im Milz-, Solarplexus- und Wurzel-Chakra durch verbrauchtes Chi vorgeschädigt ist. Da hierdurch die Rotationsgeschwindigkeit der Chakren vermindert wird, bleibt der giftige Äther im Körper. Wie schon erwähnt, besteht jedes Chakra aus drei ineinander verwobenen Anteilen (vgl. S. 50). Wenn einer dieser drei Teile erkrankt ist, kommt es zur Überempfindlichkeit des Ätherkörpers und später zu sichtbaren, äußeren Krankheitssymptomen.

Durch Erbgifte können die einzelnen Chakra-Anteile vorgeschädigt sein, was durch gelb-bräunliche oder grau-schwarz imprägnierte Bereiche erkenntlich ist. Bei den noch reaktionslosen Erscheinungsformen der Allergie ist hauptsächlich der Anteil des Denkkörpers erkrankt und überwiegend das Wurzel-Chakra mit zähem, grauem Chi durchsetzt. Bei der reaktionsfreudigen Allergie, die sich mit akuten körperlichen und seelischen Reaktionen und Histaminausschüttung zeigt (z. B. bei einem Hautausschlag), sind der Gefühlskörperanteil und überwiegend das Solarplexus-Chakra in Mitleidenschaft gezogen. Hier überschwemmt giftgrünes Chi den Vitalitätskörper und setzt sich in den Nebennieren und Organen fest. Eine toxisch-grüne Farbe entsteht durch leberschädigende Nahrung oder durch bestimmte Emotionen, wie

Wut, Neid und Angriffslust. Letztere kann entweder gegen einen selbst oder gegen die Umwelt gerichtet sein.

Übermäßiges Denken oder Grübeln verlangsamt die Chakratätigkeit und zwingt vor allem das Milz-Chakra zu verminderter Rotation und hemmt die Entgiftung. Daher kann allein durch überbetonte Intellektualisierung eine Allergiebereitschaft hervorgerufen werden.

Geruchlose, feinstoffliche, schwarze Partikelchen – die nach meiner Erfahrung allergiefördernd wirken – entweichen manchen Fernsehapparaten und auch Waschmaschinen. Nach drei- bis vierstündiger Fernsehunterhaltung benötigt der Raum mindestens eine 20minütige, gründliche Lüftung, um den krankmachenden Äther wolkenförmig abziehen zu lassen. Nach Benutzung des Gerätes sollte es außerdem sofort ausgeschaltet und vom Stromkreis getrennt werden, denn sonst verbreitet es weiterhin graues Chi.

Baumaterialien und moderne Wohnungsausstattungen durchsetzen oft die Räume mit grauem, avitalem oder giftgrünem Chi. Von einer Anzahl Tapeten und Anstrichen »dunstet« ein grauer »Chi-Nebel« in den Raum. Man sollte Allergikern zu Rauhfasertapeten *ohne* Anstrichen raten. Bisher konnte ich noch keinen »harmlosen« biologischen Anstrich finden. Die Beschwerden, mit denen die Patienten nach modernen, »nicht gesundheitsbelastenden« Wandanstrichen in die Praxis kommen, zeigen, daß in diesem Bereich noch vieles im argen liegt. Kunststoff-Teppichböden, die bis zu einem Meter hoch giftiges, grün-braunes Chi abgeben, sind besser durch Wollteppiche zu ersetzen. Da selbst diese meist mit Mottenschutzmitteln behandelt sind und daher auch eine giftige Aura ausdünsten, lüftet man sie für ca. vier Wochen Tag und Nacht unter einem Balkon oder in der Garage, bevor man sie in die Wohnung legt. Mit neuen Kunststoffteppichen führt man diese Aktion 3–5 Monate durch. Auch chemisch gereinigte Kleidung hängt man besser für einige Tage ins Freie, was auch Bügeln erspart. Neugekaufte Wäsche- und Kleidungsstücke werden ausnahmslos mindestens zweimal in der Waschmaschine gewaschen, bevor sie mit der Körperhaut in Kontakt kommen. Kleidung, die unter 40 °C gewaschen wird, gibt bei einer Körpertemperatur von 37,5 °C oft Farbgifte an die Haut ab. Bett- und Nachtwäsche, die ausnahmslos bei jedem Menschen morgens giftiges Chi ausdünsten, müssen ausgiebig lüften.

Gesundheits- und umweltbewußte Hausfrauen ersetzen chemische Reinigungs- und Waschmittel durch Seifenflocken, um nicht für die Verseuchung unserer Gewässer und die krankmachenden Wirkungen auf uns selbst verantwortlich zu sein. Beim Benutzen von Seifenflocken sollten die Angaben der Hersteller (z. B. die Werbeschrift »Ökologisches Waschen – wir steigen um auf Seifenflocken«) genau beachtet werden. Versierte biologisch eingestellte Hausfrauen schütten die zuvor in warmem Wasser gänzlich aufgelösten Flocken in die Waschmaschine, lassen sie mit der Wäsche einige Minuten durchlaufen, schalten für Stunden oder über Nacht ab und beenden am nächsten Tag den normalen Waschvorgang mit einem Schuß Essig.

Chemische Insektensprays in Wohnungen schaffen unnötige Gesundheitsprobleme. Zuverlässig vertreiben Mischungen ätherischer (flüchtiger) Pflanzenöle nicht nur Insekten (wie Fliegen, Mücken, Wespen, Ameisen usw.), sondern auch Gartenschnekken (siehe Bezugsquellen am Buchende unter »Produkte zur ökologischen Pflanzenpflege«).

Formaldehyd, PCP (Pentachlorphenol) und andere Holzschutzmittel, mit denen Holzdecken in Innenräumen und Fensterrahmen sowie Holzmöbel imprägniert werden, geben ein feines, grauschwarz-braunes, avitales Chi ab. Manche anderen Materialien, wie auch einige kosmetische Produkte, haben dieselbe Aurafärbung. Alle mir verdächtigen Möbel- und Holzverkleidungen in Innenräumen, die auch auf dem Foto noch graues Chi ausstrahlen, lasse ich entfernen oder – falls dies nicht möglich ist – von innen und außen mit Bienenwachs oder einem farblosen Dekorwachs einreiben oder einstreichen (siehe Bezugsquellen).

Den hochgiftigen, blau- und schwarzgrünen Äther des Schimmelpilzbefalls zeigen nicht nur die ägyptischen Mumien aus Gräbern, die Jahrtausende verschlossen waren (auf Fotos sichtbar), auch unsere modernen Müllhalden, Gewächshäuser, Blumentöpfe, feuchten Wohnungen und mit Klimaanlagen versehen Räume sind mit derselben ungesunden Schimmelpilzaura durchsetzt. Schimmelpilze im Wohnbereich sollten unbedingt durch geeignete Reinigungs- und Lüftungsmaßnahmen vermieden werden.

Um Chakren und Vitalitätskörper nicht mit giftigem Chi zu überlasten und damit eine allergische Reaktion auszulösen, sollten wir nur eine einzige Sorte eines neuen Materials in unsere unmittelbare Umgebung, in unsere Wohnung oder an unseren Arbeitsplatz einführen, wie beispielsweise ein neues Reinigungsmittel, ein Kosmetikum oder einen Teppich.

Eine letzte Hilfe gegen Allergien kann auch das ehrliche Bewußtmachen unserer Emotionen sein, die aus dem Gefühls- in den Vitalitätskörper über die Chakren eindringen und diese schädigen können. Versuchen wir doch, allen destruktiven Emotionen positive Gedanken entgegenzusetzen, die nicht unrealistisch zu sein brauchen.

Allergien und Amalgam

Nach meiner jahrzehntelangen hellsichtigen Beobachtung ist eine der wesentlichen Ursachen für Allergien und viele andere Krankheiten das lebensfeindliche, schwarze Chi des Amalgams, das schon 1528 vom Ulmer Stadtphysikus J. Stocker eingesetzt wurde (als Quecksilber kombiniert mit Vitriol) und seit 1830 weltweit verwendet wird. Es besteht heutzutage aus ca. 50 % Quecksilber und anderen belastenden Metallen, wie Silber, Zinn, Zink, Kupfer, Indium und Palladium. Von den vielen Wissenschaftlern und Ärzten, die die Schädlichkeit des Amalgams experimentell bewiesen haben, möchte ich vor allem Dr. med. habil. M. Daunderer zitieren, einen Münchener Toxikologen und Internisten, der an Hunderten von Krankheitsfällen die vielfältigen, durch das Amalgam ausgelösten Störungen dokumentierte. Hierdurch wurden klinisch und wissenschaftlich die Zusammenhänge zwischen Amalgam und Allergien deutlich.

Dr. Daunderer schreibt wörtlich über die Symptome der Amalgamvergiftung: »Folgende Krankheitszeichen fanden wir in absteigender Häufigkeit bei über 3000 Betroffenen: Antriebslosigkeit, Kopfschmerzen, Bauchschmerzen, Infektanfälligkeit, Gedächtnisstörungen, Schlafstörungen, Depressionen, Schwindel, Tremor, Muskelschwäche, Gelenkschmerzen, Seh- und Hörstörungen, Malignome (bösartige Geschwülste), Multiple Sklerose.« Auch stellte er u. a. Veränderungen im Mund (wie Zahnfleischentzündungen, -bluten, Zahnlockerung, Kieferknochenschwund), psychologische Störungen (wie Nervosität, Reizbarkeit, Gedächtnisschwäche und Abnahme der geistigen Fähigkeiten, Schläfrigkeit, Angstzustände, Stimmungslabilität und Unentschlossenheit) sowie viele andere Leiden fest. Diese hier aufgezählten Krankheitserscheinungen sind nur einige aus einer langen Liste von amalgamverursachten Nebenwirkungen (siehe auch die Literatur von M. Daunderer in der Bibliographie am Buchende). Zur Zeit versucht Dr. Daunderer als medizinischer Experte für Vergiftungen mehrere Todesfälle, die nach seinen wissenschaftlichen Ergebnissen durch Amalgam verursacht wurden, gerichtlich nachzuweisen.

Andere Untersuchungen zeigen, daß Amalgam wesentlich zum Ansteigen von Gehirnschäden, Alzheimer-Krankheit und Herzattacken beiträgt. Erfahrungsgemäß genügt in unserem Zeitalter der Umweltvergiftung bei Kindern bereits eine Plombe, um Asthma oder Neurodermitis hervorzurufen.

Die WHO (Weltgesundheitsorganisation) schätzt, daß Menschen mit Amalgamplomben täglich zwischen 3,8 und 21 Mikrogramm Quecksilber in ihren Körper aufnehmen. Zusätzlich werden geringe Mengen durch Nahrungsmittel, wie zum Beispiel Thunfisch, verzehrt. – In den USA setzten Wissenschaftler Schafen zu Forschungszwecken Amalgamfüllungen ein und fanden schon nach zwei Monaten eine um 16–80 % eingeschränkte Nierenfunktion. Der Leser dieses Buches weiß bereits, daß eine eingeschränkte Nierenfunktion gleichbedeutend ist mit einer Beeinträchtigung der Erbenergie, d. h. mit einer Schädigung des angeborenen Chi im Wurzel-Chakra. Krankheitssymptome des Wurzel-Chakras sowie deren seelisch-geistige Auswirkungen werden oft durch Amalgam hervorgerufen oder verstärkt.

Die vielfältigen, typischen Vergiftungserscheinungen der Metalle aus den Zahnfüllungen, die meist als unklares Krankheitsbild in Erscheinung treten, sind seit langem bekannt und experimentell beweisbar. Das schwarze Chi aus den Metallen gelangt auf verschiedenen Wegen in den ganzen Körper. Durch Kauen generell und verstärkt durch spezielle, säureerzeugende Nahrungsmittel (wie Zucker, alle Süßstoffe, Weißmehl, Kaugummi) löst sich schwarzer Äther und wandert in den Verdauungstrakt. Auf diesem Weg versprüht er giftiges Chi in Mundschleimhaut, Kiefer, Schädel, Hypophyse, Epiphyse, Kehlkopf, Thymusdrüse, Lungen, Nieren, Unterleib und anderen Organen. Er setzt sich im ganzen Vitalitätskörper und in den Chakren fest, wobei er zuerst das Kehlkopf- und Milz-, dann das Wurzel-Chakra schädigt. Über das Milz-Chakra wird die Bauchspeicheldrüse gereizt, Verdauungsfermente und Enzyme werden gehemmt. Hierdurch wird u. a. auch die Aufnahme von Mineralien und Vitaminen aus der Nahrung tiefgreifend gestört. Das klarfarbene Regenerations-Chi des Milz-Chakras wird in vielen Körperteilen blockiert.

Eine weitere unerfreuliche feinstoffliche Tatsache ist, daß die giftigen Metalle ihr toxisches Chi durch die Zahnwurzeln in die Leitbahn (Nadi) des Dickdarms sickern lassen, die über den Zahnwurzeln des Oberkiefers verläuft. Dann gerät es in die Lymphbahnen und -knoten des Unterkiefers sowie in die Lymphstränge seitlich des Halses, die der Dickdarmleitbahn etwa parallel verlaufen. Wenn mehrere Amalgamplomben lange Zeit auf den Organismus einwirken konnten, ist immer der Dickdarm mit dunklem Chi gefüllt. Die Schwachstellen des Individuums ziehen dieses Chi an, und so bilden sich viele Anhäufungen oder Depots im Körper. Am stärksten werden Menschen mit mineralstoffarmem, leicht rachitischem Körperbau geschädigt, deren Immunsystem anlagemäßig leistungsschwach ist.

Wurzel- und Milz-Chakra sind letztendlich für die Mobilisation und Ausscheidung von Giften verantwortlich. Bei Menschen mit einer schwachen Konstitution sind diese Zentren nicht voll leistungsfähig, und das giftige Chi kann sich in der Hypophyse, den

Zähnen und den Knochen, wie Kiefer-, Schädel-, Beckenknochen, der Wirbelsäule und den Gelenken, absetzen. Wenn es schon einmal eine Gehirnerschütterung oder schlechte Gehirndurchblutung durch Schock und Streß gegeben hat, infiltriert das schwarze Chi mit Vorliebe diese betroffenen Bezirke. Aber selbst in solchen Fällen ist es noch möglich, durch biologische Maßnahmen die erkrankten Areale mit gesundem blauem, rosa oder violettem Chi zu versorgen.

Es gibt allerdings auch eine Reihe von Menschen, die Amalgamplomben im Mund tragen und offenbar kerngesund sind. Das erklärt sich folgendermaßen:

1. Bei diesen Menschen sind Wurzel- und Milz-Chakra noch in vitalerem Zustand, wodurch sie eine starke Konstitution haben. Ihr Immunsystem ist belastbar, da sie Umweltgifte schnell ausscheiden und die nötigen Mineralstoffe wie Kalzium, Magnesium, Selen, Zink u. a. sowie die wichtigsten Vitamine wie A, C und E störungsfrei aufnehmen. Man könnte auch sagen, daß ihre Gesundheit karmisch (vom Schicksal her) wenig anfällig ist. Jedoch neigen sie zu ganz plötzlichen Erkrankungen, offenbar aus dieser »völligen Gesundheit« heraus, wie zu überraschendem Herzinfarkt oder Schlaganfall.

2. Amalgamträger, die schlechte Erfahrungen mit ihrer Gesundheit gemacht haben, essen und leben oft übervorsichtig. Sie verwenden viel Zeit zur Erhaltung ihrer Gesundheit, sind oft extreme Ernährungsfanatiker, nehmen viele biologische Mittel ein und betreiben regelmäßig Körperübungen. Daher füllen sich ihre toxischen Depots durch diese Anstrengungen nicht so rasch mit schwarzem Äther auf. Das Faß läuft also noch nicht über. Erst wenn – oft durch eine belanglose Kleinigkeit – die individuelle, nicht mehr tolerierbare Grenze der Verträg-

lichkeit des schwarzen Chi überschritten ist, treten »plötzlich« starke körperliche, seelische oder geistige Störungen auf. Kleine Ernährungssünden können dann das Immunsystem zusammenbrechen lassen.
3. Diese Menschen sind wohl Träger verschiedener Mundmetalle, jedoch zeigt die Mikroampere-Messung der Metalle keine erheblichen elektrischen Spannungsdifferenzen. Letztere hängen von den Säurewerten des Speichels ab und damit von Veränderungen desselben durch Genuß-, Nahrungsmittel, Streß und Emotionen. Die geringfügige »Mundbatterie« löste bisher keine Schmerzen, Neuralgien, Frequenzstörungen des Herzschlages oder ähnliches aus.
4. Die zahnärztlichen Kunststoffe enthalten für diesen Menschen verträgliche Materialien. (Für Zahnfüllungen, Prothesen, Keramiken, Jacketkronen und Wurzelkanalmaterialien wurden auch schon radioaktive Materialien – wie Uran und Kalium 40 – verwendet.) Auch das braune Chi des »Spargoldes« Palladium (Nebenwirkungen: Zungenbrennen, Gedächtnisschwund, Immunschwäche, Granulome, Absterben von Zähnen u. a. m.) kann offensichtlich von einigen Zeitgenossen beschwerdefrei toleriert werden.

Nachdem ich seit 25 Jahren Patienten Amalgam entfernen ließ und ausleitete, fand ich die Sanierung nach folgenden Gesichtspunkten am wirkungsvollsten:
1. Ca. sechs Wochen vor dem Herausbohren der ersten Plomben und aller undefinierbaren, giftigen Unterfüllungen beginnt die Ausleitung (siehe auch »Merkblatt zur Amalgamentgiftung« in den Bezugsquellen am Buchende). Durch das Herausbohren werden enorme Mengen von Quecksilber frei. Die schon

vorher einzuleitende Entgiftung erfaßt große Teile der Quecksilberionen und bringt sie bereits in Fluß.
2. Um die individuelle Quecksilberbelastung nachzuweisen, veranlaßt der Zahnarzt normalerweise eine toxikologische Untersuchung oder einen Kautest.
3. Zugleich mit dem Amalgam muß jeder wurzelbehandelte und nervtote Zahn entfernt werden. Solche Zähne bilden ein Giftdepot, da sich in ihnen Eiweiße wie bei einer Leiche zersetzen. Sie führen viele Menschen ins chronische Siechtum.
4. Nach jeder Amalgamentfernung erfolgt ein ca. einstündiges Mundspülen mit 2 EL Heilerde (für innerlichen Gebrauch) auf ein großes Glas Wasser. Die mit dem Holzlöffel angerührte Heilerde wird vor dem Ausspucken jeweils einige Minuten im Mund behalten.
5. Anstelle des Amalgams wird nun vorläufig ein harmloses, preiswertes, weißes, zahnfarbenes Füllmaterial verwendet. Es löst keinerlei Allergien aus und bleibt Monate bis zur Verwendung von Zahngold im Mund. Es wird durch Zahngold ersetzt, wenn der Patient Erleichterung seiner Beschwerden verspürt.

Selbst biologisch orientierten Zahnärzten sind schon giftige, nicht sichtbare oder auch durch Elektro-Akupunktur oder andere Meßverfahren diagnostizierbare krankmachende Unterfüllungen entgangen, und die Betroffenen mußten daher mehrmals kostspielige Goldfüllungen wechseln, da Goldunverträglichkeiten vermutet wurden. Weiterhin können durch Röntgenbilder nicht alle Granulome, Zysten und Knochenentzündungen diagnostiziert werden, welche zudem durch die Amalgamentfernung oft aktiviert werden.

Die giftigen Metalle und sonstige zahnärztliche Materialien (vor allem in den Unterfüllungen), von denen es ca. 750 gibt, werden je nach Alter und Zustand des Betroffenen, der Anzahl seiner Plomben, dem individuellen Grad seiner Übersäuerung und seiner geopathischen und elektromagnetischen Belastungen ausgeleitet. Auch kaltes und feuchtes Wetter verzögert die Ausleitung. Bei jedem Menschen ergibt sich ein variierendes feinstoffliches Muster des giftigen Äthers. Entsprechend seinem Aussehen und der Stärke der Aurenverfärbung kann die Ausleitung bis zu einem Jahr dauern. Hierbei werden feinstoffliche Körper und Chakren gründlich individuell entgiftet. Optimale Vollwertkost, Fastenkuren, Dimaval, Mora, langzeitige Mineralstoff- und Vitamingaben, Mischungen niedrig potenzierter homöopathischer Mittel, Kräutertees sowie selbst jahrelange homöopathische Konstitutionsbehandlungen brachten nach meiner Beobachtung bisher das in den unsichtbaren Körpern abgelagerte Amalgam nicht zum Verschwinden. Nur eine einmalig durchgeführte, hellsichtig kontrollierte Eigenbluttherapie und gewisse hochpotenzierte Antikrebsheilmittel setzen den dynamischen Entgiftungsprozeß in Gang. Sollte bei – meist altersschwachen – Menschen die Amalgamentfernung nicht mehr möglich sein, dann lassen sich immer noch die giftigen körperlichen Metalldepots in mehrjährigen Abständen ausleiten.

Auch wenn die Metallfüllungen schon so lange im Mund getragen wurden, daß die Halbwertzeit des Quecksilbers (die Zeitspanne, in der die Hälfte des im Gewebe abgelagerten Quecksilbers zur Ausscheidung kommt) von 15 bis 18 Jahren überschritten ist und (nach Ansichten von Wissenschaftlern) irreversible (nicht rückgängig zu machende) Organschäden eingetreten sind, konnte ich hellsichtig noch die erfolgreiche Entgiftung beobachten. Zum Thema Zähne läßt sich abschließend sagen, daß es bestimmte

Methoden gibt, die erfahrungsgemäß den natürlichen, altersbedingten Rückgang des Zahnfleisches verlangsamen. Hierzu gehört nach dem Gebrauch von Zahnseide und/oder Zahnstochern ausschließlich sanftes senkrechtes, eher kreisendes – jedoch nicht horizontales – Bürsten, immer vom Zahnfleisch zum Zahn hin. Eine Zahnbürste mit abgerundeten Borsten und warmes Wasser werden dazu benötigt. Bei empfindlichem Zahnfleisch und Zahnfleischentzündungen ersetzt man das Bürsten, welches die Zahnfleischansätze fast immer reizt, anfangs durch Warmwasserspülungen des Mundes. Anschließend werden Zähne und Zahnfleisch mit einem sauberen Finger und biologischer Zahnpasta sanft eingerieben und massiert. Die Zahnpasta wird mit warmem Wasser für mindestens 3–5 Minuten im Mund behalten. All das sollte wie normales Zähnebürsten unmittelbar nach jedem Essen geschehen.

Eine knappe Vollwerternährung mit natürlichem Vitamin C aus frischen grünen Pflanzen reduziert die Plaquebildung. In der Liste Vitamin-C-haltiger Nahrungsmittel (S. 299) wurden absichtlich keine Orangen, Mandarinen und Pampelmusen aufgeführt. Diese lösen oft Zahnfleischbluten, allergische Hautausschläge und Gelenkrheuma aus und sollten mit Hilfe des Abschnitts »Erfolgreiche Allergiediagnose« (S. 330) sorgfältig geprüft werden. Erfahrungsgemäß sind alle Zitrusfrüchte, bei denen eine eingeschränkte Verträglichkeit besteht, auffallend annehmbarer, wenn die weiße, weiche Innenhaut mitgegessen wird. Sie enthält nachgewiesene Schutzstoffe gegen Krebs und hohe Mengen von Vitamin P (Flavonoiden), welche u. a. antiallergisch und gefäßschützend wirken. Im Winter lassen sich problemlos zahnfleischregenerierende, Vitamin-C-haltige Küchenkräuter, zum Beispiel Kresse, Kerbel, Schnittlauch und Petersilie, auf dem Küchenfensterbrett ziehen. Auch frisches Sauerkraut, Knoblauch und vor allem Keimlinge aus Hülsenfrüchten und Getreiden leisten gute Dienste.

Chakra-Allergietest

In diesem Abschnitt erfahren Sie, ob Ihre Krankheit eigentlich eine Allergie sein könnte und wie Sie dies selbst erfolgreich herausfinden.
Durch eine nicht erkannte Allergie entstehen oft unzählige Krankheiten, lebenslängliche Leiden und Unpäßlichkeiten. Wer würde schon annehmen, daß zum Beispiel Müdigkeit, Energielosigkeit, häufiger Schnupfen, Einschlaf- und Durchschlafstörungen, Depressionen, Verstopfung, Übergewicht und Gelenkschmerzen allergisch verursacht werden können und behandelbar sind? Durch eine neue Allergiestudie aus England zum Beispiel, die an Tausenden von Kopfschmerz- und Migränepatienten durchgeführt wurde, fand man heraus, daß 98 % aller Kopfschmerzen und Migränen auf eine Nahrungsmittelallergie zurückgehen.
Jeder Behandler in einer Naturheilpraxis beobachtet täglich, daß Patienten teuren und erfolglosen Allergietests unterzogen werden, daß sie Beruhigungsmittel verordnet bekommen oder ihnen zum Ortswechsel geraten wird; oder es werden Antihistamine und Cortisone verschrieben. Auch langjährige Hyposensibilisierung war bisher oft nicht effektiv genug und zudem nicht nebenwirkungsfrei.
Ich habe versucht, im nachfolgenden Test Allergien und allergische Reaktionen den einzelnen Chakren zuzuordnen. An einer

Allergie können oft zwei bis drei Chakren beteiligt sein. *Unterstreichen Sie in der nachfolgenden Liste, welche der Krankheitssymptome bei Ihnen am häufigsten vorkommen* oder zur Zeit in Erscheinung treten. Das Chakra, bei dem Sie die meisten allergischen Symptome entdecken, ist am empfindlichsten. In diesem Buch sind für jedes Chakra therapeutische Hilfen angegeben. Auf diese Weise regeneriert, sind die Energiezentren weniger anfällig für die typischen, ihrem Einflußbereich zugeordneten Krankheiten.

Wenn das Wurzel-Chakra überwiegend erkrankt ist
Allgemeine Beschwerden: eingeschränkte Aufnahmefähigkeit, schlechtes Gedächtnis, Gedächtnisverlust, geistige Entwicklungsstörungen; Frösteln, Frieren, Kältegefühl; graue (auch grauschwarze), gedunsene Augenpartie oder Ringe um die Augen oder darunter; aber auch Wärmegefühl, Hitzestauungen.
Rücken: schmerzhafter unterer Rücken, Nacken und Knie.
Beschwerden des Urogenitaltraktes; häufiges Wasserlassen, Bettnässen, plötzlicher Harndrang und -druck, schmerzhaftes und schwieriges Wasserlassen; Infektionen der Harnwege und des Urogenitaltraktes, Reizblase, Scheidenjucken.
Ohren: Juckreiz, Verstopfung, Druck im Ohr, Anschwellen und Rötung der Muschel, Ohrensausen, -schmerzen, Gehörverlust, unangenehme Geräusche beim Hören, Überempfindlichkeit gegen Töne.
Gelenke: Arthritis, Arthrosen, Schmerzen, Schwellung, Steife.
Lungensymptome: Husten, Bronchitis, Asthma, Nach-Luft-Ringen, Brustschmerz, Schweregefühl in der Brust.

Wenn das Milz-Chakra überwiegend erkrankt ist
Allgemeine Beschwerden: Empfindlichkeit gegen Antibiotika und Schimmelpilze (wie bei bestimmten Käsesorten, Hefen, Büchsennahrung usw.); Benommenheit, Unkonzentriertheit, Gedächtnisschwäche, Schwindel, Gefühl des Ohnmächtigwerdens; Gefühl, den Boden unter den Füßen zu verlieren; schwankendes Gehen; Kollaps, Müdigkeit, Leistungsschwäche.
Muskelbeschwerden: Muskelschmerzen, steife Muskeln; Rheuma.
Mund und Kehlkopf: Juckreiz in der Kehle, im Mund, am Gaumen, Mundschleimhaut entzündet und geschwollen, Schluckbeschwerden, Erstickungsgefühl, Heiserkeit, Speichelfluß; Schleimansammlung im Mund; schlechter Mundgeschmack (auch bei anderen Chakren).
Wasseransammlung: Ödeme, Übergewicht, Gewichtsschwankungen.

Wenn das Solarplexus-Chakra überwiegend erkrankt ist
Allgemeine Beschwerden: Müdigkeit, allgemeines Schweregefühl, Schläfrigkeit, Schlaflosigkeit oder Schlafstörungen, häufiges Gähnen, Gähnzwang, tagsüber Einschlafen, Erschöpfung.
Depression: Lustlosigkeit, Leeregefühl, Gleichgültigkeit, Benommenheit, Schwarzseherei.
Bauchleiden: Übelkeit, Aufstoßen, Völlegefühl, Erbrechen, Bauchdruck, Schmerzen, Krämpfe, Blähungen, Durchfall, Verstopfung; Colitis, Colitis ulcerosa (unter Mitwirkung mehrerer Chakren); Beschwerden der Gallenblase, Gallenkoliken; unnormales Hunger- und Durstgefühl, Sodbrennen; Zwölffingerdarmgeschwür.
Augen: Jucken, Brennen, Schmerzen, Tränenfluß, braune Augen-

ringe oder bräunlich gedunsene Augenpartie; unklares Sehen; Sehstärke schwankt oder nimmt ab; vor dem Auge Blitze- und Fleckensehen; Lichtempfindlichkeit, Sehverlust, Doppeltsehen, Sehtäuschungen, wechselweises Sehen von vergrößerten und verkleinerten Worten beim Lesen.
Kopfschmerzen: alle Arten von benommenem Kopf, über Kopfschmerz und -druck bis hin zu Migräneanfällen; klopfendes Gefühl im Kopf; Gefühl, Kopf explodiert; Stiche im Kopf.
Muskeln: Zittern, Zucken, Augenlidzuckungen, Muskelkrämpfe, Muskeln schwach und wie gelähmt.
Periodenstörungen: vor allem Krämpfe.
Sonstiges: häufig auftretende, schwächere oder stärkere Beschwerden aller Art; isoliert sich gerne von anderen Menschen, gestörtes Verhalten, Realitätsverlust, Gedankensprünge, Verlust des Orientierungssinnes; Gefühl von Steife (z. B. steifen Gliedern); wie betrunken; macht sich häufig Illusionen; Wahnvorstellungen, Schizophrenie, Selbstmordabsichten; verursacht oft Unfälle (die eine Art Selbstbestrafungstendenz darstellen können).

Wenn das Herz-Chakra überwiegend erkrankt ist
Allgemeine Beschwerden: schwache Stimme, unklares Reden, Stottern, Sprachverlust, langsame Wortfindung, lautes Vorlesen ist undeutlich und unbetont, fehlerhaftes Buchstabieren; übermäßiger Redeschwall; Schlafstörungen, Schlaflosigkeit; Gefühl, vergiftet zu sein; Nervosität, Überaktivität (bei Kindern als »hyperkinetisches Syndrom« bezeichnet), Ruhelosigkeit, Zerfahrenheit, ständige Angespanntheit, Panik, manische Phasen, Grimassenschneiden, Tages- und Nachtschweiße.
Herzbeschwerden: schneller Herz- und Pulsschlag, Pulsieren im ganzen Körper; hoher Blutdruck; Gedächtnisschwäche.

Wenn das Kehlkopf-Chakra überwiegend erkrankt ist

Allgemeine Beschwerden: alle Schilddrüsenleiden, Kehlkopferkrankungen; Hautjucken; Schwitzen, Schweißausbrüche; Erröten, Hautblässe, Haut durchscheinend weiß; Gefühle der Panik; Depressionen.

Nase und Nebenhöhlen: häufiges Niesen, verstopfte Nase, Nebenhöhlenleiden; Nasenbluten, Nasenkatarrh jeder Art, Heuschnupfen, wiederholte Mandelentzündungen, Infekte.

Haut: Nesselsucht, Neurodermitis, viele Hauterkrankungen. (Bei allen Erkrankungen des Kehlkopf-Chakras sollte immer das Wurzel-Chakra zusätzlich behandelt werden.)

Alle diese Symptome und Krankheiten sowie andere Leiden (z. B. Epilepsie und multiple Sklerose) werden, wie zahlreiche Beobachtungen und Tests bestätigt haben, als allergische Krankheiten betrachtet. Um herauszufinden, welche Nahrungsmittel eines oder mehrere der oben erwähnten allergischen Symptome auslösen und »das Leben zur Hölle machen« können, gibt es verschiedene unkomplizierte Methoden. Hier erwähne ich auf den folgenden Seiten die einfachste und vermutlich zuverlässigste.

Erfolgreiche Allergiediagnose

Neben dem Suchttest aus der Kinesiologie und dem altbekannten Pulstest hat sich bei mir seit Jahrzehnten folgender Nahrungsmittelweglaßtest am weitaus zuverlässigsten bewährt. Oft deckt er Allergien auf, die bei den klinischen Tests nicht gefunden wurden, denn dieser Test, den ich beschreibe, prüft »aktuelle« Nahrungsmittel. Der Test nimmt einige Monate in Anspruch. In dieser

Zeit ist es empfehlenswert, nur noch die hier aufgezählten Nahrungsmittel zu essen:

1. Hirse, Vollkornreis, Mais und Amaranth (glutenfrei) und deren Produkte. Diese *ganzkörnigen* Getreide werden bis zu 24 Stunden eingeweicht und roh gegessen *oder* mit oder ohne Einweichen gekocht. *Frisch geschrotet*, sollten sie vorzugsweise vier, maximal neun Stunden eingeweicht werden. Kartoffeln sind zweimal pro Woche im 3- bis 4tägigen Abstand erlaubt.
2. Fast jegliches Gemüse, vor allem Wurzelgemüse wie Porree, Zwiebeln, Kohlrabi, Radieschen und Rettiche, ist erlaubt. Auch Blattgemüse, wie Spinat und alle Salatsorten, *außer* Tomaten und Gurken, können gegessen werden. Sellerie und Möhren sollten vorsichtshalber getestet werden!
3. Hammel-, Lammfleisch, Huhn, Ente, Forelle und weißer Seefisch gehören in die Gruppe der selten allergieauslösenden Nahrungsmittel. Sie sind hier erlaubt.
4. Weiterhin zugelassen sind: Äpfel (vorzugsweise rote, kleine und süße), Bananen, Aprikosen, Kirschen, Mandeln, Mandelmus, Sesamsamen, Sauerrahmbutter und ungesüßter Apfelsaft. Für Kräutertee sollte immer nur eine Pflanze verwendet werden, wobei Pfefferminz- und Kamillentee verboten sind. Erlaubt sind weiterhin Oliven-, Sonnenblumenöl und Meeresalgen. Jedes Brot – auch Knäckebrot – sollte auf Allergien geprüft werden. Statt Wurst oder Käse kann Brot mit Radieschen, Rettich- oder Kohlrabischeiben belegt werden.
5. Zum Würzen sind Meersalz, Sojasauce (ohne Zuckerzusatz) und frische Gartenkräuter erlaubt. Von letzteren sollte immer nur ein einziges für einen Tag verwendet werden. Hefewürzen sind verboten.

Wenn Ihnen eine Unverträglichkeit oder Allergie bei diesen hier erwähnten Nahrungsmitteln bekannt ist, müssen Sie dieses selbstverständlich meiden. Lassen Sie nun die kleinsten Mengen folgender Speisen für eine ganze Woche weg, und testen Sie anschließend im Abstand von 7 Tagen jede einzelne separat durch. Verbotene Nahrungsmittel:

1. *Alle Milchprodukte* (außer Butter): Milch, Buttermilch, Quark-, Käse-, Joghurtsorten, saure und süße Sahne, Margarine, Sojaprodukte. (Erfahrungsgemäß sind heute noch am verträglichsten: biologischer Joghurt, saure und süße Sahne, Ziegenkäse, Emmentaler.)
2. *Alle Südfrüchte und Südfruchtgetränke:* wie Orange, Pampelmuse, Mandarine, Ananas, Kiwi, Avocado, zusätzlich Tomaten und Gurken. (Zitronen erlaubt.) Fehlendes Vitamin C ist voll durch frische Küchenkräuter, grüne Salate, Paprika, Sauerkraut, selbstgezogene Kresse, Getreide- und Hülsenfruchtkeimlinge (besonders Linsen) ersetzbar.
3. *Alle Zucker- und Süßungsmittel:* wie weißer, brauner Zucker, Traubenzucker, Ursüße, weitere Süßstoffe wie Saccarin, Sorbit, Mannit, Cyclamat, Aspartam, Fruchtzucker, Honig(!), Ahornsirup und Birnendicksaft.
4. *Alle Trockenfrüchte:* wie getrocknete Aprikosen, Pflaumen, Datteln, Feigen, Rosinen, Sultaninen.
5. *Weißes Mehl,* Backwaren, Mischbrot, Hefegebäck, Hefe, Fertigmüsli, Cornflakes, Hafer-, Hirseflocken; Vollkorn- oder Sojamehl, das vor mehr als 4 Stunden gemahlen wurde. (Jede Vollkorngetreidesorte sollte durchgetestet werden.)
6. *Alle Nüsse und Samen:* vor allem gehackte, geschälte Nüsse (wegen Schimmelpilzbefall); Sesamsamen und Mandeln sind erlaubt.

7. *Verschiedenes:* Schweinefleisch; Eier; Alkohol wie Bier, Wein; alle Konserven oder Gemüse in Gläsern; Bohnenkaffee, koffeinfreier Kaffee, Matetee, Schwarztee; Schokolade; getrocknete Gewürzkräuter und alles Sonstige, von dem Ihnen Unverträglichkeiten bereits bekannt sind.

Alles, was unter den Punkten 1–7 aufgezählt wurde, löst die meisten Allergien aus. Wichtig bei diesem Test ist, daß man das »verbotene Nahrungsmittel« nur einmal pro Woche, möglichst immer an dem gleichen Wochentag, in einer größeren Portion verzehrt. Häufig stellt sich heraus, daß man auf das Nahrungsmittel allergisch ist, nach dem eine (oft nicht eingestandene) Sucht besteht. Man testet daher zuerst häufig gebrauchte Nahrungsmittel (wie z. B. Vollkorngetreide, auch evtl. als Mischung), um diese wieder in die Ernährung einzufügen, oder seine Lieblingsspeisen. Am besten wählt man den Freitag zum Testtag, um sich am Wochenende von eventuellen Reaktionen zu erholen. Zum Beispiel ißt man am ersten Freitag ein größeres Stück seines Lieblingskäses, am zweiten Freitag drei Honigbrote, am dritten Freitag 4–6 Tomaten usw.

Alle sonstigen verbotenen Nahrungsmittel müssen weiterhin weggelassen werden, bis man alles getestet hat. Bei jeder allergieauslösenden Speise, die Sie ausprobieren, kann es innerhalb von Minuten bis zu fünf oder sechs (!) Tagen zu Ihnen wohlbekannten Krankheitserscheinungen, wie Grippe, Unwohlsein, Müdigkeit, Unruhe, Nervosität, Asthmaanfällen oder Hautausschlägen, kommen.

Viele Krankheitserscheinungen, wie u. a. auffallend häufige Blähungen, weicher Stuhl oder Verstopfung, Hautausschläge, Atemwegsleiden, oft wiederkehrende Entzündungen der Blase, Nieren

und des Unterleibes, können durch krankhafte Pilzbesiedlung des Darmes hervorgerufen werden. Auch Nahrungsmittelallergien, Energielosigkeit, Schwindel, Arthritis, Gicht, Migräne, Depression, sexuelle Störungen, Bronchialasthma sowie Infekt- und Leistungsschwäche können durch Pilze verursacht worden sein. Pro Jahr fordert die Pilzerkrankung Tausende von Todesfällen. Pilzgefährdet sind besonders Menschen, die regelmäßig Zucker und Süßigkeiten, Weißmehl und Alkohol verzehren. Auch nach – oft nur kurzfristiger – Einnahme von Antibiotika, Cortison, Hormonen (z. B. der Antibabypille) können sich Pilzerkrankungen einstellen. Bei diesen Leiden wirken erfahrungsgemäß verschlechternd Hefe, Nahrungsmittel auf Hefebasis, Milchprodukte und Kohlehydrate (Zucker, Honig, alle Süßungsmittel, süßes Obst, Weißmehl und oft sogar das Vollkorngetreide). Man sollte vorsichtig austesten und bei positivem Allergietest die zuletzt erwähnten Nahrungsmittel meiden. Eine Zeitlang wenigstens sollten überwiegend Gemüse, Salate, Hülsenfrüchte, Kartoffeln, frische Nüsse (möglichst aus der Schale) und Samen gegessen werden. Auch die Antipilzkur (S. 309) hat sich praktisch bewährt. Nachdem so ermittelt wurde, gegen was (und vielleicht auch manchmal gegen wen) die Allergien bestehen, bieten sich in jeder Naturheilpraxis Möglichkeiten zur Linderung und Ausheilung an. Die Erfahrung zeigt, daß die echte Heilung vom Vorhandensein von genügend Magensäure abhängt (s. hierzu auch S. 246). Generell sollten Sie nach diesem Test von Ihren allergieauslösenden Lebensmitteln nur zweimal pro Woche – im Abstand von 3–4 Tagen – kleinste und dann ansteigende Mengen der unverträglichen Nahrung essen, wie zum Beispiel ein kleines Stück Käse, eine halbe Tomate usw.
Für alle Zusatzstoffe, die biologisch veränderter, fabrikmäßig

hergestellter Nahrung beigefügt wurden, setzte die Europäische Gemeinschaft E-Nummern fest. Allergiker sollten beachten, daß alle E-Nummern, die mit einer 1 beginnen, Farbstoffe (wie Tartrazin = E 102 oder Amaranth = E 123) enthalten und daß diese bei Kindern besonders leicht Allergien auslösen. Mit einer 2 fangen Konservierungsstoffe, mit 3 Antioxidations-, mit 4 Gelier- und Verdickungsmittel an. Verbraucherzentralen führen Listen mit den E-Nummern (siehe Merkblatt »Lebensmittelzusatzstoffe« unter den Bezugsquellen am Buchende).

Negatives geopathisches und technisches Chi – Auswirkungen und Selbstschutz

Ein oft unterschätzter, jedoch von vielen Menschen deutlich spürbarer Einfluß geht vom krankmachenden Chi der geopathischen Reizzonen und technisch erzeugten Störfelder aus. Ich werde einige einfach durchzuführende Schutzmaßnahmen gegen deren Auswirkung angeben.

Unser Vitalitätskörper, ein biologisches Feld elektromagnetischer Strahlungen, ist auf die reinen und klaren Farbenergien von Sonne und Planeten eingestimmt. Alles, was nicht im Gleichklang mit diesem regenerierenden kosmischen Äther ist, stört uns oder läßt uns erkranken. Hierzu zählt das graue bis schwarze Chi der geopathischen Störzonen, der sogenannten Wasseradern, des Globalgitternetzes, des Curry-Netzes und der Erdverwerfungen, Kavernen, Brüche und Spalten im Erdinnern. Letztere können zusätzlich radioaktive Gase freisetzen, die im Feinstofflichen als dunkelbrauner Nebel bis zu Hunderten von Metern über die Erdoberfläche nach aufwärts entweichen. Auch batteriebetriebe-

ne und mit Leuchtziffern versehene Uhren, manche Fliesen von Badezimmern und Kachelöfen und bestimmte Vasenglasuren verbreiten bräunliches, radioaktives Chi.
Alle diese Störfelder gleichen Nebeln unterschiedlicher Intensität aus winzigen eckigen, vielzackigen oder runden feinstofflichen Energiepartikeln unbiologischer, dunkler Färbung oder auch spiralförmigen Gebilden. Wenn sie von der Erde ausgehen, vermögen sie mehrere Häuser oder Siedlungen einzuhüllen. Im Gegensatz hierzu stehen die technisch erzeugten Störfelder, die ein graues, schwarzes oder graubraunes stäbchenförmiges Chi von Millimeter- bis Bleistiftlänge verbreiten. Ihre scharfen, länglichen Formen dringen wie Wurfgeschosse in das verletzbare biologische System unserer Körper ein und rufen viele Krankheiten hervor oder fördern diese. Die Auswirkungen der technisch erzeugten Störfelder reichen nach meiner Beobachtung bis zu mehrere Kilometer weit. So sehe ich bei Rundfunksendern, Richtfunkantennen und Radarschirmen noch in einer Entfernung von ca. 10 km graue, stabförmige, scharfkantige Äthergebilde; bei Hochspannungsleitungen und elektrifizierten Bahnstrecken noch ca. 1 km im Umkreis, bei eingeschaltetem Fernseher mit großem Bildschirm ebenso wie beim Mikrowellenherd etwa 15 m weit negative Strahlung.
Technisch nachgewiesen wurde bereits, daß die 1000fach zu hohe Mikrowellenbelastung (z. B. von Radarschirmen) das Waldsterben verursacht und nicht in erster Linie die Luftschadstoffe. Die Nadeln und Blattrippen an den Zweigen sind Antennen ähnlich und empfangen die zerstörenden elektromagnetischen Wellen. Bäume im Radarschatten von Bergen sind gesund. Die Grenzen lassen sich eindeutig erkennen.
Beim Menschen gleichen die unsichtbaren Kanäle des Vitalitäts-

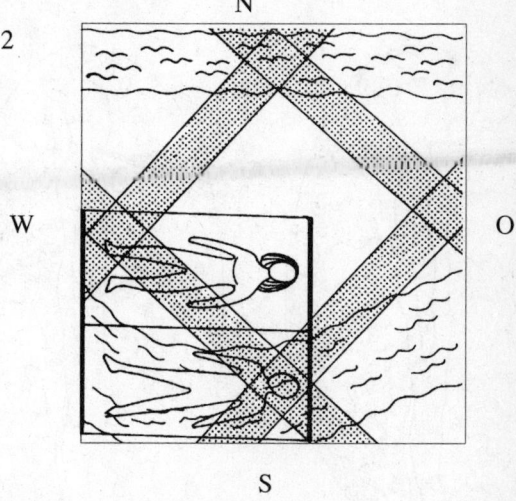

Negatives geopathisches Chi

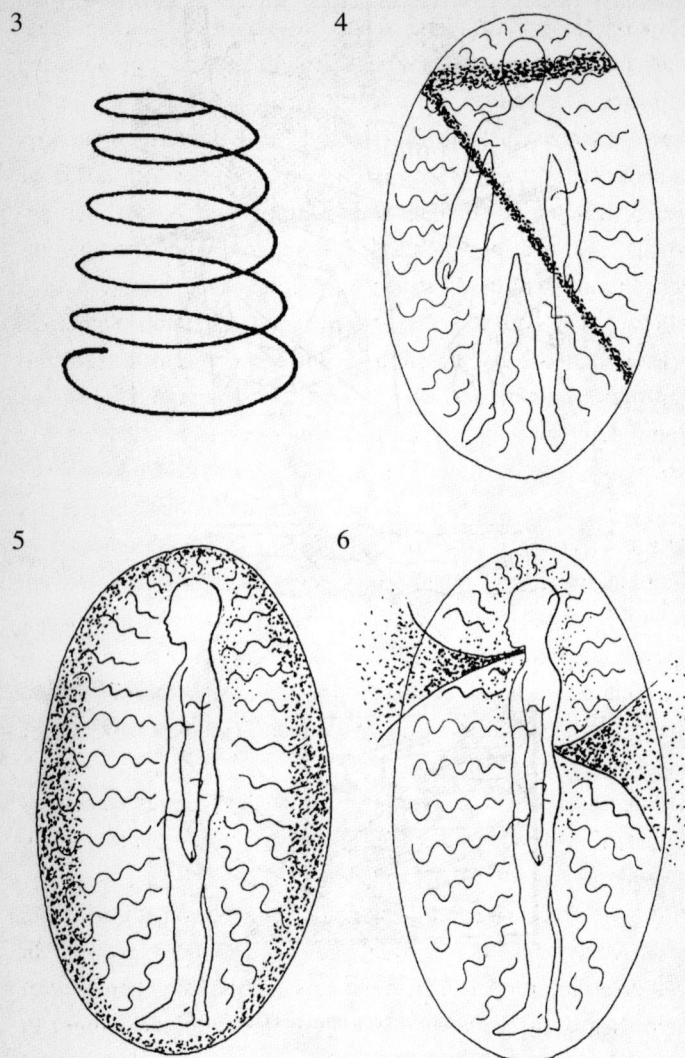

Negatives geopathisches und technisches Chi

körpers (Nadis) auffallend den Blattrippen der Bäume. Daher kann man bei ihm eine ähnliche schädigende Strahlenwirkung annehmen.

Auch geopathische Einwirkungen sind bei Bäumen sichtbar. Das krankmachende, graue Chi der Wasseradern bewirkt auffällige Veränderungen der Bäume, wie verkrüppelten Wuchs, Schrägwuchs, verdrehte und sich teilende Stämme, knollenartige, aus dem Stamm sich herausstülpende Gebilde (sogenannte Krebswüchse) und gerissene Rinden. All dies zeigt mit Sicherheit Wasseradern an. Bäume mit diesen äußeren Wachstumsanomalien strahlen ein graues, unvitales Chi aus, während der gesunde Baum den überwiegend vitalen, hellblauen Äther aus Erde und Kosmos in Stamm und Zweigen speichert. Vor vielen Jahren sah ich noch mit hellblauer Erdenergie gefüllte Baumstämme im Allgäu. Als einer dieser Bäume, eine alte Tanne mit mächtigem Stammumfang, von einem Blitz getroffen wurde und umfiel, loderte die Lebenskraft wie eine 8–10 Meter hohe leuchtende Fackel oder riesige Kerzenflamme aus gelb-rot-blauem Chi aus dem Baumstumpf. Ich konnte ca. drei Monate lang dieses Schauspiel beobachten, bevor die Flamme sich langsam verkleinerte und dann endgültig erlosch.

Auf den nachfolgenden Abbildungen werden die hellsichtig ermittelten Störzonen und deren Auswirkungen für den Menschen genauer dargestellt.

Bild 1: Bei stark wasserabsorbierender Bodenbeschaffenheit und tiefliegenden, feuchten Erdschichten wird avitales, graues Chi weit über die Erdoberfläche hinaufgesandt. Oft sind ganze Täler davon betroffen, besonders wenn diese einen zentralen unterirdischen Wasserlauf haben. Die Häuser oben links auf dem Bild liegen in solch einem Bezirk. Zusätzlich verlaufen weitere inten-

sive, dunkle, graue und schwarze Störzonen kreuz und quer durch das bereits vorhandene, mit negativem Chi erfüllte Feld.
Jedoch beobachte ich auch ab und zu mit vitalem, hellblauem Chi erfüllte historische Häuser, in denen geniale Menschen wohnten (z. B. das Einsteinhaus in Bad Buchau). Ebenso gibt es Stellen auf der Erde, an denen sich gesundes Chi vermehrt sammelt.
Bild 2: Hier ist der Schlafplatz durch Wasseradern und Gitternetze gestört.
Bild 3: Auch gefährliche, rechts- oder linksdrehende Spiralen oder Wirbel unterschiedlicher Größe, die einzeln oder zu mehreren von der Erde nach oben ziehen, wirken sich störend aus. Die rechtsdrehende Spirale verursacht häufig Entzündungen, Krämpfe, vegetative Dystonie, Migräne, Herzrhythmusstörungen und Nierenleiden bis hin zu Steinbildungen. Die linksdrehende Spirale läßt oft Leukämie, Tumoren, Krebs entstehen oder fördert diese. – Auch bestimmte Baumaterialien der Hauswände können nach außen und innen ein krankmachendes, graubraunes Chi abstrahlen.
Bei Vollmond oder starkem Regen sehe ich, daß sich negative Erdstrahlungen bis um das Fünffache ausweiten können, was zu ganz unterschiedlichen Ergebnissen der Rutengänger führen kann. Zusätzlich können sich bestimmte Störfelder durch Erderschütterungen (z. B. Baggerarbeiten) in kilometerweitem Umkreis verändern, so daß Rutengänger zu einem späteren Zeitpunkt oft zusätzliche oder verlagerte Störzonen ermitteln.
Bild 4: Bei längerem Liegen auf einer geopathisch gestörten Zone werden alle Auren gleichmäßig grau, oder es zeigen sich bei dem Betreffenden selbst oder auf seinem Foto gleichmäßige »Querbalken« aus konzentriertem, schwarzem, avitalem Chi. Sie bringen therapieresistente Krankheiten hervor oder fördern diese.

Das vitalere rötliche Yang-Chi der Katzen, Wespen, Bienen und Ameisen wird auf Störzonen nur neutralisiert, weshalb sie diese Areale aufsuchen. Katzen können auch durch ihr überwiegend rotes Chi Heilkräfte ausstrahlen. Das überwiegend bläuliche Yin-Chi der Hunde wird durch geringe negative Erdstrahlung irritiert. Daher suchen sich vor allem jüngere Hunde mit unverfälschtem Instinkt den störungsärmsten Platz im ganzen Haus aus. Dort, wo sie sich freiwillig längere Zeit niederlassen, besteht keine geopathische Gefahr auch für den Menschen.

Bild 5: Sitzt man während einer Fernsehsendung vor einer Wand aus krankmachenden Baumaterialien, dann besteht die Möglichkeit, daß die Fernsehstrahlung verstärkt auf den Körper zurückgeworfen wird. Sie lagert sich bei Kindern und Erwachsenen gleichermaßen in den äußeren Partien des Ätherkörpers ein und schwächt u. a. das Immunsystem.

Bild 6: Dunkelbraunes, feinstrukturiertes, radioaktives Chi strömt gleichmäßig in das Hals-Chakra und den Nierensektor ein. Ein ähnlich gefärbtes Chi ist bei dem aus der Erde austretenden Gas, dem Radon, zu beobachten. Dieses kann ganze Häuser füllen. Auch erinnert die »Ausdünstung« von manchen Gips- und Betonplatten an radonähnlichen Äther.

Schutzmaßnahmen gegen negatives, geopathisches und technisch erzeugtes Chi:

1. Meeresalgen und gesunde Vollwerternährung.
2. Kindern sollte man kein batteriebetriebenes Spielzeug geben, und das Babyphon sollte nicht in der unmittelbaren Nähe des Kindes sein (Abstand von 3–4 Metern einhalten). Durch diese Maßnahmen wurden öfter in meiner Praxis Sprechstörungen bei Kleinkindern gebessert und behoben.

3. Beim fast seitlichen Sitzen vor dem Fernsehbildschirm sollte der größtmögliche Abstand eingehalten werden, um sich weitgehendst vor der unkontrollierten Röntgenstrahlung (stündlich 0,5 Mikro-Röntgen) zu schützen. Hellsichtig betrachtet, steht ein eingeschaltetes Fernsehgerät inmitten eines 30-Meter-Kreises von negativem Chi. Das Kontrollgerät Bio-Magnetometer macht die geräuschvolle, disharmonisch tönende Fernsehstrahlung bis zu 12 Metern in jeder Richtung hörbar. Bei Nichtbenutzung sollte unbedingt immer der Fernsehstecker herausgezogen werden, da negative Chi-Strahlungen nicht durch einfaches Geräteabschalten gestoppt werden.
4. Befinden sich im, neben, über oder unter dem Schlaf- oder Arbeitsraum Gefriertruhen, Leuchtröhren, Zählerkästen, Heizungsanlagen, Computer, Mikrowellenherde, Boiler oder Schwimmbecken oder in Bettnähe elektrische Leitungen oder Steckdosen? Ein vom Elektriker eingebauter Netzfreischalter schließt elektromagnetische Felder und vagabundierende (sich vom Stromnetz trennende) elektrische Ströme aus. Schon das einfache nächtliche Ausschalten von Sicherungen für Schlaf- und angrenzende Räume bringt immer wieder zahlreiche Gesundheitsstörungen zum völligen Verschwinden und ist sehr zu empfehlen! Ein Fehlerstrom-Schutzschalter ist gegen Leckströme aus fehlerhaften Geräten und Leitungen anzuraten. Störende Kabel sollten abgeklemmt und durch abgeschirmte ersetzt werden (siehe auch in der Bibliographie: Rose, W.-D.: »Elektrostreß«).
5. Jegliche Metallgegenstände, die sich bis zu zwei Metern in Kopfnähe des Schlafplatzes befinden, entfernt man. Lampen mit Metallschirmen ersetzt man durch solche mit Schirmen

aus Stoff oder Peddigrohr oder durch eine (auf dem Boden liegende) Taschenlampe, um die Kopf-Chakren vor krankmachendem Chi zu schützen. Aber auch Halsketten, Ohrringe und sonstiger Schmuck aus jeglicher Metallsorte (einschließlich Gold) und Armbanduhren mit Metallband blockieren das Chi. Bei Ketten ist eine ca. 2 mm lange Schlaufe aus Zwirn dazwischenzunähen oder ein Plastikteilchen zur Unterbrechung einzufügen, dann können sie weiterhin getragen werden, ohne ein Störfeld zu erzeugen. Uhrenarmbänder aus Metall wirken hemmend auf die Kraft der Herz-Lungen- und Dickdarmenergiebahnen, daher sind solche aus Leder oder Nylon vorzuziehen. – Weiterhin werden stärkere, belastende Störzonen durch ausgedehnte metallbeschichtete Flächen, wie Spiegel, aufgebaut.

6. Wenn man an Kassen, elektrischen Schreibmaschinen oder Computern arbeitet, sollten unbedingt alle Metallgegenstände, wie Ohrringe, Ketten und Armbanduhren, abgelegt werden. Es verbessert die Gesundheit, wenn man hierbei auf einem Holzstuhl sitzt.

7. Elektrowecker und sonstige Uhren mit Batteriebetrieb und Leuchtziffern sind so weit wie möglich vom Bett zu entfernen. Sie dürfen nicht in Kopfhöhe geduldet werden. Am besten stellt man sie auf den Boden. Schlaf-, Herz-, Seh-, Potenzstörungen u. a. m. sah ich verschwinden, wenn das Bett des Erkrankten aus dem direkten Bereich von elektronischen Orgeln mit Digitalausrüstung, elektromagnetischen Hammondorgeln, sonstigen elektrischen Pianos und nicht abgeschirmten Trafos entfernt wurde. Generell gilt der Grundsatz: Stecker aller Geräte im Umkreis von 10 Metern stets herausziehen, wenn sie nicht benutzt werden.

8. Federkernmatratzen, Drahteinsätze, Betten mit Eisenfüßen oder -teilen werden besser durch ein Holzbett mit Holzlattenrosteinsatz und Naturmatratze ersetzt. Wenn hierzu das nötige Geld fehlt, benutzt man eine Schaumstoffmatratze, darauf 1–2 dicke Wolldecken oder eine Lammflor-Auflage (aus 100%iger Schafwolle). Erfahrungsgemäß entsteht der gesündeste Schlaf, bei dem am wenigsten geschwitzt wird, wenn man mit einer Wolldecke bedeckt in reiner Baumwolle oder Seide schläft (siehe Bezugsquellen am Buchende). In diesem Zusammenhang ist das Buch »Die Kleidung unsere zweite Haut« von P. J. Lehmann sehr aufschlußreich (siehe Bibliographie).

Wichtig ist, daß das feinstoffliche Chi der Nieren nachts unbehindert zirkuliert, daß also die Nierengegend immer warm gehalten wird. In der kalten Jahreszeit kann man eine Wolldecke von heller Farbe unter dem weißen Bettuch verwenden oder sich auf ein Schaffell legen. Geringfügige geopathische Störzonen lassen sich günstig beeinflussen durch einen Naturfaserteppich aus Sisal, Baumwolle oder Wolle unter dem Bett. Metallstühle sollten gegen Holz- oder Korbstühle mit Schaffell-Auflage oder -Kissen ausgetauscht werden.

9. Dort, wo man häufig länger sitzt oder liegt, sollte man nach negativen Körperreaktionen Ausschau halten (siehe auch in der Bibliographie am Buchende: »Der gute Platz« von K. Bachler).

10. Nachdem über viele Jahre in meiner Praxis und in der von Kollegen alle möglichen Abschirm- und Entstrahlungsgeräte für unsere Patienten ausprobiert wurden, hat sich ein Schwarzwälder Ton-Farbgerät besonders bewährt (siehe Be-

zugsquellen). Dieses Gerät wurde in einem Zentrum für Rutengänger und Radiästhesie-Ausbildung entwickelt. Es durchflutet das unbiologische, krankmachende, grauschwarz-braune und giftgrüne Nebelfeld der geopathisch gestörten und durch moderne Einrichtungsgegenstände vergifteten Wohnungen mit seinem klaren, harmonischen, vielfarbigen Heil-Chi. Die negativen, ortsabhängigen Reaktionen aus der Erde und der Elektrosmog werden durch dieses Gerät in ein gesundes Raumklima umgepolt. Auf geniale Weise wurden kosmische Geheimnisse der Töne und der diesen entsprechenden Farbemissionen technisch nachvollzogen. Während Abschirmmatten und Metallspiralen oft die negativen Erdschwingungen sichtbar resorbieren, d. h. sich mit dem grauen Chi der Störzone vollsaugen und meist hierdurch weitgehend unwirksam werden, erschafft die Elektronik des genannten Gerätes immer wieder aufs neue farbige Energien. In einem Experiment, das ohne Wissen der Betreffenden durchgeführt wurde, stellte sich heraus, daß Störungen vor Computern wie Müdigkeit, Kopfdruck und sogar Beinschmerzen immer so lange verschwanden, wie das Ton-Farbgerät in Betrieb war. Bei Piloten, die sich vor Langzeitflügen eine Stunde vor das Gerät setzen, hält unverminderte Konzentration an. Die Wirksamkeit des Gerätes läßt sich meßtechnisch nachweisen durch das Geo-Bioskop und den 3-D-Graphic-Computer BPM 3003 mittels eines aufgezeichneten Meßprotokolls, welches selbst Kritiker überzeugte.

Nachwort

Am Ende des 20. Jahrhunderts läßt sich das Rad der Geschichte nicht mehr zurückdrehen, die Umweltverschmutzung geht weiter. Auch die hoffentlich bald in Kraft tretenden internationalen Abkommen zur Rettung der Erde und der aussterbenden Arten werden nur noch erleichternd wirken. Schwerwiegende Schäden in Wasser, Luft und Erde sind bereits eingetreten. Nach Einschätzung der Vereinten Nationen hat die Menschheit seit 1945 bereits ein Zehntel der Erdoberfläche zerstört. Aber auch die übrigen neun Zehntel sind – nach meinen Beobachtungen – mit avitalem, wachstumsbeeinträchtigendem Chi durchsetzt.

Das materialistisch ausgerichtete System der herrschenden Schulmedizin, einschließlich der Zahnmedizin, bringt für den einzelnen zusätzliche gesundheitliche Belastungen und durch unnötigen materiellen Aufwand oft unangemessene Kosten. Wenn die Entwicklung in dieser Richtung weitergeht, wird unser Kassensystem bald vor dem Bankrott stehen. Nicht nur in dieser Hinsicht sind Fehlentwicklungen zu beklagen, sondern auch Denkfähigkeit, moralische Haltung und spirituelle Entwicklung werden durch das nur physisch ausgerichtete Gesundheitssystem beeinträchtigt.

Unser Gesundheitswesen mit seinen spektakulären Scheinerfolgen (durch Krankheitsunterdrückung), außer auf dem Gebiet der Chirurgie und eingeschränkt auf dem Sektor der Infektionskrankheiten, wird von dem Glauben beherrscht, daß Krankheiten materiell greifbar seien. Eine Wende wäre es, die von der Naturheilkunde schon immer vertretene Ansicht der energetischen Bedingtheit von Krankheit, wie sie in diesem Buch dargestellt und in ihrer Anwendung ausführlich gezeigt wurde, anzuerkennen. Durch das neue Denken, daß alles Existierende feinstofflichen Gesetzmäßigkeiten unterliegt, lassen sich nicht nur Gesundheit und Lebensqualität, sondern auch Bewußtsein und Verantwortung und damit Umwelt, Zivilisation und Kultur verbessern.

»Es ist nicht wenig Zeit, die wir haben, sondern es ist viel Zeit, die wir nicht nützen.« (Seneca, 4 v.–65 n. Chr.)

Bibliographie

Bachler, K.: Erkenntnisse und Bekenntnisse einer Rutengängerin. Linz, Veritas-Verlag, 1984

Bachler, K.: Der gute Platz, Linz, Veritas-Verlag, 1984

Boericke, W.: Homöopathische Mittel und ihre Wirkungen. Leer, Margarete Harms, 1973

Bourgoin, M.: Arabic Geometrical Pattern and Design. N.Y., Dover Publications, 1974

Brauchle, A.: Das große Buch der Naturheilkunde. Gütersloh, Mosaik-Verlag, 1957/1974

Brühlmann-Jeckling, E.: Amalgam-Report. Bern, Zytglogge Verlag, 1990

Bruker, O./Gutjahr, I.: Biologischer Ratgeber für Mutter und Kind. Lahnstein EMU-Verlag, 3. Aufl. 1986

Cheraskin, E., Kingsdorf, W. M., Clark, J. W.: Diet and Disease. New Canaan, Keats Publ, 1968

Coca, A. F.: The Pulse Test for Allergy. London, Parrish 1969

Crook, W. G.: The Yeast Connection. Tennessee, First Vintage Books, 1986

Crook, W. G.: Can your Child Read? Is he Hyperactive? Jackson, Tenn., Pedicenter Press, 1975

Daunderer, M.: Amalgam – Klinisch-toxische Stoff-Monographien Landsberg und Zürich, Ecomed GmbH, 1990

Daunderer, M.: Das Handbuch der Umweltgifte. Landsberg und Zürich, Ecomed Verlag, 1990

Daunderer, M.: Das Handbuch der Amalgamvergiftung. Landsberg und Zürich, Ecomed Verlag, 1992

Davis, A.: Let's eat right to keep fit. London, Boston, Sydney, Unwin Paperbacks, 1971

Diamond, J.: Your Body Doesn't Lie. N.Y., Harper & Row, 1981

Dichen, L.: Farbatlas der traditionellen chinesischen Diagnostik. Heidelberg, Karl F. Haug Verlag, 1991

Die Heilige Schrift. Wuppertal, Verlag R. Brockhaus, 1871

Eberhard, L.: Heilkräfte der Farben. München, Drei-Eichen-Verlag, 7. Aufl., 1987

Franke, R.: Gesunde Haut durch richtige Ernährung. Düsseldorf, Econ Ratgeber, 1990

Frieling, H.: Der Farbenspiegel. Göttingen, Zürich, Muster Schmidt Verlag, 1970

Frieling, H./Schmidt, E. Th.: Der Frieling-Test. Göttingen, Zürich, Muster Schmidt Verlag, 1974

Gerson, M. A.: Cancer Therapy. Gerson Institute. Bonita, Cal., 1958

Gleditsch, J. M.: Mundakupunktur – Ein Schlüssel zum Verständnis regulativer Funktionssysteme. Schorndorf, WBV Biologisch-Medizinischer Verlag, 1979

Hackethal, J.: Der Meineid des Hippokrates. Bergisch Gladbach, Gustav Lübbe Verlag, 1991

Heller, E.: Wie Farben wirken. Reinbek, Rowohlt Verlag, 1989

Hettinger, T.: Fit sein, fit bleiben. Isometrische Übungen. Stuttgart, New York, Thieme, 1983

Ingham, E. D.: Geschichten, die die Füße erzählt haben. Engelberg und München, Drei Eichen Verlag, 1979

König, G., Wancura, J.: Einführung in die chinesische Ohrakupunktur. Heidelberg, Haug Verlag, 1973

Kollath, W.: Die Ordnung unserer Nahrung. Heidelberg, Haug Verlag, 1980

Kollmann, W.: Gesunde und schöne Zähne. München, Humboldt TB 1580, 1991

Kornerup A., Wanscher, J.H.: Taschenlexikon der Farben. Göttingen, Zürich, Muster Schmidt Verlag, 1963

Kuhlmann, D.: Die Pilz-Invasion. Lürschau, Bio-Medoc-Verlag, 1991

Kushi, M.: Das Buch der Makrobiotik. Frankfurt/M., Bruno Martin, 1979

Leadbeater, C. W.: Der sichtbare und der unsichtbare Mensch. Freiburg, Bauer Verlag, 1987

Leadbeater, C. W.: Die Chakras. 8. Aufl., Freiburg, Bauer Verlag, 1988

Lehmann, P. J.: »Die Kleidung unsere zweite Haut. Königsstein-Falkenstein/Taunus, Access-Marketing, Ausgabe 1991

Lüscher, M.: Farbtest und Lüschertest. Basel, Test-Verlag, 1974

Mervyn, L.: Thorsons Complete Guide to Vitamins & Minerals. Melbourne and Sydney, Lothian Publishing, 1986

Morgan, L.: Hilfe aus Dir selbst – Die Alexander-Methode. Stuttgart, Tauchnitz Verlag, 1967

Moss, R. W.: The Cancer Syndrome. N.Y., Grove Press, 1980

Porkert, M., Hempen, C.: Systematische Akupunktur. Baltimore, Urban & Schwarzenberg, 1985

Randolph, T. G./Moss, R. W.: Allergien: Folgen von Umweltbelastung und Ernährung. Karlsruhe, C.F. Müller Verlag, 1984

Raphaell, K.: Heilen mit Kristallen. München, Knaur TB Nr. 4192, 1988

Reich, W.: Charakteranalyse. Frankfurt, Fischer TB 6191, 1973

Rieth, H.: Mykosen – typische Fälle. Melsungen, Notamed Verlag, 1989

Rose, W.-D.: Elektrostreß. München, Kösel-Verlag 1987

Salaman, M.: Nutrition – The Cancer Answer. Manlo Park, Cal., Statford Publishing, 1984

Sarre, H. J./Kluthe, R.: Diät bei Erkrankungen der Nieren, Harnwege und bei Dialysebehandlung. Niedernhausen/Ts., Falken-Verlag, 1990

Sivananda Yoga Centre: The Book of Yoga. London, Ebury Press, 1983

Stiefvater, E. W.: Die Organuhr. Ulm, Karl F. Haug Verlag, 1958

Thomas, K.: Praxis des Autogenen Trainings – Selbsthypnose nach I.H. Schultz. Stuttgart, Trias Thieme Hippokrates Enke, 1967, 1989

Vivekananda, Swami: Raja-Yoga. Freiburg, Bauer Verlag, 1937

Walb, Ludwig und Ilse: Die Haysche Trennkost. Heidelberg, Haug Verlag, 39. Aufl. 1988

Webb, T./Lang, T.: Bestrahlte Nahrung. München, Knaur TB 6017, 1990

Wo speisen wir auf Reisen – Vegetarische Gaststätten im In- und Ausland. Sonderdruck aus »Der Vegetarier«, Husum, Druck- und Verlagsgesellschaft, 1987/88

Bezugsquellen

Biologischer Gartenbau
»Neudorffs Bio-Fibel«
W. Neudorff GmbH
D-31860 Emmerthal 1

Bio-Trio-Schlafsystem«
Massivholzmöbel Gebr. Neubrand
Hauptstraße 168
D-73329 Kuchen
Tel. 0 73 31 / 8 23 05

»Dekor-Wachs«
Osmo Color Dekor-Wachs
(Nr. 3101 farblos)
Ostermann & Scheiwe GmbH & Co.
Hafenweg 31
D-48155 Münster
Tel. 02 51 / 69 20

Biologische Zahnmedizin
Die »Mitgliederliste der Fachabteilung
Zahnärzte« (für biologische Zahnmedizin) kann angefordert werden von:
Dr. Peter Reichert
Franz-Knauff-Straße 2–4
D-69115 Heidelberg
Tel. 0 62 21 / 16 64 92

»Lebensmittelbestrahlung«
»Lebensmittelzusatzstoffe«
Beide Merkblätter führt die
Verbraucher-Initiative
Breitestraße 51
D-53111 Bonn 1
(Diese Zentrale setzt sich aktiv für Gesundheitsziele ein. Mitglieder erhalten
im »Verbraucher-Telegramm« die neuesten Gesundheits-Informationen.)

»Merkblatt zur Amalgamentfernung«;
»Prospekt über Edelsteinöle zur Hautpflege«;
Diplomkurs
»Vitalenergetische Augendiagnose«
Prospekt über Seminare des Institutes
für metaphysische Forschungen Grasse-Riss; Naturheilpraxis
Schnitzergasse 2
D-88422 Dürnau
(Bitte mit adressiertem, frankiertem
Briefrückumschlag)

»Natürliche Kleidung«
hess natur
Hessenring 82
D-61348 Bad Homburg
Tel. 0 61 72 / 12 14 44
(Geschäft, Katalog, Versand)

Produkte zur ökologsichen Pflanzenpflege
Snoek GmbH
Tannenweg 153
D-27356 Rotenburg (Wümme)
Beratung: Tel. 0 83 85 / 6 36

Ton-Farbgerät
»Sphärophon/Septimophon«
für verschiedene Raumgrößen
Kabö-Gerätebau
Zentrum für Rutengänger und
Radiästhesie-Ausbildung
Kniebisstraße 7
D-77740 Bad-Peterstal-Griesbach
Tel. 0 78 06 / 80 73